Die technologische Singularität

Murray Shanahan

Die technologische Singularität

Aus dem Englischen von Nadine Miller

 Matthes & Seitz Berlin

Diese Gedanken kommen manchen Lesern vielleicht fantastisch vor; dem Autor allerdings erscheinen sie sehr real, von hoher Dringlichkeit und auch außerhalb der Science-Fiction bedenkenswert zu sein.

I. J. Good, *Speculations Concerning the First Ultraintelligent Machine* (1965)

Echtes Motivproblem, bei einer KI. Eben kein Mensch.

William Gibson, *Neuromancer* (1984)

Inhaltsverzeichnis

Vorwort

Wie viele andere, die ihr berufliches Wirken der Erforschung der künstlichen Intelligenz gewidmet haben, bin
ich als Kind von der Science-Fiction inspiriert worden.
Die Heldin meiner jungen Jahre war keine reale Person,
sondern Susan Calvin, die Wissenschaftlerin in Asimovs
I-Robot-Geschichten (der Bücher, nicht der Verfilmung),
eine Vorreiterin auf dem Gebiet der Roboterpsychologie.
Wenn ich einmal groß wäre, wollte ich unbedingt so werden
wie sie; heute, da ich (einigermaßen) erwachsen bin und
im echten Leben den Titel eines Professors für Kognitive
Robotik trage, ist meine Beziehung zur Science-Fiction
allerdings etwas komplexer geworden. Zwar betrachte ich
sie noch immer als Inspirationsquelle und als ein Medium,
in dem wichtige philosophische Fragen erörtert werden
können, doch die von ihr untersuchten Gegenstände verdienen eine eingehendere Behandlung. Das Hauptziel der
Science-Fiction ist Unterhaltung, wenn auch auf eine intel-
lektuell anregende Art und Weise. Es wäre jedoch verfehlt,
sie als eine Denkanleitung zu betrachten.

Das vorliegende Buch ist daher weder als Werk der
Science-Fiction noch als ein Beitrag zur sogenannten Fu-
turologie zu verstehen. Sein Ziel ist nicht die Voraussage,
sondern die Untersuchung einer Reihe von möglichen Zukunftsszenarien, ohne sich dabei auf das Eintreten eines
bestimmten davon oder auf einen spezifischen zeitlichen
Horizont dafür festzulegen. Tatsächlich ist es manchmal
lohnend, auch höchst unwahrscheinliche oder abseitige
Zukunftsszenarien näher zu betrachten. Dies gilt zum
Beispiel dann, wenn es um eine besonders dystopische

Entwicklung geht. In diesem Fall könnten wir nämlich versucht sein, sehr genau darüber nachzudenken, wie wir die Wahrscheinlichkeit ihres Eintretens verringern können. Eine genauere Untersuchung unwahrscheinlicher oder abseitiger Szenarien lohnt sich außerdem auch dann, wenn sie interessante philosophische Fragen aufwirft, die uns etwa zum Nachdenken darüber nötigen, was wir als Spezies eigentlich wirklich wollen. Ganz gleich also, ob man glaubt oder nicht glaubt, dass wir schon bald eine künstliche Intelligenz auf menschlichem Niveau erschaffen werden oder dass die Singularität kurz bevorsteht – der Gedanke als solcher verdient es, ernsthaft in Erwägung gezogen zu werden.

Dies ist ein kurzes Buch über ein sehr großes Thema. Es kann daher höchstens als eine Einführung gelten, die viele wichtige Fragen nur anreißt. So werden hier zum Beispiel verschiedene Positionen in Bezug auf das Bewusstsein vorgestellt, zu denen es wohlbekannte Gegenpositionen gibt, die es ihrerseits verdienen, mit weiteren Gegenpositionen konfrontiert zu werden. Doch ein einführendes Werk muss solche Feinheiten übergehen. Sein Schwerpunkt liegt zudem eindeutig auf der Zukunft der künstlichen Intelligenz; einige wichtige damit zusammenhängende Themen wie Nanotechnologie und Biotechnologie werden jedoch nur am Rande angeschnitten. Das Buch soll einen neutralen Überblick über das konzeptuelle Territorium ermöglichen, und ich war bemüht, in strittigen Fällen die Positionen beider Seiten des Streits zu skizzieren. Allerdings wird es wohl, all meinen Bemühungen zum Trotz, unvermeidlich sein, dass einige meiner eigenen Ansichten durch den Schleier der Neutralität hindurchschimmern werden.

Ich möchte mich bei den vielen, vielen Menschen bedanken, die mit mir über die Jahrzehnte hinweg das Thema der künstlichen Intelligenz diskutiert haben, und zwar nicht nur bei den Wissenschaftlern und Studenten, sondern auch bei denjenigen Vertretern der breiteren Öffentlichkeit, die meine Vorträge besucht haben. Gern würde ich jedem Einzelnen meinen Dank namentlich aussprechen, doch das ist natürlich nicht möglich. Deshalb werde ich meine explizite Danksagung ein paar Kollegen vorbehalten, deren Einfluss besonders in jüngster Zeit von besonderer Bedeutung gewesen ist. Ich danke also Stuart Armstrong, Nick Bostrom, Andrew Davison, Daniel Dewey, Randal Koene, Richard Newcombe, Owen Holland, Huw Price, Stuart Russell, Anders Sandberg und Jaan Tallinn. Alle, die ich hier zu erwähnen vergaß, bitte ich um Verzeihung. Abschließend möchte ich mich bei MIT Press bedanken, besonders bei Bob Prior, der mich ursprünglich dazu ermutigt hat, dieses Buch zu verfassen.

Murray Shanahan
North Norfolk und South Kensington, Oktober 2014

Einleitung

In den letzten Jahren ist die Vorstellung, dass sich die Menschheitsgeschichte aufgrund des immer schnelleren technologischen Fortschritts einer »Singularität« nähere, aus dem Reich der Science-Fiction in das der ernsthaften Diskussion gerückt. In der Physik bezeichnet »Singularität« einen bestimmten Punkt in Raum oder Zeit, etwa das Zentrum eines Schwarzen Lochs oder den Augenblick des Urknalls, an dem die Mathematik – und mit ihr unsere Fähigkeit zu begreifen – kollabiert. Analog dazu käme es in der menschlichen Geschichte zu einer Singularität, wenn ein exponentieller Fortschritt in der Technologie derart dramatische Veränderungen herbeiführen würde, dass die menschliche Existenz, wie wir sie heute verstehen, an ein Ende käme.[1] Die Institutionen, die wir für selbstverständlich halten – die Wirtschaft, die Regierung, das Rechtssystem und der Staat –, würden in ihrer jetzigen Form nicht überleben, die fundamentalsten menschlichen Werte – die Unantastbarkeit des Lebens, das Streben nach Glück, die Entscheidungsfreiheit – würden verdrängt werden, ja unsere ganze Auffassung davon, was es heißt, ein Mensch zu sein – nämlich ein Individuum zu sein, das lebendig, mit Bewusstsein ausgestattet und Teil einer sozialen Ordnung ist –, wäre radikal infrage gestellt, und das nicht etwa im Modus einer distanzierten philosophischen Betrachtung, sondern durch die Wucht der Umstände, ganz unmittelbar und real.

Welcher technologische Fortschritt könnte nun eine solche Umwälzung auslösen? In diesem Buch werden wir die Hypothese untersuchen, dass eine technologische Singularität dieser Art durch signifikante Fortschritte auf einem von zwei miteinander zusammenhängenden Gebieten (oder auf beiden) herbeigeführt werden könnte, nämlich dem der KI-Forschung und dem der Neurotechnologie. Wir wissen bereits, wie wir am Stoff des Lebens, den Genen und der DNA, herumbasteln können, und die Auswirkungen der Biotechnologie sind für sich genommen schon gewaltig; wenn wir aber erst einmal gelernt haben, den »Stoff des Geistes« zu manipulieren, werden die möglichen Konsequenzen alles Vorangegangene in den Schatten stellen.

Der Intellekt ist heute in einem wichtigen Sinne erstarrt, was sowohl den Umfang als auch das Tempo des technologischen Fortschritts begrenzt. Natürlich wächst der menschliche Wissensschatz seit Jahrtausenden stetig an, und parallel dazu wächst dank der Erfindung der Schrift, des Buchdrucks und des Internets auch unsere Fähigkeit, dieses Wissen zu verbreiten. Dennoch ist das Organ, das Wissen produziert, nämlich das Gehirn des Homo sapiens, während dieser ganzen Zeit im Wesentlichen unverändert geblieben, und seine kognitiven Fähigkeiten sind nach wie vor unübertroffen.

Das wird sich allerdings ändern, wenn die Forschung auf dem Gebiet der künstlichen Intelligenz und der Neurotechnologie hält, was sie verspricht. Wenn der Intellekt nämlich nicht mehr nur Produzent der Technologie ist, sondern auch selbst zu ihrem Produkt wird, kann dies eine Feedbackschleife mit unabsehbaren und potenziell explosiven Konsequenzen zur Folge haben. Denn wenn das hergestellte Ding die Intelligenz selbst ist, also genau jene Entität, die diese Herstellung durchführt, dann kann sie sich anschicken, Verbesserungen an sich selbst vorzunehmen. Und der Singularitätshypothese zufolge ist der gewöhnliche Mensch denn auch bald aus dem Spiel, indem er entweder von KI-Maschinen oder von einer kognitiv verbesserten biologischen Intelligenz überholt wird und nicht mehr mithalten kann.

Verdient es die Singularitätshypothese, dass wir sie ernst nehmen, oder ist sie nur eine mit viel Fantasie ersonnene Fiktion? Ein Argument dafür, sie ernst zu nehmen, gründet auf dem von Ray Kurzweil sogenannten Gesetz vom steigenden Ertragszuwachs [*law of accelerating returns*]: Ein technologischer Bereich untersteht diesem Gesetz, wenn das Tempo, mit dem die Technologie sich verbessert, sich proportional zu ihrer Qualität verhält. Mit anderen Worten, je besser die Technologie ist, umso schneller wird sie noch besser, was im Laufe der Zeit zu einer exponentiellen Verbesserung führt.

Ein prominentes Beispiel für dieses Phänomen ist das Moore'sche Gesetz, wonach sich die Anzahl der Transistoren, die auf einem einzigen Chip verfertigt werden können, etwa alle 18 Monate verdoppelt.[2] Es ist bemerkenswert, dass es der Halbleiterindustrie tatsächlich gelungen ist, dem Moore'schen Gesetz mehrere Jahrzehnte lang zu entsprechen. Andere Kennzahlen zur Bestimmung des Fortschritts in der Informationstechnologie, etwa die CPU-Taktfrequenz oder die Netzwerkbandbreite, haben sich ähnlich exponentiell entwickelt. Die IT ist jedoch nicht das einzige Gebiet, auf dem wir einen sich beschleunigenden Fortschritt beobachten können. In der Medizin etwa sind die Kosten für die DNA-Sequenzierung exponentiell gesunken, während ihre Geschwindigkeit exponentiell zunimmt, und die Hirnscantechnologie hat eine exponentielle Erhöhung der Bildauflösung zu verzeichnen.[3]

Auf einer historischen Zeitachse betrachtet präsentieren sich diese Trends zur Beschleunigung im Zusammenhang mit einer Reihe von technologischen Meilensteinen, die in immer kürzeren Abständen erreicht werden: Ackerbau, Buchdruck, elektrische Energie, der Computer. Vor einem noch längeren, evolutionären Zeithorizont gesehen ging dieser Abfolge von technologischen Entwicklungen jedoch selbst schon eine Reihe evolutionärer Meilensteine voraus, die ebenfalls in immer kürzeren Abständen entstanden waren: Eukaryoten, Wirbeltiere, Primaten, der Homo sapiens. Angesichts dieser Tatsachen sind manche Experten der Meinung, dass die Entwicklung der menschlichen Gattung auf einer drastisch ansteigenden Komplexitätskurve voranschreitet, die bis in die fernste Vergangenheit zurückreicht. Doch wie dem auch sei, wir müssen nur denjenigen Abschnitt der Kurve ein wenig in die Zukunft weiterdenken, auf dem die Technologie angesiedelt ist, um an einen entscheidenden Kipppunkt zu gelangen, den Punkt nämlich, an dem menschliche Technologie den normalen Menschen in technologischer Hinsicht obsolet werden lässt.[4]

Natürlich erreicht jeder exponentielle technologische Trend irgendwann ein Plateau, einfach aufgrund der Gesetze der Physik, und es gibt zahllose ökonomische, politische oder wissenschaftliche Gründe, weshalb ein exponentiell verlaufender Trend ins Stocken geraten könnte, bevor er an sein theoretisches Limit gestoßen ist. Aber nehmen wir einmal an, dass die für die KI-Forschung und die Neurotechnologie relevantesten technologischen Trends ihre beschleunigte Dynamik beibehalten und uns die Fähigkeit verleihen, den »Stoff des Geistes« technisch zu erschaffen und die eigentliche Maschinerie der Intelligenz damit zu synthetisieren und zu manipulieren. An diesem Punkt unterläge die Intelligenz selbst, ob künstlich oder menschlich, dem Gesetz vom steigenden Ertragszuwachs, und um von dort aus zur technologischen Singularität zu gelangen, braucht es dann nur noch ein wenig Vertrauen in den Prozess.

Einige Autoren prophezeien voller Zuversicht, dass sich diese Zäsur Mitte des 21. Jahrhunderts ereignen wird. Doch auch abgesehen von der ohnehin unzuverlässigen Wahrsagerei gibt es gute Gründe, die Idee der Singularität ernsthaft zu durchdenken. Erstens ist von einem intellektuellen Standpunkt her betrachtet das Konzept als solches bereits hochinteressant, ganz unabhängig davon, ob oder wann sie jemals eintreten wird. Zweitens verlangt ihre bloße Möglichkeit – wie entfernt sie auch zu sein scheint – schon aus rein pragmatischen und gänzlich rationalen Gründen bereits heute nach einer Untersuchung. Auch wenn die Argumente der Futuristen nämlich nicht schlüssig sein sollten, es genügt schon, wenn wir dem vorhergesagten Ereignis auch nur die geringste Eintrittswahrscheinlichkeit zusprechen, damit es unsere gesamte, ungeteilte Aufmerksamkeit beanspruchen darf. Denn würde eine technologische Singularität tatsächlich eintreten, dann hätte dies für die Menschheit erdrutschartige Folgen.

Welches sind diese potenziell erdrutschartigen Folgen? Was für eine Welt, was für ein Universum entstünde, wenn sich eine technologische Singularität tatsächlich einstellte? Sollten wir ihr Eintreten fürchten oder es begrüßen? Was, wenn überhaupt, können wir heute oder in naher Zukunft tun, um den bestmöglichen Ausgang der ganzen Sache zu gewährleisten? Dies sind die wichtigsten der Fragen, die auf den folgenden Seiten behandelt werden. Diese Fragen sind zwar groß, doch die Aussicht auf die Singularität, ja sogar ihr bloßer Gedanke verspricht, uralte und vielleicht sogar noch größere philosophische Fragen in ein neues Licht zu rücken: Was ist der Kern unseres Menschseins? Welches sind unsere grundlegendsten Werte? Wie sollten wir leben, und worauf sind wir dabei bereit zu verzichten? Denn die Möglichkeit einer technologischen

Singularität stellt sowohl ein existenzielles Risiko als auch eine existenzielle Chance dar.

Ein existenzielles Risiko ist sie, weil sie für das schiere Überleben der menschlichen Gattung potenziell bedrohlich ist. Das klingt vielleicht übertrieben, aber die heute neu entwickelten Technologien verfügen über ein nie zuvor gesehenes Potenzial. So fällt es zum Beispiel nicht schwer, sich vorzustellen, dass ein hochgradig ansteckendes und arzneimittelresistentes Virus gentechnisch erzeugt werden könnte, das tödlich genug wäre, um eine solche Katastrophe herbeizuführen. Zwar würde nur ein Verrückter so etwas mit voller Absicht herstellen, aber möglicherweise braucht es nur etwas Leichtsinn, um ein Virus zu erschaffen, das in der Lage wäre, zu einem solchen Monster zu mutieren. Eine fortgeschrittene KI könnte nun aus analogen, aber weitaus subtileren Gründen eine existenzielle Gefahr darstellen. Wir werden zu gegebener Zeit auf diese zu sprechen kommen. Für den Moment genügt es uns festzustellen, dass es absolut vernünftig ist, über die Möglichkeit nachzudenken, dass irgendein Konzern, eine Regierung, eine Organisation oder sogar eine Einzelperson in der Zukunft eine sich exponentiell selbstverbessernde, ressourcenhungrige KI erschafft und dann die Kontrolle über sie verliert.

Aus einem etwas optimistischeren Blickwinkel betrachtet könnte eine technologische Singularität aber auch als eine existenzielle Chance im eher philosophischen Sinne des Wortes existenziell angesehen werden. Die Fähigkeit, den »Stoff des Geistes« technisch herzustellen, verschafft uns nämlich die Möglichkeit, unser biologisches Erbe zu transzendieren und dabei die mit ihm verbundenen Limitierungen zu überwinden. An erster Stelle dieser Limitierungen steht die Sterblichkeit. Der Körper eines Tieres ist ein empfindliches Gebilde, das anfällig ist für Krankheiten, Verletzungen und Verfall, und das biologische Gehirn, an das das menschliche Bewusstsein (gegenwärtig noch) gebunden ist, ist einfach nur eines seiner Teile. Sollten wir aber einmal der Mittel habhaft werden, um Beschädigungen an ihm gleich welchen Schweregrads reparieren und das Gehirn schließlich von Grund auf (womöglich in einem nichtbiologischen Substrat) nachbauen zu können, stünde einer unbegrenzten Erweiterung des Bewusstseins nichts Grundsätzliches mehr im Wege.

Die Verlängerung des Lebens ist ein Aspekt eines Trends, der als Transhumanismus bezeichnet wird. Doch warum sollten wir uns mit dem menschlichen Leben in der Form, in der wir es kennen, zufriedengeben? Wenn wir das Gehirn nachbauen können, wieso sollten wir dann nicht auch in der Lage sein, es umzugestalten und zu verbessern? (Die gleiche Frage könnte man übrigens auch mit Blick auf den menschlichen Körper stellen, aber unser Thema hier ist der Intellekt.) Konservative Optimierungen der Gedächtnisleistung, der Lernfähigkeit und der Aufmerksamkeit lassen sich bereits jetzt mit pharmazeutischen Mitteln erzielen; das Vermögen, das Gehirn von Grund auf umzubauen, deutet allerdings auf Möglichkeiten für radikalere Formen der kognitiven Verbesserung und Umstrukturierung hin. Was könnten oder sollten wir mit solchen transformativen Kräften anfangen? Nun, zumindest würden sie, wie manchmal behauptet wird, die existenzielle Gefährdung durch superintelligente Maschinen reduzieren. Sie würden es uns also ermöglichen, mit der Entwicklung Schritt zu halten, obwohl wir uns im Laufe des Prozesses vielleicht bis zur Unkenntlichkeit verändern würden.

Um den umfassendsten – und provokantesten – Sinn zu erfassen, in dem eine technologische Singularität eine existenzielle Chance darstellen könnte, müssen wir uns gänzlich von der menschlichen Perspektive verabschieden und einen eher kosmologischen Standpunkt einnehmen. Es ist sicherlich die Krönung des anthropozentrischen Denkens anzunehmen, dass die Geschichte der Materie in dieser unserer Ecke des Universums in der menschlichen Gesellschaft und den unzähligen darin eingebetteten lebendigen Gehirnen gipfelt, so wunderbar diese auch sein mögen. Vielleicht steht der Materie auf der Komplexitätsskala noch ein langer Weg nach oben bevor. Vielleicht gibt es Formen des Bewusstseins, die erst noch entstehen werden und die dem unsrigen in gewissem Sinne überlegen sind. Sollten wir vor dieser Aussicht zurückschrecken oder sie bejubeln? Könnten wir einen solchen Gedanken überhaupt gänzlich begreifen? Diese Fragen verdienen es, erörtert zu werden, ganz gleich, ob die Singularität nahe ist oder nicht – zumal der Versuch ihrer Beantwortung ein neues Licht auf uns selbst und auf unsere Stellung in der Ordnung der Dinge wirft.

Kapitel 1
Wege zur künstlichen Intelligenz

1.1 Allgemeine künstliche Intelligenz

1950 veröffentlichte Alan Turing, der während des Zweiten Weltkriegs als Codebrecher tätig war und als Pionier der Informatik gilt, in der Zeitschrift *Mind* einen Aufsatz mit dem Titel »Computing Machinery and Intelligence« [»Kann eine Maschine denken?«].[5] Dies war die erste ernsthafte, wissenschaftliche Abhandlung über das Konzept der künstlichen Intelligenz. Turing sagte voraus, dass man im Jahr 2000 »widerspruchslos von denkenden Maschinen reden kann«, und stellte sich vor, dass Maschinen zu jenem Zeitpunkt die Prüfung würden bestehen können, die wir heute als den Turing-Test kennen.

Der Turing-Test ist eine Art Spiel. Zwei »Spieler«, ein Mensch und eine Maschine, kommunizieren dabei mit einem Dritten, dem »Schiedsrichter«, vermittels Tastatur und Bildschirm. Der Schiedsrichter führt nacheinander mit jedem der Spieler ein Gespräch und versucht zu erraten, welcher von beiden der Mensch und welcher die Maschine ist. Die Aufgabe der Maschine ist es, den Schiedsrichter davon zu überzeugen, dass sie ein Mensch ist – eine Leistung, die, wie es heißt, gewiss eine Intelligenz auf menschlichem Niveau erfordert. Kann der Schiedsrichter den Menschen nicht von der Maschine unterscheiden, dann hat sie den Test bestanden. Und als Turing dies im Jahre 1950 schrieb, antizipierte er eine Welt, in der Maschinen, die seinen Test bestehen könnten, etwas Alltägliches sein würden, »Denkmaschinen«

im Haushalt und am Arbeitsplatz also völlig normal wären.

Turings Prognose zum Trotz gab es bis zum Jahr 2000 allerdings weder eine KI auf menschlichem Niveau noch Anzeichen dafür, dass sie in absehbarer Zeit zu erwarten wäre. Keiner Maschine gelang es auch nur annähernd, den Turing-Test zu bestehen. Dennoch hatte man unlängst einen wichtigen Meilenstein in Sachen künstliche Intelligenz erreicht. Denn im Jahr 1997 hatte Deep Blue, ein IBM-Computer, den damaligen Schachweltmeister Garry Kasparow besiegt. Anders als bei früheren Schachprogrammen, die er geschlagen hatte und die ihm berechenbar und mechanisch erschienen waren, soll Kasparow über Deep Blue gesagt haben, er habe im Spiel eine »fremde Intelligenz« auf der anderen Seite des Schachbretts wahrgenommen.[6]

Es ist aufschlussreich, kurz innezuhalten und diesen Augenblick in der Geschichte der KI zu reflektieren. Denn auf diesem Gebiet war etwas erreicht worden, das ein halbes Jahrhundert zuvor vielleicht als sein krönender Abschluss gegolten hätte: Der Mensch war von einer Maschine überflügelt worden. Natürlich fährt auch ein Auto schneller, als der schnellste menschliche Sprinter laufen kann, und ein Baukran bewegt weit mehr Kilogramm in die Höhe als ein Weltmeister im Gewichtheben. Es sind aber seine intellektuellen Fähigkeiten, die den Menschen von der übrigen Tierwelt abheben, und das Schachspiel ist nun mal ein ausgesprochen intellektuelles Unterfangen.

Das Computerschach war also geknackt, und doch schien es so, als wären wir einer KI auf menschlichem Niveau in keiner Weise nähergekommen als zu Turings Zeit. Wie konnte das sein? Das Problem mit Deep Blue war seine Spezialisierung. Der Computer konnte nichts anderes als Schach spielen. Man vergleiche ihn mit einem typischen erwachsenen Menschen, zum Beispiel mit jener Büroangestellten, die gerade am Fenster des Cafés vorbeigegangen ist, in dem ich mit meinem Laptop sitze. Ihr Tag ist zweifellos ein buntes Sammelsurium aus allen möglichen Aktivitäten – das Lunchpaket einpacken, die Hausaufgaben der Kinder überprüfen, ins Büro fahren, E-Mails schreiben, den Fotokopierer in Ordnung bringen und so weiter. Bei näherem Hinsehen zeigt sich, dass jede dieser Tätigkeiten die Ausübung einer ganzen Reihe von sensomotorischen Fähigkeiten erfordert. Nehmen wir die Vorbereitung des Lunchpakets. Diese Aktivität beinhaltet es, diverse Utensilien und Zutaten von verschiedenen Orten herbeizuholen, Verpackungen zu öffnen, Dinge zu zerhacken, kleinzuschneiden, zu bestreichen und so weiter.

Kurzum, der Mensch ist ein Generalist, ein Alleskönner. Ein menschlicher Schachweltmeister ist zu viel mehr in der Lage als nur zum Schachspielen. Überdies ist der Mensch anpassungs- und lernfähig, denn Fotokopierer richten zu können ist keine angeborene, sondern eine erlernte Fähigkeit. Wäre die Büroangestellte in ein anderes Jahrhundert oder in eine andere Kultur hineingeboren worden, so hätte sie ein ganzes Konglomerat an anderen Fähigkeiten erworben, und sollte sie das Pech haben, ihren jetzigen Job zu verlieren, so kann sie sich umschulen lassen und einer anderen Art von Arbeit nachgehen. Die Errungenschaften der KI-Forschung auf einer Vielzahl von Spezialgebieten (von denen das Schachspiel nur eine Erfolgsgeschichte unter vielen geworden ist) stehen in krassem Gegensatz zu ihrem Scheitern bei der Herstellung einer Maschine mit einer lernfähigen Allzweckintelligenz. Wie also könnten wir eine *allgemeine künstliche Intelligenz* erzeugen? Bevor wir informierte Spekulationen über eine maschinelle Superintelligenz anstellen können, müssen wir zunächst einmal diese Frage beantworten.[7]

Ein wesentliches Merkmal biologischer Intelligenz ist ihre *Verkörperung* [*embodiment*]. Im Gegensatz zu Deep Blue ist ein Mensch ein Tier mit einem Körper, und sein Gehirn ist ein Teil dieses Körpers. Das tierische Gehirn hat sich dahingehend entwickelt, dass es das Wohlbefinden des Körpers zu bewahren und dessen Gene weiterzugeben sucht. Der Körper verfügt über eine Muskulatur, die ihm Bewegung ermöglicht, und Sinne, damit seine Bewegungen an seine Umweltbedingungen angepasst werden und somit seinen Absichten dienen können. Das Gehirn steht im Zentrum dieser sensomotorischen Schleife und bestimmt die Aktionen des Tieres entsprechend seinen Sinneswahrnehmungen. Die menschliche Intelligenz ist nun, all ihren glorreichen Errungenschaften zum Trotz, im Grunde nur eine erweiterte tierische Intelligenz, und die menschlichen Vermögen von Sprache, Rationalität und Kreativität haben allesamt eine sensomotorische Grundlage.

Während im Bestreben, eine allgemeine künstliche Intelligenz zu erzeugen, also auf vieles verzichtet werden könnte, was für das biologische Leben wesentlich ist (etwa auf den Stoffwechsel oder die Fortpflanzung), könnte die Verkörperung ein methodisches Erfordernis darstellen. Denn möglicherweise liegt aller Intelligenz die Notwendigkeit zugrunde, sich mit einer chaotischen, dynamischen, physischen Umwelt voller komplexer und unterschiedlicher Gegenstände sowohl belebter als auch unbelebter Art auseinanderzusetzen. Der Turing-Test ist in dieser Hinsicht ein schlechter Maßstab, da er sich nur um Sprache dreht. Der einzige Weg zu einer zuverlässigen Beurteilung der Intelligenz eines Artefakts bestünde aber darin, sein Verhalten in einer Umwelt wie der unsrigen zu beobachten, und der einzige Weg zur Entwicklung einer KI auf menschlichem Niveau wäre demnach die Robotertechnik. Später werden wir uns mit Problemen befassen, die das Prinzip der Verkörperung infrage stellen, nehmen es bis dahin aber erst einmal als gegeben an. Unsere Grundfrage lässt sich somit wie folgt umformulieren: Wie können wir einen Roboter mit allgemeiner Intelligenz ausstatten?

Vielleicht ist eine allgemeine Intelligenz schlichtweg die Summe vieler spezialisierter sensomotorischer Fertigkeiten, und das Problem liegt einfach darin, dass die KI diese noch nicht ausreichend repliziert hat; hat man den Robotern aber erst einmal eine bestimmte kritische Masse an Fertigkeiten eingebaut, dann wird daraus, so der Gedanke, irgendwie eine allgemeine Intelligenz hervorgehen. Doch selbst wenn wir die vielen Fragen der technischen Umsetzung außer Acht lassen, die dieser Ansatz aufwirft, ist er letztlich nicht überzeugend. Denn seine Ergebnisse könnten vielleicht kurzfristig den Anschein allgemeiner Intelligenz erwecken, würden aber auf lange Sicht niemanden hinters Licht führen. Der Multiexperte würde nämlich sofort ins Schleudern kommen, sobald er mit einem Problem konfrontiert ist, das außerhalb seiner einzelnen Spezialgebiete liegt – ein Ereignis, das in einer sich ständig verändernden Welt unvermeidlich ist.

Möglicherweise reicht es, hier auf eine Lernfähigkeit zu setzen, um die Lücke zu schließen – in einer neuartigen Situation könnte eine neue Spezialkompetenz eben einfach erlernt werden. Nun, eine Fähigkeit zu lernen ist zwar gewiss vonnöten, um ein Repertoire von Fähigkeiten aufzubauen und zu erhalten; tatsächlich bildet das Lernen die Grundlage für jegliche Form von Intelligenz. Aber es ist zeitaufwendig und riskant. Das Kennzeichen einer echten allgemeinen Intelligenz ist ihre Fähigkeit, ein vorhandenes Repertoire von Verhaltensmustern an neue Herausforderungen anzupassen, und zwar ohne dabei auf ein systematisches Erproben im Sinne von Versuch und Irrtum oder auf Anleitung durch Dritte zurückzugreifen.

1.2 Common Sense und Kreativität

Was wäre also erforderlich, um die mit der Spezialisierung verbundenen Limitierungen zu überwinden und eine Maschine mit einer allgemeinen Intelligenz im eigentlichen Sinne auszustatten? Die wichtigsten Anforderungen an eine solche Maschine sind womöglich *Common Sense* und *Kreativität*. Common Sense bezeichnet in diesem Zusammenhang das Unterbeweisstellen einer Einsicht in die Funktionsprinzipien der Alltagswelt, besonders was ihre physische und soziale Dimension angeht. Eines dieser Prinzipien ist beispielsweise das, dass man, wenn man ganz um ein Ding herumgeht, wieder am Ausgangspunkt ankommt, und ein anderes das, dass man, wenn man einen eben beschrittenen Weg zurückgeht, auf dieselben Landmarken stößt, nur in umgekehrter Reihenfolge. Solche Prinzipien sind nützlich, weil ihre Anwendung nicht auf bestimmte eng umrissene Bereiche beschränkt ist. Vielmehr sind sie universell und immer wieder anwendbar.

Was bedeutet es, ein Common-Sense-Prinzip zu beherrschen? Um diese Frage zu beantworten, muss man nichts über Mechanismen sagen; vor allem besteht kein Grund zu der Annahme, dass die interne Repräsentation des Prinzips in irgendeiner sprachähnlichen Form für seine Beherrschung erforderlich wäre. Vielmehr wird sie sich im Verhalten manifestieren – oder, was noch wahrscheinlicher ist, das Fehlen einer Facette des Common Sense wird sich im Verhalten manifestieren. So flattert zum Beispiel der junge Hahn, der hinter unserem Haus wohnt, gern in die Höhe und über das Tor hinweg, um seiner Einzäunung zu entkommen. Aber er ist nie lange draußen, bevor es ihn wieder zu seinen Hennen zurückzieht. Er braucht eigentlich nur wieder über das Tor zu flattern. Doch genau dies kommt ihm nie in den Sinn. Stattdessen läuft er aufgeregt davor hin und her. Ihm geht also offensichtlich das Common-Sense-Prinzip ab, dass bestimmte Handlungen umkehrbar sind.

Man könnte einem Tier durchaus Common Sense zusprechen, solange sein Verhalten keine derartigen toten Winkel des Begreifens aufweist. Diese Überlegungen gelten natürlich auch für den Menschen und andere Tiere dort, wo sie die Sphäre des Sozialen betreffen. Besonders dem Wesen der Sprache liegt ein geteiltes Verständnis der Alltagswelt zugrunde. Angenommen, Sie kommen zur Arbeit, und ein paar Ihrer Kollegen stehen draußen vor dem Gebäude im Regen. »Was macht ihr hier?«, fragen Sie den Nächstbesten von ihnen, und es käme Ihnen seltsam vor, wenn er Ihnen, obgleich wahrheitsgemäß, antworten würde: »Ich stehe hier im Regen.« Stattdessen sagt er: »Feueralarm«, womit er ein Common-Sense-Verständnis des menschlichen Informationsbedürfnisses sowie der Rolle, die der sprachliche Austausch bei der Beschaffung von Informationen spielt, unter Beweis stellt.

Die zweite wesentliche Voraussetzung für allgemeine Intelligenz ist Kreativität. Die, die hier in Rede steht, ist allerdings nicht die Schaffenskraft eines großen Künstlers, Komponisten oder Mathematikers, sondern jene Art von Kreativität, die jeder Mensch besitzt und über die besonders Kinder in einem überreichen Maße verfügen. Gemeint ist die Fähigkeit zur Innovation, zur Ausbildung neuer Verhaltensweisen, zur Erfindung neuer Dinge oder zur Verwendung alter Dinge auf neuartige Weise. Diese Kreativität kann exploratorisch oder spielerisch sein, wie etwa dann, wenn ein Kind einen Tanz improvisiert. Aber sie kann auch durchaus zielorientiert sein, zum Beispiel dann, wenn man die Anlage eines Gartens plant oder Möglichkeiten zur Reduzierung der Haushaltsausgaben erwägt. Kleine kreative Akte solcher Art wirken im Gesamtgefüge des menschlichen Lebens vielleicht nicht besonders innovativ, verlangen von der betreffenden Person jedoch, dass sie über ihr etabliertes Verhaltensrepertoire hinausgeht und dessen Elemente entweder umbildet oder sie in bisher unerprobten Kombinationen neu zusammensetzt.

Kreativität und Common Sense ergänzen einander. Erstere ermöglicht dem Einzelnen zwar das Ersinnen neuer Handlungsweisen, aber es braucht ein Common-Sense-Verständnis der Alltagswelt, um die Konsequenzen dieser Handlungen zu antizipieren. Kreativität ohne Common Sense (in dem hier verwendeten Sinne des Begriffs) ist mithin nur ein Tappen im Dunkeln; Common Sense ohne Kreativität allerdings ist starr und unbeweglich. Eine Intelligenz, die beides beherrscht, ist hingegen ein mächtiges Werkzeug: Sieht sie sich mit einer ungewohnten Herausforderung konfrontiert, kann sie dank ihres kreativen Vermögens eine Vielzahl möglicher Handlungsweisen in Erwägung ziehen und dank ihrer Common-Sense-Einsicht in die Folgen des jeweiligen Tuns jedes wahrscheinliche Ergebnis voraussehen, bevor sie auch nur einen einzigen Muskel angespannt oder einen Motor in Gang gesetzt hat.

Ein schönes Beispiel für eine offenbar spontane Innovation berichtete im Jahr 2002 ein Team von Wissenschaftlern aus Oxford unter der Leitung des Tierkognitionsforschers Alex Kacelnik.[8] Sie untersuchten den Werkzeuggebrauch bei gefangenen Exemplaren der Neukaledonischen Geradschnabelkrähe (einer besonders cleveren Spezies), wobei die Versuchsanordnung aus einem kleinen Eimer mit Futter und einem großen senkrechten Rohr bestand. Um die Vögel herauszufordern, wurde der

Eimer in das Rohr hinabgelassen, so dass der Griff gerade außer Reichweite war. Den Tieren wurden nun gebogene Drahtstücke bereitgestellt, die sie bald als Haken zu verwenden lernten, mit denen sie den Futtereimer herausziehen konnten. Einmal standen ihnen jedoch keine Haken zur Verfügung, sondern nur ein gerades Stück Draht, das in ihrem Gehege platziert worden war. Ohne dass ihm etwas Derartiges beigebracht worden wäre, klemmte nun einer der weiblichen Vögel namens Betty ein Ende des Drahts in ein Loch in der Apparatur und bog einen Haken daraus, den sie dann dazu nutzte, um den Eimer mit dem Futter aus dem Rohr zu angeln.

Bettys Tun war eine Mischung aus Kreativität und Common Sense. Es brauchte Kreativität, damit sie auf die Idee kommen konnte, ein an sich nutzloses Stück Draht zu verbiegen, während ein Common-Sense-Begriff dieses biegsamen Materials erforderlich war, um das Resultat zu antizipieren. Wenn diese kognitiven Anteile also schon bei nichtmenschlichen Tieren solche beeindruckenden Ergebnisse produzieren können, um wie viel größer dürfte ihr Effekt dann erst beim Menschen sein, der sich der Sprache bedient! Der Schuljunge, der seinem Mitschüler ein originelles Schimpfwort an den Kopf wirft, verbindet sprachliche Kreativität mit einem Common-Sense-Verständnis der menschlichen Psychologie (selbst wenn es ihm an Common Sense gebricht, ein solches Schimpfwort nicht an seinen Lehrer zu richten). Dies ist nur ein triviales Beispiel. Aber jede menschliche Errungenschaft, von den Pyramiden bis zur Mondlandung, ist das Ergebnis einer Unzahl solcher sich schichtförmig überlagernden erfinderischen Handlungen, und eine allgemeine künstliche Intelligenz auf menschlichem Niveau muss eine ähnliche Verschmelzung von Kreativität und Common Sense an den Tag legen, um vergleichbare Spitzenleistungen vollbringen zu können.

1.3 Der Raum möglicher künstlicher Intelligenzen

Wenn die Anforderungen an eine allgemeine KI also so eindeutig sind – mehr als ein wenig Kreativität und etwas Common Sense braucht es für sie nicht –, wie kommt es, dass man in den ersten 60 Jahren der Forschung auf diesem Gebiet nur so geringe Fortschritte erzielt hat? Gibt es angesichts des ausbleibenden Erfolgs überhaupt Gründe für die Annahme, dass eine KI auf menschlichem Niveau realisierbar ist? Und wenn ihre Herstellung schon so schwierig ist, was für einen Sinn hat es dann, auch noch über eine superintelligente KI zu spekulieren? Wir haben bisher die wesentlichen *Verhaltensmerkmale* allgemeiner Intelligenz untersucht und es vermieden, die *Mechanismen* zu untersuchen, durch die sie realisiert werden könnte, sei es im biologischen Gehirn oder in einem Artefakt. Bevor wir uns den genannten Fragen zuwenden können, muss deshalb erst dieses Versäumnis behoben werden. Wir können keine Vision von der Zukunft der KI entwickeln, ohne über ihre konkreten Mechanismen nachzudenken. Oder in der Sprache der Computerwissenschaft ausgedrückt: Wir müssen nicht nur über Spezifikation, sondern auch über Implementierung nachdenken.

In der Informatik gilt es als Binsenweisheit, dass dieselbe Spezifikation auf viele verschiedene Arten implementiert werden kann. Das erschwert unsere Aufgabe, denn im Gegensatz zu einer Softwarefirma, die nur ein einzelnes Produkt herzustellen hat, wollen wir uns eine Vorstellung vom *gesamten Raum* der möglichen künstlichen Intelligenzen verschaffen. Außerdem wird nach unserem jetzigen Wissensstand schon in naher Zukunft irgendeine revolutionäre Technologie entwickelt werden, die die Erschaffung einer allgemeinen künstlichen Intelligenz ermöglichen wird, wie wir sie uns heute noch kaum ausmalen können.

Dennoch bleibt uns keine andere Wahl, als mit den verschiedenen Schulen der aktuellen KI-Forschung zu beginnen und anschließend von dort aus die Entwicklung weiterzudenken.

Ein Gradmesser, der sich sinnvollerweise an den Raum der möglichen Formen künstlicher Intelligenz anlegen lässt, ist der der biologischen Fidelität: Wie exakt ahmt die Funktionsweise einer KI die des biologischen Gehirns nach? Dabei finden wir am einen Ende dieses Maßstabs künstliche Intelligenzen, die vollkommen autonom nach Prinzipien entworfen worden sind, die sich erheblich von denen unterscheiden, die der biologischen Intelligenz zugrunde liegen, und am anderen Ende auf neuronalen Netzwerken basierende Maschinen, die biologische Gehirne in all ihren physischen Einzelheiten kopieren. Und zwischen diesen beiden Polen waren im Laufe der Geschichte der KI diverse methodologische Schulen angesiedelt, die die Erforschung aller möglichen Zwischenpositionen auf diesem Spektrum propagiert haben. Die Popularität der einzelnen Schulen schwankte; keine hat sich vollends durchsetzen können, und jede von ihnen kann Argumente vorweisen, die für sie sprechen.

So gibt es zum Beispiel eine altbekannte Analogie aus der Geschichte des Motorflugs, die die erstere Art von Maschine, die technisch autonom konstruierte KI, mit einem Flugzeug vergleicht. Frühe Entwürfe für Flugmaschinen haben den Vogelflug imitiert, indem sie sie mit flatternden Flügeln ausstatteten. Dieser Ansatz scheiterte allerdings. Starre Tragflächen und Propeller erwiesen sich als die beste Möglichkeit, einen großen, schweren, von Menschenhand gefertigten Gegenstand zum Fliegen zu bringen. Und so sollte, jener Analogie zufolge, auch die künstliche Intelligenz nicht versuchen, die Natur zu imitieren, sondern ein gänzlich neues Bündel von Konstruktionsprinzi-

pien erarbeiten, die auf siliziumbasierte Computer zugeschnitten sind.

Die Gegner dieses Standpunkts können (nachdem sie
auf den zweifelhaften Status von Analogieschlüssen ver-
wiesen haben) erwidern, dass das biologische Gehirn das
einzige Beispiel für eine allgemeine Intelligenz ist, das wir
haben. Wir wissen, dass es möglich ist, allgemeine Intelligenz in einem neuralen Substrat zu realisieren, und sofern
wir dieses Substrat künstlich nachbilden können, können
wir uns des Erfolgs gewiss sein. Tatsächlich besitzt dieser
von der Biologie inspirierte Ansatz in seiner extremsten,
nämlich Brute-Force-Variante unter bestimmten, recht
konservativen wissenschaftlichen und technologischen
Prämissen nahezu eine Erfolgsgarantie.

Über die technisch autonome Erzeugung künstlicher
Intelligenz gibt es viel zu sagen, und wir werden zu gegebener Zeit wieder auf sie zu sprechen kommen. Einstweilen aber wird unser Fokus auf dem biologisch inspi-
rierten Brute-Force-Ansatz liegen, der als *whole brain
emulation*, zu Deutsch Gehirnemulation, bekannt ist.[9] Die
Gehirnemulation ist nicht nur ein praktikabler Schritt hin
zur Erzeugung allgemeiner künstlicher Intelligenz in der
Zukunft, sondern wird auch als der richtige Weg zum *Mind
uploading* angepriesen, einem wichtigen Ziel einiger Spielarten des Transhumanismus. Und schließlich ist schon die
Idee der Gehirnemulation als philosophisches Gedankenexperiment von Nutzen. Sie bildet die Grundlage für ein
ganzes Cluster gewichtiger philosophischer Argumente in
Bezug auf die Ideen der künstlichen Intelligenz generell,
des *maschinellen Bewusstseins* und der personalen Identität, die für das Thema dieses Buches allesamt von großer
Bedeutung sind.

Kapitel 2

Gehirnemulation

2.1 Das Gehirn kopieren

Was genau ist Gehirnemulation? Kurz gesagt geht es darum, eine funktionell exakte Kopie (oder mehrere Kopien) eines spezifischen Gehirns in einem nichtbiologischen Substrat (beispielsweise auf einem Computer) herzustellen. Um die Einzelheiten dieses Vorgangs zu verstehen, müssen wir ein wenig über die Grundlagen der Neurowissenschaften wissen. Wie jedes andere Organ im Körper eines Wirbeltiers besteht auch sein Gehirn aus einer Unmenge von Zellen. Viele dieser Zellen sind *Neuronen*, auch Nervenzellen genannt, erstaunliche elektrische Instrumente, die zu einer ausgeklügelten Signalverarbeitung fähig sind. Ein Neuron besteht aus einem *Zellkörper* (dem Soma), einem *Axon* (oder Neuriten) und einem Satz *Dendriten*. Grob gesprochen kann man sich die Dendriten als einen Signale empfangenden und das Axon als den Signale aussendenden Fortsatz der Nervenzelle vorstellen, während das Soma für die Signalverarbeitung zuständig ist.

Neuronen sind auf vielfältige Weise miteinander verbunden und bilden ein komplexes Netzwerk. Sowohl Axone als auch Dendriten ähneln Bäumen, da sie wie diese zahlreiche Äste ausbilden, die sich fächerförmig ausstrecken und mit den Axonen und Dendriten anderer Neuronen verschlungen sind. An den Stellen, wo ein Axon (der Sender) eines Neurons einem Dendriten (dem Empfänger) eines anderen sehr nahekommt, kann sich eine *Synapse* bilden, die es durch die komplexe Wechselwirkung chemischer Stoffe ermöglicht, dass Signale von einer Nervenzelle zur anderen übergehen, wodurch die Zellen miteinander kommunizieren können. Das menschliche Gehirn enthält eine gewaltige Anzahl von Neuronen – über 80 Milliarden. Doch Neuronen sind nicht nur im *zentralen* Nervensystem eines Tieres zu finden, also in seinem Gehirn und seinem Rückenmark; auch das *periphere* Nervensystem besteht aus Neuronen, die dem Gehirn sensorische Signale des Körpers übermitteln – über die Haut, die Augen, den Magen und so weiter – und dem übrigen Körper – den Muskeln, Drüsen und so weiter – über das Rückenmark motorische Signale vom Gehirn zukommen lassen.

Die Gehirnaktivität ergibt sich somit aus dem Zusammenspiel elektrischer und chemischer Aktivitäten. Das Verhalten einer Nervenzelle wird besonders durch das Vorhandensein chemischer *Neurotransmitter* wie etwa Dopamin und Serotonin moduliert. Diese chemischen Stoffe werden von besonders spezialisierten Neuronen mit langen, diffusen axonalen Fortsätzen erzeugt, die sie im Gehirn verteilen. Neuromodulierende Chemikalien können dem Gehirn ferner auch über das Blut zugeführt werden, wie es bei den meisten psychoaktiven Substanzen der Fall ist.

Das Gehirn besteht allerdings nicht nur aus Nervenzellen. Es enthält außerdem ein Gefäßsystem, das alle seine Teile mit Blut versorgt und damit die Energie liefert, die es benötigt, um die ganzen elektrischen Signale zu erzeugen. Daneben enthält es noch eine große Anzahl sogenannter Gliazellen. Früher hielt man diese einfach für eine Art Klebstoff, der all die Neuronen und ihre Axone und Dendriten an Ort und Stelle hielt. Doch die Gliazellen scheinen eine ganz eigene Signalfunktion auszuüben, wenn auch eine, die langsamer abläuft als die der Nervenzellen.

Die Signaleigenschaften einzelner Neuronen sind uns mehr oder weniger bekannt. Die Details sind recht kompliziert. Vereinfacht ausgedrückt kann man aber sagen, dass jedes Neuron die Signale, die es über seinen dendritischen Empfänger erhält, addiert (integriert), und wenn die Gesamtmenge der empfangenen Signale einen bestimmten Schwellenwert erreicht hat, entlang seines Axons einen Impuls, auch *Spike* genannt, aussendet. Genaue Beschreibungen dieses Prozesses gibt es schon seit den 1950er Jahren, als Alan Hodgkin und Andrew Huxley das mathematische Modell zur Simulation von Neuronen formalisierten, wofür sie den Nobelpreis für Medizin erhielten.

Eine wesentliche Eigenschaft des Gehirns ist seine *Plastizität* oder Formbarkeit. Während seiner Entwicklung machen die Verbindungen im pränatalen und frühkindlichen Gehirn eine dramatische Umgestaltung durch, denn Axone und Dendriten wachsen wie die Wurzeln einer Pflanze, die sich tastend ihren Weg über (im neuronalen Sinne) ungeheure Entfernungen hinweg bahnen, um neue Verbindungen herzustellen und redundante abzubauen. Hinzu kommt noch, dass etablierte neuronale Verbindungen über das gesamte Leben des tierischen Organismus hinweg permanent Veränderungen ihrer Stärke erfahren, was das Lernen und die Gedächtnisleistung fördert. Auch für diese plastischen Prozesse gibt es gute mathematische Modelle.

Dieser kurze Abriss kann selbstverständlich nicht einmal einen Bruchteil dessen vermitteln, was wir über das Gehirn wissen, und das, was wir wissen, ist seinerseits gerade einmal ein Bruchteil dessen, was es von ihm zu wissen gibt. Unsere wachsende Einsicht in seine innere Funktionsweise legt jedoch in jeder Hinsicht die folgende Hypothese nahe, die sowohl in praktischer als auch in philosophischer Hinsicht von großer Bedeutung ist: Menschliches Verhalten wird durch physische Vorgänge im Gehirn bestimmt, die zwischen seinen eingehenden sensorischen und seinen ausgehenden motorischen Signalen vermitteln.

Damit wir uns das menschliche Verhalten verständlich machen können, müssen wir es aber natürlich in Relation zu einem Tier in und mit einem Körper betrachten, der mit seiner physischen und sozialen Umwelt interagiert. Löst man sie aus diesem Kontext heraus, ist die Aktivität des Gehirns bedeutungslos. Doch diese Binsenweisheit ist für die hier in Rede stehende Hypothese irrelevant. Oder anders ausgedrückt, die Behauptung ist schlechterdings, dass es keine kausalen Rätsel gibt, keine fehlenden Bindeglieder in der (ungeheuer komplizierten) Kette von Ursachen und Wirkungen, die von dem, was wir sehen, hören und fühlen, zu dem führt, was wir sagen und tun. Die Möglichkeit einer Gehirnemulation beruht auf genau dieser These.

2.2 Die drei Stufen der Gehirnemulation

Die Gehirnemulation kann als ein dreistufiges Verfahren angesehen werden, das die Kartierung (auch *Mapping* genannt), Simulation und Verkörperung [*embodiment*] des ursprünglichen biologischen Gehirns umfasst.[10] Die erste Stufe besteht darin, das Gehirn des Subjekts mit einer hohen räumlichen Auflösung (im Submikronbereich) abzubilden. Zumindest das gesamte Vorderhirn sollte auf der »Landkarte« enthalten sein. Dadurch wird sichergestellt, dass diejenigen Areale des Gehirns gescannt werden, die am ehesten mit höheren kognitiven Funktionen im Zusammenhang stehen, insbesondere die Großhirnrinde (Graue Substanz) und deren Verbindungen mit der Weißen Substanz sowie die mit Emotionen und dem Handeln verbundenen Strukturen, etwa die Amygdala und die Basalganglien. Das Mapping-Verfahren sollte mindestens die

Lage und die Eigenschaften jedes Neurons und jeder Synapse und darüber hinaus das *Konnektom* auf neuronaler Ebene erfassen, das heißt eine Aufzeichnung sämtlicher Verbindungen zwischen jedem Axon und jedem Dendriten liefern. Als Ergebnis erhält man dann einen äußerst detailgenauen Bauplan eines bestimmten Gehirns zu einem bestimmten Zeitpunkt.

Die zweite Stufe des Verfahrens besteht darin, diesen Bauplan zur Herstellung einer Echtzeitsimulation der elektrochemischen Aktivitäten all dieser Neuronen und ihrer Verbindungen untereinander zu benutzen. Eine solche Simulation könnte beispielsweise unter Verwendung von Standardtechniken aus dem Gebiet der Computational Neuroscience gebaut werden, wobei etablierte mathematische Formulierungen neuronalen Verhaltens, etwa das Hodgkin-Huxley-Modell, zum Einsatz kommen. Die hier zugrunde liegenden Verfahren ähneln sehr denjenigen, die zum Beispiel für die Simulation des Wetters oder der Fluidströmung um eine Tragfläche herum genutzt werden. Es versteht sich von selbst, dass erhebliche Rechenressourcen benötigt würden, um auch nur ein kleines Gehirn auf diese Weise zu simulieren.

Die dritte Stufe des Verfahrens schließlich besteht darin, die Simulation mit einer externen Umgebung zu verknüpfen. Denn bis jetzt verfügen wir lediglich über ein hochkompliziertes, aber körperloses Rechengerät. Um die Lücke zwischen einer ohnmächtigen, innerhalb eines geschlossenen Systems ablaufenden *Simulation* und einer kausal wirksamen *Emulation* zu überbrücken, die sich nach außen hin verhalten kann, ist daher die Konstruktion eines Körpers erforderlich (auch wenn es sich dabei um einen simulierten Körper in einer virtuellen Welt handelt – eine Möglichkeit, auf die ich später noch zu sprechen kommen werde). Da die Simulation eingehende Signale wie die ihres biologischen Vorläufers erwartet und, ebenfalls wie dieser, ausgehende Signale erzeugt, wird die Aufgabe der Verknüpfung des simulierten Gehirns mit dem (synthetischen) Körper leichter, wenn dieser morphologisch und mechanisch dem ursprünglichen Tierkörper ähnelt.

Wenn die Stufen des Mappings und der Simulation erfolgreich verlaufen sind, dann sollte das Verhalten der simulierten Neuronen, sowohl einzeln als auch in ihrer Gesamtheit, bei gleichem Input aus ihrer Umwelt effektiv nicht von dem des ursprünglichen, biologischen Gehirns unterscheidbar sein. Das Wort effektiv ist hier wichtig, denn es wäre übertrieben, eine vollkommene Übereinstimmung zu erwarten. Ein Gehirn ist ein im mathematischen Sinne chaotisches System, was bedeutet, dass sehr kleine Differenzen in den Ausgangsbedingungen im Laufe der Zeit zu sehr großen Differenzen im Verhalten des Systems führen können. Daher hätten kleine Ungenauigkeiten im Mapping-Verfahren oder numerische Rundungsfehler im Rechenprozess schließlich zur Folge, dass das Verhalten der Simulation von dem des biologischen Prototyps abweicht.

Doch diese Einschränkung stellt nicht unbedingt ein Hindernis für eine erfolgreiche Emulation dar. Denn solange die mikroskopischen Abweichungen klein genug sind, wird das äußere Verhalten der Emulation auf der Makroebene mit Sicherheit nicht von dem des Originals zu unterscheiden sein. Vom Standpunkt eines Beobachters her betrachtet würde die Emulation unter allen gegebenen Umständen anscheinend die gleichen Entscheidungen treffen und die gleichen Handlungen ausführen wie ihr Prototyp. Wenn es sich bei dem Subjekt um einen Menschen handelt, dann müssten selbst seine Freunde und Angehörigen zugeben, dass sich die Emulation auf fast unheimliche Art genauso verhält wie der Mensch, den sie kannten, dass sie die gleichen Gewohnheiten an den Tag legt, genauso spricht und sogar behauptet, die gleichen Erinnerungen zu besitzen wie er.

2.3 Die Technologie der Hirnkartierung

Die Idee einer Emulation des menschlichen Gehirns ist technisch problematisch und philosophisch anspruchsvoll. Wir werden zu gegebener Zeit auf dieses Thema zurückkommen. Jetzt wenden wir uns zunächst einer Spezies zu, die uns weniger technische und philosophische Schwierigkeiten bereitet und ein kleineres Hirn besitzt als wir, nämlich der Maus. Was wäre dazu nötig, die Emulation eines Mäusegehirns zu erschaffen? Welche Technologie wäre dazu erforderlich? Gehen wir die drei Stufen der Emulation erneut nacheinander durch.

Eine Möglichkeit, einen detaillierten Strukturscan eines Mäusegehirns mit der Technologie des beginnenden 21. Jahrhunderts durchzuführen, wäre diese: Zunächst wird die (un-)glückliche Maus getötet und ihr Gehirn entnommen. Dann wird ihr Vorderhirn in hauchdünne Scheiben geschnitten. Drittens wird jede Scheibe unter dem Elektronenmikroskop eingescannt und digitalisiert. Viertens werden vom Computer aus der Reihe der so entstandenen Bilder die Anordnung und der Typ eines jeden Neurons, die Form jedes Axons und jedes Dendriten, die Lage und der Typ jeder Synapse und so weiter rekonstruiert. Das Ergebnis wäre ein sehr großer Datensatz, der viele der maßgeblichen Eigenschaften des ursprünglichen Gehirns erfasst hätte – also genau jene Art von Bauplan, den wir benötigen.

Doch würde dies ausreichen, um eine Emulation zu erzeugen? Ein Strukturscan dieser Art ist ja lediglich eine Momentaufnahme der Komponenten des Gehirns – ihrer

Formen, ihrer Anordnung und ihrer Verbindungen untereinander. Aber wir erfahren dadurch nicht unmittelbar
etwas über ihre Dynamik, also über das Verhalten dieser
Komponenten und ihre Interaktion. Je höher allerdings
die räumliche Auflösung des Scans wird, desto kleiner
sind die neuronalen Mikrostrukturen, die er mit abbilden
wird, und umso leichter wird es sein, auf einem Computer das mutmaßliche Verhalten eines gegebenen Neurons
nach einem mathematischen Modell zu rekonstruieren.
Aber selbst ein hochauflösender Scan wird kaum alle Parameter – etwa die Stärke einer synaptischen Verbindung –
berücksichtigen können, die ein solches Modell erfordert,
wodurch es in diesem Fall für die Computersimulation
unbrauchbar wird.

Die Aufzeichnungen der elektrischen Aktivität eines
Neurons jedoch können, sofern sie zu beschaffen sind, die
Mängel sogar in einem nicht hochauflösenden Strukturscan
kompensieren. Eine Möglichkeit, dies (wieder unter Anwendung von Technologien des frühen 21. Jahrhunderts)
zu erreichen, besteht darin, eine genmanipulierte Maus zu
benutzen, deren Neuronen beim Feuern einen fluoreszie-
renden Farbstoff abgeben. Wenn dann die Hirnrinde be-
leuchtet wird, können mit einem normalen Lichtmikroskop
Aufzeichnungen von der Aktivität eines jeden Neurons im
Gehirn gemacht werden.[11] (Diese müssen selbstverständlich angefertigt werden, bevor die Maus getötet und ihr
Hirn in Scheiben geschnitten wird.) Anschließend können
dann automatisierte Verfahren verwendet werden, um die
Werte der fehlenden Parameter zu bestimmen, so dass,
wenn man diese in das Modell einspeist, die aufgezeichne-
ten Daten überaus genau reproduziert werden können.

Solche Scan- und Aufzeichnungstechniken sind sehr
vielversprechend. Das Gehirn der Maus enthält jedoch
über 70 Millionen Neuronen, von denen jedes einzel-

ne mehrere Tausend synaptische Verbindungen besitzen kann. Ein menschliches Gehirn enthält mehr als 80 Milliarden Neuronen und Zigtrillionen Synapsen. Rechnerisch intensive Methoden wie das Verfahren des Zerschneidens und Scannens des Gehirns werden sich also bereits mit der schieren Datenmenge schwertun, und selbst das Moore'sche Gesetz wird sie kaum entlasten. Zudem hat auch die beschriebene Methode der Fluoreszenzmikroskopie ihre Grenzen. Denn obwohl sie eine ausgezeichnete räumliche Auflösung besitzt und tatsächlich einzelne Neuronen beobachten kann, ist ihre zeitliche Auflösung relativ gering, weshalb sie einzelne Spikes nicht unterscheiden kann. Zum Glück sind aber bereits verschiedene alternative Methoden für das Gehirn-Mapping in greifbare Nähe gerückt, die wir den Fortschritten in Bio- und Nanotechnologie verdanken. Einige dieser Verfahren wollen wir uns an dieser Stelle näher ansehen.

Wir haben eben einen relevanten Anwendungsfall der Gentechnik gestreift. Ein weiterer ist der Folgende:[12] Nehmen wir einmal an, wir könnten die Maus gentechnisch dahingehend modifizieren, dass jedes Neuron in ihrem Gehirn eine in seine DNA eingebaute Sequenz enthält, die für es spezifisch ist – eine Art »DNA-Strichcode«. Wenn dann jedes einzelne Neuron mit seinem individuellen Strichcode versehen ist, könnte das Mäusegehirn mit einem ansonsten harmlosen Virus »infiziert« werden, das seinerseits genetisch so verändert worden ist, dass es Genmaterial über den synaptischen Spalt hinwegtransportiert, wodurch eine Neukombination der DNA des präsynaptischen mit der des postsynaptischen Neurons möglich wird. Dadurch entstünden neue DNA-Stränge, die jeweils ein Paar des Strichcodes enthielten und somit das Vorliegen einer synaptischen Verbindung der beiden betreffenden Neuronen repräsentieren würden.

Das Hirn der Maus würde so zu einem Speicherort für Milliarden von genetisch codierten Datensätzen über paarweise interneuronale Verbindungen. Es bliebe dann noch die Aufgabe, diese Daten zu extrahieren, was mittels DNA-Sequenzierungstechnik erfolgen könnte. Mit dieser Methode erhielte man ein Konnektom auf neuronaler Ebene, ohne dabei auf den datenvolumenmäßig und rechnerisch sehr aufwendigen Zwischenschritt der Bildgebung und Bildverarbeitung im Submikronbereich angewiesen zu sein. Überdies haben sich in den Jahren seit dem Humangenomprojekt die Kostensituation und die Geschwindigkeit der DNA-Sequenzierung, die ja stets der problematische Aspekt dieser Methode waren, exponentiell verbessert.

Dies wäre also eine vielversprechende Technik. Doch ähnlich wie bei dem oben beschriebenen Verfahren des Zerschneidens und Scannens würde sie nur einen Teil der für die Gehirnemulation erforderlichen Daten liefern; sie offenbart Strukturen, nicht aber deren Funktionsweise. Hier kommt dann die Nanotechnologie ins Spiel. Mit ihrer Hilfe könnten die neuronalen Vorgänge im Mäusegehirn aufgezeichnet und damit die fehlenden Details im Bauplan ergänzt werden. Bio- und Nanotechnologie basieren beide auf derselben mächtigen Grundidee: der Nutzung einer sehr großen Anzahl sehr kleiner Objekte. Im Falle der Biotechnologie sind diese sehr kleinen Objekte von biologischer Art – Viren, Bakterien, DNA-Stränge und so weiter. Doch diese Idee funktioniert auch mit Blick auf sehr kleine nichtbiologische Objekte. Das Feld der Nanotechnologie befasst sich mit der Herstellung solcher Dinge, deren typische Größe sich im zweistelligen Nanometerbereich, das heißt im zweistelligen Bereich eines Milliardstelmeters bewegt.

Die Nanotechnologie hat zahlreiche potenzielle Anwendungsmöglichkeiten, von denen viele für dieses Buch relevant sind. Für den Moment konzentrieren wir unsere Aufmerksamkeit jedoch auf das Thema der Kartierung der Hirnaktivität. Auf der Nanoebene erscheint sogar das Soma eines Neurons, das typischerweise ein paar millionstel Meter misst, groß. Es ist also denkbar, dass wir Schwärme von Nanorobotern herstellen, die ungehindert in dem Netzwerk aus Blutgefäßen herumschwimmen können, das das Gehirn durchzieht, und sich dann jeweils einzeln wie eine Klette an die Membran eines Neurons oder in der Nähe einer Synapse anhaften.[13] In dieser Position würden sie das fluktuierende Membranpotenzial der Neurone registrieren oder Neuronenaktivität (auch *spike events* genannt) nachweisen und diese Informationen in Echtzeit an eine Flotte von mikroskopisch kleinen Relaisstationen nahe der kortikalen Oberfläche übertragen. Diese Relaisstationen hätten die Aufgabe, den zahlreichen »Neuro-Kletten« die eingehenden Daten zu entnehmen und sie an die Außenwelt weiterzusenden, wo die Neurowissenschaftler diese Daten dann zusammentragen können.

Obwohl dies nur spekulative Vorschläge sind, deuten sie an, was in naher Zukunft möglich sein könnte. Es ist nicht das Ziel dieses Buches, detaillierte Vorhersagen zu machen oder Mutmaßungen über den zeitlichen Horizont des technologischen Fortschritts anzustellen. Seine Absicht besteht vielmehr darin, eine Reihe möglicher Zukunftsszenarien und deren Folgen zu erarbeiten. Die spezifische These ist hier die, dass die Hindernisse für die Erstellung eines Bauplans für das Mäusegehirn – eines Plans, der hinreichend detailliert ausfällt, um eine erfolgreiche Emulation zu ermöglichen – technischer und nicht konzeptueller Natur sind. Überdies sind es Hindernisse, die zu gegebener Zeit wahrscheinlich überwunden werden können, möglicherweise durch die Anwendung einer bestimmten Verknüpfung von Bio- und Nanotechnologie.

Es mag zehn Jahre dauern, vielleicht auch 50. Historisch betrachtet wäre aber selbst ein Jahrhundert noch eine sehr kurze Zeitspanne.

Bis dahin gibt es aber noch eine weitere Möglichkeit, die wir in Betracht ziehen sollten, und zwar eine, die nicht so sehr ein Skalieren der Scantechnologie erfordern würde, sondern mehr Wissenschaft. Bisher haben wir die Möglichkeit erwogen, das Gehirn eines bestimmten adulten Tieres zu kopieren. Soll nun die Kopie in ihrem Verhalten vom Original in keiner Weise abweichen, sondern das gesamte erlernte Verhalten sowie all seine Gewohnheiten und Vorlieben originalgetreu nachbilden, so wäre dafür ein überaus detaillierter und äußerst exakter Scan erforderlich. Aber nehmen wir an, wir würden stattdessen eine große Anzahl von Mäusegehirnen neugeborener Tiere scannen, und zwar so detailgetreu, wie es der neueste Stand der Technik erlaubt. Und würde man alle so gewonnenen Daten zusammenfassen und so viele verfügbare Daten anderer Mäusegehirne wie möglich mit einbeziehen, um sie zu komprimieren, dann könnte ein statistisches Modell des *durchschnittlichen neugeborenen* Gehirns der Maus erzeugt werden.[14]

Mithilfe eines solchen statistischen Modells könnte dann im Weiteren eine beliebige Anzahl präziser Beschreibungen individueller junger Mäusegehirne erzeugt werden, und zwar Neuron für Neuron und Synapse für Synapse; sie würden sich zwar jeweils geringfügig voneinander unterscheiden, aber dennoch mit der grundlegenden statistischen Vorlage übereinstimmen. Zwar entspräche keine einzige dieser Beschreibungen dem Gehirn einer realen Maus, die tatsächlich gelebt hätte. Aber unter der Voraussetzung, dass es genügend Daten gibt, um das Modell in ausreichendem Maße zu spezifizieren, würde jede Beschreibung ein brauchbares Mäusegehirn repräsentieren, das für die Instanziierung in einer Computersimulation bereit wäre und verkörpert werden könnte.

2.4 Die Technik der neuronalen Simulation

Sind wir nun auf die eine oder andere Weise zu einer hinreichenden Beschreibung des Gehirns gelangt, kann die Simulation erstellt werden. Für das zugrunde liegende Substrat, auf dem sie durchgeführt werden soll, gibt es eine Vielzahl von Auswahlmöglichkeiten, die vom herkömmlichen digitalen Computer über maßgeschneiderte analoge Hardware bis hin zu chemischen und biologischen Computern reicht. Die konventionellste Weise ihrer Implementierung fände auf einem digitalen Computer von der Art statt, wie wir sie alle auf unserem Schreibtisch oder in unseren Mobiltelefonen haben. Jeder gängige Rechner kann genutzt werden, um Schritt für Schritt zu simulieren, wie sich eine Gruppe von Variablen unter Maßgabe einer Reihe von Differentialgleichungen verändert, die diese Variablen bestimmen. Auf diese Weise können die elektrischen und chemischen Eigenschaften der verschiedenen Bestandteile eines Neurons modelliert werden, zum Beispiel durch die Anwendung des bereits zuvor erwähnten Hodgkin-Huxley-Modells.

Natürlich geht es hierbei nicht um die Simulation eines einzelnen, sondern vieler miteinander verbundener Neuronen. Folglich gibt es auch viele Variablen, die jeweils durch die betreffenden Gleichungen bestimmt werden. Die Aufgabe besteht jetzt darin, sie alle auf einmal zu simulieren. Wie kann dies aber auf einem konventionellen seriellen Rechner in Echtzeit durchgeführt werden, da dieser stets nur eine Rechenoperation zurzeit durchführt? Nun, zum Glück sind Neuronen langsam. Selbst in einem erregten Zustand sendet ein typisches Neuron nur alle paar Millisekunden einen Spike aus. In der Zeit, die es zur Aussendung von zwei Spikes benötigt, kann selbst ein bescheidener, drei Gigahertz schneller Rechner über zehn Millionen Rechenoperationen durchführen. Durch Multitasking können also viele Neuronen auf einmal simuliert werden – in jeder Millisekunde simulierter Zeit verbringt der Rechner einen winzigen Bruchteil einer Millisekunde mit dem Simulieren von Neuron 1, einen weiteren mit dem Simulieren von Neuron 2 und so weiter, und das für Zehntausende Neuronen.

Aber selbst das Gehirn einer Maus enthält Zigmillionen dieser Nervenzellen, und um sie alle akkurat und in Echtzeit zu simulieren, ist ein riesiger Rechenaufwand nötig. Obwohl die Prozessorgeschwindigkeit in den 1980er und 90er Jahren eine erfreuliche exponentielle Zunahme zu verzeichnen hatte, verlangsamte sich dieser Trend im beginnenden 21. Jahrhundert wieder. Selbst der schnellste serielle Prozessor kann nicht alle Neuronen in einem Mäusegehirn simulieren. Glücklicherweise kann an dieser Stelle der *Parallelismus* für Entlastung sorgen. Anstatt nämlich einen seriellen Prozessor zu verwenden, der jeweils nur einen Rechenvorgang durchführt, kann die Simulation auch mit mehreren, gleichzeitig (also parallel) laufenden Prozessoren ausgeführt werden, wobei jeder von ihnen viele Tausend Neuronen simuliert. So wie 1000 Arbeiter in einer Woche Stein auf Stein ein Gebäude errichten können, an dem ein einzelner Maurer sein ganzes Leben lang arbeiten müsste, so lässt sich also auch ein ganzes Gehirn simulieren, indem man zahlreiche langsame parallele Prozessoren verwendet – eine Simulation, die mit einem einzigen schnellen Prozessor in Echtzeit nicht zu bewerkstelligen wäre.

Tatsächlich macht sich das Gehirn selbst eine Form der massiv-parallelen Verarbeitung zunutze. Man kann sich jedes einzelne Neuron als eine winzige autonome Informationsverarbeitungseinheit vorstellen. Sein Input ist die Reihe von Signalen, die seine Dendriten empfangen. Es besitzt einen Datenspeicher in Gestalt verschiedener physikalischer Größen, etwa sein Membranpotenzial und die Stärke seiner Synapsen. Und das Neuron selbst »berechnet« eine Funktion, die seinen dendritischen Input und den aktuellen Zustand seines »Datenspeichers« kontinuierlich auf das Output-Signal, das es an sein Axon liefert, abbildet. Dieser Analogie zufolge ist das zugrunde liegende funktionale Substrat des Gehirns also eine Art massiv-paralleler Rechenvorgang, in dem viele Millionen winziger Prozessoren gleichzeitig arbeiten.

Die Analogie mit dem parallel geschalteten Rechnen stößt allerdings an ihre Grenzen, wenn wir uns mit der realen Physik und Chemie eines Neurons befassen.[15] Aber sie veranschaulicht einen wichtigen Punkt, nämlich dass das biologische Gehirn eine weitere Exemplifizierung des Prinzips ist, sich eine sehr große Anzahl sehr kleiner Gegenstände zunutze zu machen. Und um es zu simulieren, müssen wir nun genau dieses Prinzip anwenden, allerdings in einem anderen Substrat. Es ist daher für die Aussichten auf eine gelingende Gehirnemulation günstig, dass heute, Mitte der 2010er Jahre, die Supercomputer allesamt massiv-parallele Rechner sind. Hinzu kommt, dass, einem exponentiellen Trend im Einklang mit dem Moore'schen Gesetz gemäß, die Anzahl der in ihnen verbauten Prozessoren gestiegen ist, während die Kosten pro Prozessoreinheit gesunken sind.

Dieser technologische Trend hat den Heerscharen von Computerspielern sehr viel zu verdanken, deren Verlangen nach einem besseren Spieleerlebnis die Entwicklung von billigen Hochleistungs-Grafikprozessoreinheiten (GPUs) vorangetrieben hat. Obwohl ursprünglich für die Manipulation großer Pixelanordnungen gedacht, ist die Architektur einer GPU im Wesentlichen die eines Allzweck-Parallelrechners. Und in dem Maße, in dem ihre Effizienz und Leistung zunahm und ihre Kosten sanken, fanden sie neue Anwendungsgebiete auch in anderen Bereichen, die auf eine große Anzahl paralleler Berechnungen angewiesen sind, zum Beispiel in der Entwicklung von Modellen für nukleare Kettenreaktionen oder Klimaprognosen. Im Jahr 2012 basierte der leistungsstärkste Computer der Welt, der *Titan* von Cray, auf einer Hybridarchitektur, in der 18 688 GPUs verbaut waren, von denen jede einzelne selbst ein leistungsfähiger Parallelrechner war.

2.5 Berechnungen auf Gehirnebene

Mit den leistungsstärksten Rechnern der zweiten Dekade dieses Jahrhunderts wäre bereits eine Simulation eines ganzen Mäusegehirns möglich, sofern, erstens, der für eine erfolgreiche Emulation erforderliche physische Detaillierungsgrad hinreichend gering wäre und wir, zweitens, einen entsprechend detaillierten Bauplan hätten. Einige technische Optionen für die Erfüllung dieser zweiten Bedingung haben wir bereits diskutiert. Was die erste angeht, so ist das letzte Wort noch nicht gesprochen. Ist es möglich, zu einer Nichtunterscheidbarkeit im Verhalten zu gelangen, während man von der Chemie der synaptischen Übertragung, der Struktur von Gliazellen, der Gestalt von Dendriten und Axonen und so weiter einfach abstrahiert und Neuronen als simple punktuelle mathematische Objekte betrachtet? Falls ja, dann wären die Anforderungen an die Rechenkapazität für die Emulation eines Gehirns um einige Größenordnungen geringer, als wenn all diese seine Aspekte bei seiner Modellierung berücksichtigt werden müssten.

Die Neurowissenschaft muss diese Frage erst noch beantworten. Doch selbst wenn die Antwort positiv ausfallen sollte, wäre das Skalieren vom Mäuse- aufs Menschengehirn (und damit auf eine Intelligenz auf menschlichem Niveau) ein gigantischer Aufwand. Die technische Herausforderung ist hier nicht bloß die, die erforderliche Anzahl von FLOPS (Gleitkommaoperationen pro Sekunde) zu erzielen, sondern dies auch auf einem kleinen Datenträger und mit geringem Stromverbrauch zu tun. Das durchschnittliche (männliche) menschliche Gehirn weist ein Volumen von gerade einmal 1250 Kubikzentimetern auf und verbraucht nur 20 Watt Energie. Im Gegensatz dazu verbraucht Tianhe-2, im Jahr 2013 der leistungsstärkste Supercomputer der Welt, 24 Megawatt (inklusive Kühlung) und ist in einem Komplex mit einer Grundfläche von 720 Quadratmetern untergebracht. Dennoch verfügt er nur über einen Bruchteil der Rechenleistung, die selbst nach konservativsten Schätzungen zur Simulation eines menschlichen Gehirns benötigt wird. Um auf dem Weg der Gehirnemulation zu einer KI auf menschlichem Niveau zu gelangen, könnte es also, kurz gesagt, erforderlich sein, dass wir, des massiven Parallelismus ungeachtet, über den klassischen digitalen Computer hinausgehen müssen.

Ein vielversprechender Ansatz dazu ist *neuromorphe* Hardware.[16] Anstatt die vorhandene Allzweck-Rechnertechnologie zu nutzen, ist die Idee hier die, eine spezifische Hardware zu entwickeln, die der Wetware des menschlichen Gehirns stark ähnelt. Herkömmliche digitale Hardware muss Hunderte von binären Gleitkommarechenoperationen ausführen, um ein paar Millisekunden der Veränderung im Membranpotenzial einer einzigen Nervenzelle zu simulieren. Dazu gehören Tausende von Transistorschaltvorgängen, die jeweils Strom verbrauchen (und Abwärme erzeugen). Das Membranpotenzial selbst wird als Binärzahl dargestellt, deren Veränderung in diskreten Schritten erfolgt, anstatt kontinuierlich zu variieren, wie es eine echte physikalische Größe tut. Der neuromorphe Ansatz verzichtet daher auf all dieses digitale Zubehör und verwendet *analoge* Komponenten, die sich wie das ursprüngliche Neuron verhalten. Das Membranpotenzial wird dabei von einer tatsächlichen physikalischen Ladungsmenge dargestellt, die sich kontinuierlich verändert, wodurch das Ergebnis mit Blick auf den Energieverbrauch wesentlich effizienter ist.

Als wir uns potenzielle Mapping-Technologien für die Gehirnemulation angesehen haben, hatten wir die Vorstellung, dass wir entweder die heutige Technologie skalieren (zum Beispiel mittels des Verfahrens des Zerschneidens und Scannens des Gehirns), gerade neu aufkommende und realisierbar erscheinende Technologien (etwa die DNA-Strichcodes) erfolgreich weiterentwickeln oder einen Paradigmenwechsel hin zu einer theoretisch möglichen, aber höchst spekulativen Technologie (zum Beispiel neuronalen Nanobots) anstoßen würden. Mit der Technologie der neuronalen Simulation sehen wir uns vor ein ähnliches Spektrum von Möglichkeiten gestellt. Die Massiv-parallelen Supercomputer, die sich einer klassischen digitalen Architektur bedienen, haben wir bereits erwähnt und sind auch kurz auf neuromorphe Hardware zu sprechen gekommen, die sich als alternative Technik bereits gut etabliert hat, um eine geringe Anzahl von Neuronen zu simulieren (allerdings noch dramatisch skaliert werden muss).

Was aber steht uns mittelfristig bevor? Über das Potenzial von Quantencomputern wurde bereits ausgiebig spekuliert. Und das ist mit Sicherheit ein interessantes Thema, doch die Art von Aufgaben, für die Quantenrechner theoretisch von Vorteil sein könnten, umfasst nicht die neuronale Simulation in großem Maßstab. Exotische

Quanteneffekte, etwa Überlagerungen, können genutzt werden, um unlösbare Suchprobleme zu bewältigen. Doch die rechnerischen Anforderungen für die Gehirnemulation stehen in keinem Zusammenhang mit der Unlösbarkeit von Suchproblemen.[17] Sie werden vielmehr vom Bedarf eines wahrhaft massiven Parallelismus diktiert. Was wir wirklich brauchen, ist ein Hardware-Paradigma, das die Gültigkeit des Moore'schen Gesetzes über die Grenzen hinaus zulässt, die die Physik mit Blick auf eine mögliche Integration in konventionelle Hardware setzt – Grenzen wie etwa die Lichtgeschwindigkeit, die Größe eines Atoms oder das Minimum der erforderlichen Energie, um von einem Zustand in einen anderen überzugehen.

Ein Kandidat dafür wären quantenzellulare Automaten (*Quantum dot cellular automata* oder QDCA).[18] Obwohl hier das Wort Quantum verwendet wird, ist ein QDCA kein Quantencomputer. Ein Quantenpunkt ist vielmehr ein Halbleiterbauelement im Nanomaßstab, das wie ein Transistor fungiert, indem es sehr schnell von einem Zustand in einen anderen umschalten kann, dabei aber nur sehr wenig Strom verbraucht. Vier Quantenpunkte bilden, zu einem Quadrat angeordnet, eine Quantenpunktzelle, die ein einzelnes Bit Information speichern kann. Quantenpunktzellen können auf einem Gitter (zur Bildung eines zellulären Automaten) und zu Logikgattern und Kommunikationskanälen angeordnet werden. Dies sind die grundlegenden Elemente der digitalen Elektronik und können zu winzigen Prozessoren zusammengesetzt werden.

Der Vorteil von QDCA gegenüber der herkömmlichen komplementären Metalloxid-Halbleiter-Technologie (*complementary metal-oxide semiconductor* oder CMOS) ist das enorme Ausmaß an Integration, das sie erlauben, wodurch viel mehr Schalter im selben Bereich platziert werden können, als es mit CMOS physisch möglich ist, während ihr Stromverbrauch moderat bleibt und sie wenig Wärme erzeugen. Doch die praktische Anwendung von QDCA ist vielleicht noch Jahrzehnte entfernt. Auf kürzere Sicht wird sich die Halbleiterindustrie wahrscheinlich mit ihrem herkömmlichen Prozessordesign behaupten – vielleicht dadurch, dass sie, um die Geltungsdauer des Moore'schen Gesetzes auszudehnen, dreidimensionale Transistorstapel (im Gegensatz zu den heute verwendeten zweidimensionalen Siliziumscheiben) nutzt und eventuell sogar ganz auf Silizium verzichtet und stattdessen auf *Kohlenstoffnanoröhren* als Mittel zur Konstruktion kleinerer, leistungsfähigerer Transistoren umsteigt.

Eines allerdings steht zweifelsfrei fest: Die Elektronikindustrie der 2010er Jahre ist noch weit von der Herstellung von Computern entfernt, die sich auch nur im Ansatz dem äußersten theoretischen Limit dessen annähern, was innerhalb einer bestimmten Menge von Materie an Rechenvorgängen ausgeführt werden kann. Manchmal wird der Begriff *Computronium* verwendet, um eine (ausgedachte) Materie zu bezeichnen, in der die Anzahl der pro Sekunde durchgeführten Rechenoperationen das in jeder denkbaren atomaren Konfiguration physikalisch mögliche Maximum darstellt. Der Physiker Seth Lloyd hat errechnet, dass ein solcher theoretisch perfekter Computer mit einer Masse von einem Kilogramm und einem Volumen von einem Liter $5{,}4 \times 10^{50}$ logische Operationen pro Sekunde auf 10^{31} Bits ausführen würde. Das ist eine Leistung, die die heutigen Computer um sagenhafte 39 Größenordnungen übersteigt.[19]

Es besteht wenig Aussicht darauf, dass wir diese Art von Rechenleistung jemals in der Praxis umsetzen. Doch schon ein winziger Bruchteil dieser Kapazität wäre für die Simulation eines menschlichen Gehirns mit einer sehr hohen Detailgenauigkeit ausreichend. Schließlich umfasst es ein Volumen von nur wenig mehr als einem Liter und verbraucht (erstaunlicherweise) nur etwas über 20 Watt an elektrischer Leistung. Doch ob wir nun von der Simulation einer großen Anzahl Neuronen oder von einer nicht notwendigerweise biologischen Implementierung künstlicher Intelligenz sprechen, die bloße Aussicht auf weit leistungsfähigere Computer, als sie uns heute zur Verfügung stehen, ist ein wesentlicher Grund dafür, uns mit der Möglichkeit superintelligenter Maschinen zu befassen.

2.6 Robotik – die Technologie der Verkörperung

Nehmen wir einmal an, wir hätten die technischen Schwierigkeiten der Kartierung und Simulation eines Gehirns auf die eine oder andere Weise überwunden und mittlerweile eine höchst detailgetreue und funktionsfähige Nachbildung des Vorderhirns einer Pioniermaus konstruiert. Die letzte Stufe des Emulationsprozesses ist dann die, das simulierte Gehirn mit einem synthetischen (Roboter-)Körper zu verbinden. Erst in diesem Stadium können wir die Simulation richtig testen und sie so justieren, dass sie die gewünschte Verhaltensäquivalenz mit dem Original erreicht. Im Prinzip könnte der Roboterkörper von unterschiedlicher, dem Körper einer Maus mehr oder weniger ähnlicher Gestalt sein. Allerdings gibt es weniger Schnittstellenprobleme, wenn der Körper so mäuseähnlich wie möglich ist. Nehmen wir also vorläufig an, dass wir hier keinen hartschaligen Plastikkörper auf Rollen, sondern einen weichen, vierbeinigen Körper mit einem Muskel-Skelett-System vor uns haben werden. Stellen wir uns des Weiteren vor, dass der Roboterkörper mit einer Gruppe von biomimetischen Sensoren ausgestattet ist – Augen, Ohren und (ganz wichtig) Schnurrhaaren –, die eine Reihe von Signalen liefern, wie sie für diese Modalitäten in einer echten Maus typisch sind.

Nun haben wir quasi in der einen Hand das simulierte Vorderhirn der Maus und in der anderen den synthetischen Mäusekörper. Aber wie vereinen wir diese beiden nun? Wir können das eine ja nicht einfach in das andere einstöpseln. Das Problem ist, dass es in dem realen Tier keine feinsäuberliche Trennung zwischen dem Vorderhirn und dem übrigen Körper gibt. Das Vorderhirn ist eigentlich nichts anderes als eine besonders dichte Konzentration von Neuronen und Verbindungen am einen Ende eines Nervensystems, das den Körper des Tiers von Kopf bis Fuß durchzieht, so wie ein Regenwald von einem System von Flüssen und Nebenflüssen durchsetzt ist. Wir haben uns jedoch dazu entschlossen, das Vorderhirn vom übrigen System »abzutrennen«, uns dabei allerdings eines Großteils des zentralen Nervensystems entledigt, einschließlich des Kleinhirns, das maßgeblich an der motorischen Koordination beteiligt ist, und des gesamten peripheren Nervensystems.

Mit gutem Grund können wir die Auffassung vertreten, dass das Vorderhirn den Großteil des »Wesens« einer bestimmten Maus enthält, ebenso wie es triftige Gründe zu der Annahme gibt, dass das Vorderhirn eines Menschen vieles von dem birgt, was ihn ausmacht – Gewohnheiten, Vorlieben, Kompetenzen, Erinnerungen und seine Persönlichkeit. Insofern war die Entscheidung, uns auf das Vorderhirn zu konzentrieren, durchaus gerechtfertigt. Unser Entschluss, *nur* das Vorderhirn zu kartieren und zu simulieren, ist allerdings so, als hätten wir einen Wandteppich in zwei Hälften gerissen und müssten ihn jetzt wieder zusammenflicken, indem wir jeden einzelnen Faden reparieren, um das ursprüngliche Muster nahtlos wiederherzustellen – oder, was noch schlimmer wäre, als ob wir die eine Hälfte des Teppichs weggeworfen hätten und nun gezwungen wären, uns den fehlenden Teil aus dem Nichts zusammenzureimen, und dabei über die verlorene Hälfte des Musters nur Vermutungen anstellen können.

Der Mäusekörper ist in diesem Bild natürlich die fehlende Hälfte des Wandteppichs, und die Vorderhirnsimulation, deren unzählige Ein- und Ausgänge wie die erwähnten zerrissenen Fäden in der Luft baumeln, ist die uns verbliebene andere Hälfte. Leider sind die Ein- und Ausgänge der Vorderhirnsimulation nicht mit Etiketten versehen, die angeben, mit welchen Drähten des Roboterkörpers sie verbunden werden müssen. Der Ingenieur muss also auf irgendeine Weise herausfinden, welches Bewegungsmuster der Muskeln ursprünglich durch welches ausgehende motorische Hirnsignal verursacht und welche eingehenden Signale ursprünglich von einem bestimmten sensorischen Stimulationsmuster erzeugt worden wären. Die genaue Position eines sensorischen Neurons innerhalb der Großhirnrinde stellt hierzu einen Anhaltspunkt dar, vor allem im Falle des Gesichts- und des Tastsinns, deren Verbindungen »topographisch« angeordnet sind. Aber diese Information ergibt noch lange keinen akkuraten Schaltplan, der die Arbeit des Roboteringenieurs vereinfachen würde.

Die eigentliche Wurzel des Problems liegt darin, dass die verschiedenen Teile des Gesamtsystems – das Vorderhirn, das übrige Nervensystem und der restliche Körper – im tierischen Prototyp gemeinsam entstehen und heranwachsen, wobei sich jeder Teil auf organische Art und Weise an die jeweiligen Besonderheiten der anderen Teile anpasst. Um diese Schwierigkeit zu umgehen, könnte man beispielsweise den Aufgabenbereich des Mapping-Stadiums erweitern: Ließe sich nicht, anstatt nur das Vorderhirn abzubilden, eine Karte des gesamten Nervensystems, also des zentralen und des peripheren, erstellen, zusammen mit einer hochauflösenden Darstellung der 3D-Struktur des

Körpers? In diesem Fall könnten wir nämlich sowohl eine computersimulierte Nachbildung des (gesamten) Gehirns konstruieren als auch eine genaue Kopie des Körpers einer bestimmten Maus synthetisieren, einschließlich aller Einzelheiten ihres peripheren Nervensystems und ihres Bewegungsapparats. Und da wir nun schon dabei sind, relevante Technologien weiterzudenken, warum sollten wir nicht auch annehmen, dass sich unsere diesbezüglichen Fähigkeiten auch auf den Körper insgesamt erstrecken könnten?

Alternativ würde es sich anbieten, anstatt eines Scans des gesamten peripheren Nervensystems und des Bewegungsapparats maschinelle Lerntechnologien anzuwenden, während das Subjekt der Emulation noch lebt, um die Beziehung zwischen der sensomotorischen Aktivität des Gehirns und den daraus resultierenden Bewegungen aufzuklären. Wenn diese Beziehung bekannt ist, könnte dann eine Schnittstelle konstruiert werden, die die vom Gehirn erzeugten motorischen Signale in Befehle übersetzt, welche der synthetische Roboterkörper verstehen kann (und die das Gehirn mit den erwarteten propriozeptiven Signalen und dem haptischen Feedback versehen). Für diesen Ansatz spricht, dass er das Ausmaß reduziert, in dem der synthetische Körper dem Original gleichen muss. Wenn die Emulation auf Anhieb funktionieren, also nur noch ein Minimum an Feinabstimmung und Kalibrierung benötigen soll, dann müsste zwar die körperliche Grundstruktur erhalten bleiben – im Falle der Maus also vier Beine, Pfoten und ein zuckungsfähiges Näschen. Dank einer durchdachten Schnittstellenverknüpfung wäre es allerdings nicht nötig, die exakte Muskulatur der Maus und deren Eigenschaften zu reproduzieren.

Die Notwendigkeit eines originalgetreuen Nachbaus des ursprünglichen Körpers wird auch abgemildert, wenn wir von einem weiteren uns zur Verfügung stehenden leistungsstarken Lernmittel Gebrauch machen, nämlich dem simulierten Gehirn selbst. Das biologische Gehirn ist ein Meister der Anpassung. Menschen können lernen, ein Auto zu fahren, ein Flugzeug zu führen, Baukräne und Bagger zu steuern und so weiter. Für den versierten Fahrer, Piloten oder Kranführer kann eine Maschine zu einer Verlängerung seines eigenen Körpers werden. Überdies zeigen Menschen, die schwerste Verletzungen erlitten und dadurch bleibende körperliche Behinderungen davongetragen haben, eine außerordentliche Fähigkeit dazu, sich ihrer misslichen Lage anzupassen; sie erlernen den Gebrauch von Rollstühlen oder die Verwendung künstlicher Gliedmaßen und anderer Prothesen. Ein simuliertes Gehirn wäre weder weniger plastisch noch weniger anpassungsfähig als das biologische. Ein Körper, der mit sensomotorischen Signalen arbeitet, die mit denen des Originals vollkommen übereinstimmen, ist von daher gar nicht erforderlich, solange von der Emulation nicht erwartet wird, dass sie gewissermaßen ab Werk einsatzbereit ist. Eine Eingewöhnungszeit oder »Rehabilitationsphase« kann auftretende Diskrepanzen kompensieren.

Durch Verwendung einer Kombination dieser beiden Methoden – der Entwicklung einer speziell auf die Verhaltensdaten abgestimmten Schnittstelle *und* dem Einlegen einer Rehabilitationsphase – könnte die der Emulation zur Verfügung stehende Auswahl an Körperstrukturen erheblich erweitert werden. Denn warum die emulierte Maus auf einen Mäusekörper beschränken? Das reanimierte Geschöpf könnte ja auch sechs Beine haben, oder Rollen. Sofern die Konstrukteure ein mathematisches Modell des neuronalen Musters besitzen, das beispielsweise dem natürlichen Drang korrespondiert, »sich auf das Objekt in der Mitte des Gesichtsfeldes zuzubewegen«, können sie gewährleisten, dass der synthetische Mäusekörper sich immer dann auf das Objekt im Gesichtsfeld der Maus zubewegt, wenn das synthetische Gehirn es verlangt.

Doch nicht nur das simulierte Gehirn wäre in der Lage, sich an einen fremden Körper anzupassen, sondern der neue Körper könnte dank der Fortschritte auf den Gebieten der Prothetik und der Gehirn-Computer-Schnittstelle auch so konstruiert werden, dass er sich an das simulierte Gehirn anpasst. Menschliche Prothesen sind heutzutage keine passiven Vorrichtungen mehr, sondern fähig, komplexe Bewegungen unabhängig auszuführen, wie es übrigens auch die Tentakel eines Kraken können. Doch um dies effektiv zu tun, müssen sie lernen, die Absichten ihrer Träger zu erkennen. Auf dem Gebiet der Gehirn-Computer-Schnittstellenforschung werden heute rapide Fortschritte dadurch erzielt, dass man das maschinelle Lernen auf dieses Problem anwendet, und die dabei entwickelten Verfahren könnten auch bei der Gehirnemulation von Nutzen sein. Würde dem simulierten Gehirn und dem synthetisierten Körper also eine Phase der wechselseitigen Anpassung aneinander eingeräumt, dann würde die Rehabilitation mit einer neuartigen Körperstruktur sehr vereinfacht werden.

2.7 Virtuelle Verkörperung

Das biologische Gehirn ist Teil einer sensomotorischen Schleife, die es ihm ermöglicht, die Bewegungen eines Körpers in einer Welt mit drei räumlichen Dimensionen zeitkontinuierlich zu steuern. Die funktionale Simulation eines Tiergehirns muss also auch Teil der sensomotorischen Schleife sein, ebenso wie seine Inputs und Outputs funktional äquivalent mit denen eines realen Gehirns sein müssen, und das macht seine Verkörperung erforderlich.

Eine Möglichkeit, sie zu erreichen, bestünde darin, dass man das simulierte Gehirn mit einem *physischen* Roboterkörper verbindet; eine andere wäre die, eine detailgetreue *Simulation* des Tierkörpers und seiner gewöhnlichen physischen Umwelt zu bauen. So kann das simulierte Mäusegehirn mit einem simulierten Mäusekörper (komplett mit simulierten Pfoten, Schnurrhaaren und Fell) verbunden und in einer virtuellen Welt mit simuliertem Gras, simulierten Hecken und simuliertem Käse ausgesetzt werden. Dies alles muss in einer ausreichend hohen Auflösung wiedergegeben werden, damit es für den sensomotorischen Apparat der Maus von der Realität nicht mehr unterscheidbar ist.

Die Technologien dafür sind bereits gut entwickelt. Erneut haben wir dies der wirtschaftlichen Rolle der Videospieler zu verdanken, denn aufgrund der Nachfrage nach einem immer fotorealistischeren Spielerlebnis haben die Spieleentwickler über die Jahre immer ausgereiftere Physik-Engines entworfen, die das Verhalten physikalischer Objekte in virtuellen Welten simulieren können. Die Physik-Engine hält die Lage und Ausrichtung der zahlreichen Objekte in der Spielwelt stabil, während sie sich im Raum bewegen und aufeinanderprallen, und zwar unter Berücksichtigung der Einflüsse der Schwerkraft, der Reibung und so weiter. Im Computerspiel dient das Konstanthalten dieser Informationen dazu, die Objekte aus der Sicht der vom Spieler gesteuerten Figur anzuzeigen (oder vielleicht aus einer Perspektive unmittelbar hinter der Spielfigur). Im Kontext der virtuellen Verkörperung bestünde die Rolle der Physik-Engine somit darin, das simulierte Gehirn mit realistischem In- und Output zu versorgen.

Die technische Herausforderung bleibt jedoch die gleiche, ob es um ihre Anwendung im Spielesektor oder bei der virtuellen Verkörperung geht: Feste Gegenstände lassen sich relativ leicht simulieren, während weiche oder biegsame Objekte, etwa Muskeln oder Grashalme, eher schwierig und Feststoffteilchen wie Rauch oder Feinstaub noch schwieriger zu simulieren sind. Grafikexperten haben diese Nüsse jedoch schon längst geknackt. Als besonders kompliziert stellen sich allerdings andere Akteure dar, die für jegliche Gehirnsimulation eines sozialen Tieres erforderlich sind. Sie könnten zwar grob simuliert werden, wie die sogenannten NPCs (*non-player characters*, also die vom Spiel gesteuerten Figuren Dritter) in aktuellen Computerspielen, die über ein einfaches Repertoire von stereotypen Verhaltensweisen verfügen, aber auch die Avatare von real in der Welt existierenden Menschen sein oder andere, vollentwickelte KIs mit allgemeiner Intelligenz.

Die letztgenannte Option eröffnet die Möglichkeit einer ganzen virtuellen Gesellschaft aus künstlichen Intelligenzen, die in einer simulierten Umwelt leben. Von den Zwängen der Biologie befreit und erlöst von der Konkurrenz um Ressourcen wie Nahrung und Wasser, werden für eine solche virtuelle Gesellschaft bestimmte Dinge realisierbar, die für eine reale Gesellschaft von an ihre Wetware gefesselten Akteuren nicht möglich wären. Zum Beispiel könnte eine virtuelle Gesellschaft bei ausreichenden Rechenressourcen mit einer hyperrealen Geschwindigkeit funktionieren. Jede Millisekunde, die in der virtuellen Welt vergeht, könnte zum Beispiel in einer Zehntelmillisekunde in der realen Welt simuliert werden.

Wenn eine Gesellschaft von KIs in einer virtuellen Welt anfinge, sich selbst zu verbessern oder sich noch intelligentere Nachfolger zu erschaffen, dann liefen aus der Sicht der realen Welt ihre Fortschritte mit einer entsprechenden Beschleunigung ab. Wäre diese Gesellschaft dann aber auch noch dazu in der Lage, ihre technologische Expertise an die reale Welt zurückzuspielen, und würde außerdem dazu beitragen, das komputationale Substrat, auf das sie ange-

wiesen ist, zu verbessern, dann würde sich diese Beschleu-
nigungsrate ihrerseits weiter beschleunigen. Dies wäre ein
Weg hin zu einem singularitätsartigen Szenario. Das Ergebnis wäre ein explosiver technologischer Wandel – mit
unabsehbaren Folgen.

2.8 Emulation und Verbesserung

Kommen wir jetzt aber erst einmal auf die nähere Zukunft
zurück. Die Gehirnemulation ist zwar nur ein Weg zur allgemeinen künstlichen Intelligenz, ein Punkt im Raum der
technischen Möglichkeiten am äußeren Ende der Skala
der biologischen Wiedergabegenauigkeit. Allerdings ist er
ein wichtiger Punkt, deutet er doch darauf hin, dass auch
unter Zugrundelegung ziemlich konservativer philosophischer, wissenschaftlicher und technologischer Prämissen
zumindest eine Spielart allgemeiner künstlicher Intelligenz (nämlich auf Mäuseniveau) in näherer Zukunft praktisch realisierbar sein wird.

Die wichtigsten dieser Prämissen sind die folgenden:
1) Intelligentes Verhalten wird beim Menschen wie bei
anderen Tieren durch Gehirnaktivität vermittelt, die physikalischen Gesetzen unterliegt; 2) der physische Detaillierungsgrad, den es in einer Emulation zum Erzeugen
einer effektiven Nichtunterscheidbarkeit des Verhaltens
braucht, ist nicht allzu hoch; 3) bestehende Mapping-
und Rechnertechnologien werden innerhalb eines hinreichend kurzen Zeitraums (eine Zeitspanne, die kurz genug
ist, um die Aufmerksamkeit der meisten Menschen zu
erregen, ist »zu unseren Lebzeiten« oder vielleicht noch
»zu Lebzeiten unserer Kinder«) hinreichend skalieren –
im Falle der Maus vielleicht um zwei bis drei Größenordnungen.

Die erste Prämisse drückt eine philosophische Haltung aus, der wohl die meisten Leute zustimmen würden. Die zweite wirft eine Reihe von wissenschaftlichen Fragen auf. Sie führt beispielsweise dazu, dass wir es uns erlauben können, einzelne Gliazellen nicht zu simulieren, dass die kontinuierliche (hier verstanden als Gegensatz zu einer diskreten) Natur des biologischen Gehirns kein Hindernis für seine Simulation darstellt und wir Quanteneffekte gänzlich außer Acht lassen können. Die dritte Prämisse ist, solange wir uns dabei an das Beispiel der Maus halten, realistisch mit Blick auf die Rechenleistung und plausibel, was die Technologien der Gehirnkartierung angeht. So ist also der Schluss kaum zu vermeiden, dass eine allgemeine künstliche Intelligenz auf dem Niveau der Maus nicht nur möglich ist, sondern in naher Zukunft realisiert werden wird.

Sobald die Gehirnemulation im Maßstab eines Mäusegehirns einmal erreicht ist, gibt es überzeugende Gründe für die Annahme, dass eine KI auf menschlichem Niveau nicht mehr fern ist. Der Übergang könnte auf mehrere Weisen erfolgen. Die naheliegendste bestünde einfach darin, dass man den Emulationsprozess skaliert und ihn auf das menschliche Gehirn überträgt. Dies wäre zwar mit einem erheblichen technischen Aufwand verbunden, doch immerhin bräuchte es dafür dann keine bahnbrechenden konzeptuellen Neuerungen mehr. Ist es aber realistisch, eine entsprechend zügige Weiterentwicklung der relevanten Grundlagentechnologien zu erwarten, etwa der Rechenleistung und der Speicherkapazität? Das Moore'sche Gesetz muss doch irgendwo an seine Grenzen stoßen. Vielleicht wird es an irgendeiner Stelle in den drei Größenordnungen, die zwischen der Gehirnemulation auf Mäuse- und auf Menschenniveau liegen, ins Stocken geraten.

Und doch wissen wir, dass es *möglich* ist, Milliarden von nanoskaligen Komponenten mit minimalstem Stromverbrauch zu einer Maschine zusammenzubauen, die zu Intelligenz auf menschlichem Niveau befähigt ist. Unsere eigenen Gehirne sind der Beweis dafür, dass es eine solche Maschine gibt. Die Natur hat es geschafft, und wir sollten die Materie ebenso mühelos wie sie beeinflussen können. Was die schiere Anzahl an Neuronen angeht, so sollten wir irgendwann in der Lage sein, es der Natur in der Konstruktion von Gehirnen gleichzutun, indem wir eine bestimmte Kombination aus synthetischer Biologie und Nanotechnologie verwenden, wenn es uns nicht auf anderem Wege gelingen sollte. Es könnte allerdings eine Reihe bedeutsamer technologischer Durchbrüche erforderlich sein, um den Rechenanforderungen zu genügen, die eine Emulation des humanen Gehirns stellt. In diesem Fall wäre ein Hochskalieren des Emulationsprozesses kein einfacher Weg hin zu einer KI auf menschlichem Niveau.

Doch eine Gehirnemulation im menschlichen Maßstab ist nicht die einzige Option, um eine KI auf ein humanes Niveau zu heben. Vielleicht könnte ja auch die Emulation des Mäusegehirns selbst einfach kognitiv ausgebaut und verbessert werden. Der naheliegendste (und vielleicht naive) Weg, dies anzugehen, wäre einfach der, dass wir in verschiedenen kognitiv bedeutsamen Hirnarealen die Anzahl der Neuronen erhöhen, zum Beispiel im präfrontalen Kortex und im Hippocampus. Plausibler ist jedoch, dass sich unser Verständnis von der Realisierung der Kognition im Wirbeltiergehirn dank der Verfügbarkeit der Mäuseemulation als eines Forschungsinstruments rasch vertiefen wird, und dieses aufkeimende theoretische Wissen könnte dann genutzt werden, um passende neuronale Verbesserungen (oder kognitive Prothesen) technisch herzustellen und dabei die Kernsimulation des Mäusegehirns beizubehalten.[20]

So gesehen wäre die Mäusegehirnemulation erneut der Impulsgeber für die Realisierung einer KI auf menschlichem Niveau. Wie ein Teilchenbeschleuniger in der Physik würde sie die Durchführung von Experimenten erlauben, die man sich sonst nur hätte erträumen können. So wäre es beispielsweise möglich, die Aktivität und das Verhalten des synthetischen Mäusegehirns unter sorgfältig kontrollierten Bedingungen zu beobachten, um dann das ganze System zurückzusetzen und das gleiche Experiment mit einer kleinen Variation – einer winzigen Veränderung des Gehirns etwa – erneut durchzuführen. Das wäre genau die Art von Versuchsprogramm, die ein Reverse Engineering des Mäusegehirns ermöglichen würde, und nach und nach würden wir zweifellos genug Erkenntnisse sammeln, um aus ersten Prinzipien heraus kognitive Prothesen für dieses Gehirn entwerfen und konstruieren zu können.

Wäre dies genug, um zu einer KI auf menschlichem Niveau zu kommen, oder bräuchte es dazu noch mehr? Nun, es wäre zum Beispiel von entscheidender Bedeutung, die verbesserte Mäusegehirnemulation mit Sprache auszustatten, und dies bedürfte mit Sicherheit mehr als nur einer Erhöhung der Anzahl der vorhandenen Neuronen. Es könnte zum Beispiel Verschaltungen erfordern, wie sie in den Gehirnen kleiner Wirbeltiere einfach nicht vorkommen. Vielleicht hat die Evolution im menschlichen Gehirn auch eine radikale Neuerung entdeckt, einen qualitativ anderen neuronalen Mechanismus, der in der Lage ist, mit symbolischer Repräsentation, kombinatorischer Syntax und kompositorischer Semantik, den Grundbausteinen der Sprache also, umzugehen.

Wenn dies der Fall sein sollte, dann wäre auch eine vollständige Theorie des Mäusegehirns noch immer unzureichend und der Weg von der Mäusegehirnemulation zu einer KI auf menschlichem Niveau weniger eindeutig. Wir sollten aber nicht vergessen, dass zeitgleich mit den Neuroingenieuren auch die Neurowissenschaftler daran arbeiten, die Geheimnisse des menschlichen Gehirns zu entschlüsseln, allerdings ohne dabei auf eine vollständige Emulation dieses Organs zurückzugreifen; sie bedienen sich vielmehr immer leistungsstärkerer Instrumente zur Abbildung seiner Struktur und Aktivität. Die neuronalen Grundlagen der Sprache zu verstehen ist natürlich für die Neurowissenschaften ein wichtiges Ziel, und bis die Neuroingenieure gelernt haben, eine Emulation des Mäusegehirns zu erstellen, könnten die Neurowissenschaftler daher vielleicht auch schon so weit sein, dass sie sie bei der Entwicklung einer Neuroprothese unterstützen können, die eine entsprechend verbesserte Mäusegehirnemulation mit Sprache ausstatten würde.

Zusammenfassend können wir sagen, dass eine Emulation des Mäusegehirns das Potenzial hätte, den Fortschritt hin zu einer künstlichen Intelligenz auf menschlichem Niveau in verschiedener Hinsicht anzukurbeln. Und ist eine KI auf menschlichem Niveau einmal erreicht, dann wäre der Übergang zu einer künstlichen Intelligenz auf übermenschlichem Niveau wohl nahezu unvermeidlich. Eine in einem synthetischen Substrat realisierte Intelligenz auf menschlichem Niveau wäre für Verbesserungen eher geeignet als das biologische Gehirn mit seinen verschiedenen Limitierungen (etwa seiner geringen Geschwindigkeit, seiner Stoffwechselabhängigkeit, seinem Schlafbedürfnis und so weiter). Darüber hinaus könnte eine KI (oder sogar ein Team von KIs) auf menschlichem Niveau zur Bearbeitung dieses Problems eingesetzt werden, wodurch eine Feedbackschleife immer schneller voranschreitender Verbesserung eingeleitet würde, die womöglich eine *Intelligenzexplosion* mit unabsehbaren Folgen auslösen könnte. Mit anderen Worten: Sobald wir durch eine Gehirnemulation eine KI auf Mäuseniveau hergestellt haben, könnte der Geist bereits aus der Flasche sein.

Kapitel 3
Die technische Realisation künstlicher Intelligenz

3.1 Anzeichen von Intelligenz

Bisher haben wir der Erörterung des »gehirninspirierten« Wegs zur künstlichen Intelligenz, insbesondere der Gehirnemulation, viel Platz eingeräumt. Doch der Raum möglicher künstlicher Intelligenzen dürfte sich als sehr uneinheitlich erweisen, und es könnte sein, dass ihre biologischen Varianten darin nur einen kleinen Bereich besetzen. Wie aber sieht der übrige Raum aus? Dies ist eine sehr wichtige Frage, denn wie eine KI konstruiert ist, wird ihr Verhalten prägen und unsere Fähigkeit maßgeblich bestimmen, ebenjenes Verhalten vorherzusagen oder zu beherrschen.

Die Vorstellung, dass der Raum möglicher künstlicher Intelligenzen von Wesenheiten erfüllt ist, die so sind wie wir und deren Ziele und Motive unseren eigenen menschlichen Zielen und Motiven ähneln, wäre ein großer und vielleicht sogar gefährlicher Fehler. Hinzu kommt noch, dass die Art und Weise, wie eine KI oder ein Verbund von KIs ihre respektive seine Ziele verfolgt (insofern diese Vorstellung überhaupt sinnvoll ist), je nach ihrer Bauweise womöglich vollkommen unergründlich ist – so wie das Wirken der fremdartigen Intelligenz, die Kasparow auf der anderen Seite des Schachbretts wahrgenommen hatte. Und wäre die KI das Produkt einer anderen KI oder das Ergebnis einer Selbstmodifikation oder künstlichen Evolution, so wäre ihre potenzielle Unergründlichkeit noch umso größer.

Welche Entwurfs- und Konstruktionsmethoden könnten also mit mehr oder weniger großer Wahrscheinlichkeit
zu einer KI führen, die unberechenbar und schwer zu beherrschen wäre? Je mehr wir vom Raum der Möglichkeiten verstehen, desto besser sind wir dazu gerüstet, dieses
Problem anzugehen und das Risiko zu verringern, dass
wir die »falsche Art« von KI erschaffen und die Kontrolle
über sie verlieren. Sehen wir uns zunächst einige Beispiele der heutigen (das heißt aus der Mitte der 2010er Jahre)
KI-Technologie an. Können wir in diesen Systemen die
Anfänge einer allgemeinen künstlichen Intelligenz erkennen? Wird eine allgemeine Intelligenz allein durch die
Verbesserung und Erweiterung solcher Systeme erreicht
werden? Oder fehlt hier etwas Grundsätzliches, ein wesentlicher Bestandteil, der ergänzt werden muss, bevor die
KI-Technologie wirklich abheben kann?

Beginnen wir mit einem Beispiel für eine körperlose
KI-Anwendung, nämlich dem intelligenten persönlichen
Assistenten [*intelligent personal assistant*], auch IPA. Im
vorigen Kapitel wurde die wichtige Funktion der Verkörperung hervorgehoben. Doch viele in unserer Kultur
bekannte fiktive Beispiele für künstliche Intelligenz sind
körperlos. Denken wir an HAL, den fehlgehenden Computer aus dem Film *2001: Odyssee im Weltraum*. In einem
gewissen Sinne könnte das Raumschiff im Film als HALs
Körper verstanden werden, denn es ist eindeutig räumlich lokalisiert und besitzt Sensoren und Aktoren, mit
deren Hilfe es zeitkontinuierlich mit seiner Umgebung
in Wechselwirkung steht. Aber an einer Stelle des Films
werden uns Szenen aus HALs »frühen Jahren« in einem
Labor auf der Erde präsentiert, und auf irgendeine Weise
gelangt der Zuschauer zu der Überzeugung, dass die Intelligenz des Computers unabhängig von dem Raumschiff
existiert. Unsere Bereitwilligkeit, unsere Skepsis an dieser

Stelle aufzugeben, legt es nahe, dass eine körperlose KI in konzeptueller Hinsicht möglich ist – doch ist sie es auch in der Praxis? Und wie weit sind wir davon entfernt, sie zu erreichen?

Intelligente persönliche Assistenten wie Apples Siri und Google Assistant stehen exemplarisch für eine in jahrzehntelanger Arbeit erreichte sukzessive Verbesserung der automatischen Spracherkennung. Ohne vorhergehendes Training durch den einzelnen Benutzer sind sie in der Lage, gewöhnliche Sprache in Text zu verwandeln, und das sogar trotz Hintergrundgeräuschen und angesichts der großen Bandbreite von Klangfarben und Akzenten. Interessanterweise wird die Aufgabe der Spracherkennung oft nicht auf dem Gerät des Nutzers selbst durchgeführt. Vielmehr werden die unbearbeiteten Audioaufnahmen über das Internet an ein firmeneigenes Verarbeitungszentrum gestreamt, in dem die Spracherkennung vorgenommen und die entsprechende Textdatei erzeugt wird. Diese Anwendungen sind also nicht nur in dem Sinne körperlos, dass sie sich nicht durch sensomotorische Interaktion mit einer Umwelt auseinandersetzen, sondern sogar ihre Prozesse und Datenspeicher verteilen sich über die Cloud. Werden sie dadurch quasi »noch körperloser«? Nein, denn wir können uns ein vollständig verkörpertes Robotersystem vorstellen, dessen Datenverarbeitung vollständig extern und in der Cloud stattfindet. Trotzdem ist dieser Punkt bemerkenswert.

Parallel zur Umwandlung unbearbeiteter Audioaufnahmen in Text muss der persönliche Assistent auch versuchen, zu »verstehen«, was der Nutzer ihm herauszufinden oder zu tun aufträgt. Dies ist für sich genommen schon eine beträchtliche Herausforderung, selbst bei einer perfekten Transkription einer Audiodatei in Text. Erleichtert wird diese Aufgabe jedoch durch ein statistisches

Modell, das auf einer riesigen Datenbank von beispielhaften Äußerungen aufbaut, wie Menschen sie typischerweise von sich geben. Dies ermöglicht es dem System, schon anhand des Anfangs einer Frage oder eines Befehls eine Prognose darüber anzustellen, wie der Satz am wahrscheinlichsten weitergehen wird. Außerdem kann diese Prognose wieder an die Spracherkennung zurückgespielt werden, um auch deren Leistungsfähigkeit zu verbessern, was es ihr ermöglicht, Lücken zu schließen, wenn es Störgeräusche gibt oder semantische Ambiguitäten auftreten.

Ist die Äußerung des Benutzers einmal hinreichend zergliedert, kann das System entscheiden, wie es darauf zu reagieren hat: Ist es eine Informationsanfrage oder ein Befehl? Nehmen wir an, es ist eine Informationsanfrage. Ist die Information benutzerspezifisch, wie etwa der Zeitpunkt eines Meetings oder die Telefonnummer eines Freundes, oder betrifft sie das Allgemeinwissen? Ist Letzteres der Fall, dann kann das System auf sämtliche Ressourcen des Internets zugreifen, um eine Antwort zu finden, anschließend deren Wortlaut unter Verwendung von Sprachsynthesetechnologien, die uns bereits seit Jahren zur Verfügung stehen, in eine Audiodatei umwandeln (Sprachsynthese ist sehr viel einfacher als Spracherkennung) und über den Lautsprecher des Geräts als gesprochene Antwort ausgeben.

Das ist alles sehr eindrucksvoll. Doch man muss einräumen, dass die Fähigkeiten zur Gesprächsführung eines IPAs aus der Mitte der 2010er Jahre eher begrenzt sind; man würde ihn nicht gerade zu einer Dinnerparty einladen. Doch noch vor einer Generation hätte diese Art von Technologie einen unbedarften Benutzer davon überzeugen können, dass wir auf dem besten Weg dahin wären, den wie Science-Fiction anmutenden Traum von einer künstlichen Intelligenz zu verwirklichen. Und auch heute noch, da wir wissen, wie er funktioniert, ist an den Fähigkeiten eines IPA etwas Unheimliches, ein Anzeichen von echter Intelligenz. Was fehlt also noch? Was braucht es, um diese unheimliche Ahnung, dass da irgendwo echte Intelligenz ist, in eine begründete Überzeugung zu verwandeln?

3.2 Die Welt erkennen

Ein wesentlicher Nachteil dieser digitalen persönlichen Assistenten ist, dass sie trotz ihrer Stärken bei der Beantwortung von Fragen die Welt nicht wirklich (er-)kennen. Es fehlt ihnen beispielsweise ein Common-Sense-Begriff von festen Gegenständen und räumlichen Beziehungen. Deshalb können sie bereits an einfachen, aber unerwarteten Fragen scheitern, für die es im Internet keine direkte Antwort gibt, so gewaltig die dortigen Wissensbestände auch sind. Nehmen wir beispielsweise die Frage: »Wenn man eine Ratte am Schwanz baumeln lässt, was ist dann dem Erdboden näher, ihre Nase oder ihre Ohren?« Selbst ein Kind kann dieses kleine Rätsel leicht lösen. Es hat vielleicht noch nie eine Ratte am Schwanz baumeln lassen noch auch nur ein Bild einer an ihrem Schwanz baumelnden Ratte gesehen. Aber der Mensch verfügt über eine gattungsspezifische Fähigkeit zur Visualisierung von Situationen und zur Vorhersage von Handlungsfolgen – eine Fähigkeit also, mit Situationen fertigzuwerden, die ihm noch nie zuvor begegnet sind.

Die Alltagsphysik ist ein Gebiet, das der Mensch (sowie einige andere Tiere) gut zu meistern gelernt hat und auf dem unser Verständnis der zugrunde liegenden Prinzipien es uns ermöglicht, ungekannte Probleme zu lösen. Gleiches gilt für die Alltagspsychologie. Unsere Mitmenschen verhalten sich nicht wie unbelebte Objekte. Sie haben Überzeugungen, Wünsche und Absichten. Menschen verstehen all das und nutzen dieses Verständnis, um Pläne zu schmieden, zu kommunizieren und zuweilen auch andere zu täuschen. Auf beiden Gebieten – Alltagsphysik und Alltagspsychologie – basiert das tiefe menschliche Verständnis auf dem Besitz einer Reihe grundlegender abstrakter Konzepte, wie beispielsweise dem eines festen Gegenstands oder der Psyche eines anderen Menschen.

Obwohl die neuronalen Mechanismen, die diesen Fähigkeiten im Menschen zugrunde liegen, noch nicht zur Gänze erforscht sind, kann man mit einiger Sicherheit davon ausgehen, dass sie uns teilweise als eine evolutionäre Ausstattung angeboren sind: Feste Gegenstände und ihre Mitmenschen haben im Leben der Hominiden offenkundig immer eine große Rolle gespielt, weshalb eine Selektion von Allzweckmechanismen für den Umgang mit ihnen stattgefunden haben dürfte. Selbst wenn also der Begriff eines festen Gegenstands bei der Geburt noch nicht manifest vorhanden ist, wäre es überraschend, wenn das neugeborene Gehirn nicht zu seinem Erwerb prädisponiert wäre. Bemerkenswert ist allerdings, dass der Mensch auch dazu fähig ist, sich vollkommen neue Begriffe anzueignen, und zwar solche, die mindestens so abstrakt sind wie der des festen Gegenstands oder des psychischen Innenlebens eines Gegenübers und für die es in unserer evolutionären Vergangenheit keinerlei Präzedenzfälle gibt – zum Beispiel den Begriff der Zahl oder das Konzept des Geldes.

Wie kann nun eine Maschine mit den gleichen gattungsspezifischen Fähigkeiten ausgestattet werden wie wir – mit dem Vermögen also, wichtige Elemente des Common Sense wie die Alltagsphysik und die Alltagspsychologie zu meistern und sich darüber hinaus völlig neue abstrakte Begriffe anzueignen? Eine Lösung wäre natürlich, das biologische Gehirn nachzubilden. Doch darüber haben wir bereits ausführlich gesprochen. Es gibt auch noch verschiedene andere Möglichkeiten – was die Alltagsphysik angeht zum Beispiel die, eine Physik-Engine von der Art zu verwenden, wie sie in Computerspielen genutzt wird und auf die wir bereits im Zusammenhang mit der virtuellen Verkörperung kurz zu sprechen gekommen sind. Eine Physik-Engine kann jede gegebene Konfiguration von Objekten (zum Beispiel die Körperteile einer Ratte) nachbilden und ihre Dynamik simulieren.

Ein alternativer Ansatz wäre die Konstruktion eines Systems, das auf Basis einer Reihe von physikalischen Common-Sense-Gesetzen, die in einer formalen Sprache ausgedrückt werden, logische Schlüsse über alltägliche Dinge zieht. So könnte das System etwa einen Satz enthalten, der die Regel ausdrückt, dass nicht gesicherte Gegenstände im Normalfall nach unten fallen, und einen weiteren, der besagt, dass zerbrechliche Gegenstände normalerweise kaputtgehen, wenn sie zu Boden fallen. Aus diesen beiden Sätzen könnte dann die Schlussfolgerung gezogen werden, dass ein umgefallenes Weinglas zerbrechen wird, wenn es vom Tisch rollt. Die gleiche logikbasierte Methode könnte dann auch auf andere Gebiete angewendet werden, etwa in der Alltagspsychologie. Zudem hat sie einer Physik-Engine gegenüber den Vorteil, dass sie eine größere Toleranz für unvollständige Informationen aufweist – beispielsweise über die genaue Form des Tisches und des Weinglases.

Sowohl die Physik-Engine als auch der logikbasierte Ansatz sind jedoch parasitär auf konzeptuelle Rahmenbedingungen angewiesen, die von menschlichen Konstrukteuren bereitgestellt werden. Informationen über die Umwelt eines Roboters – die Oberflächen der ihn umgebenden Objekte – lassen sich zwar dadurch gewinnen, dass er sich in dieser Umwelt bewegt, Sensordaten (von Kameras, Tast-sensoren und so weiter) bündelt und diese Daten dann in eine für ihre anschließende Verarbeitung geeignete Form umwandelt. Doch die Idee eines festen Gegenstands als solchem, ein Begriff, der für die prognostischen Fähig-keiten beider Systeme von entscheidender Bedeutung ist, wird nicht durch Interaktion mit der Welt entdeckt. Er ist von vornherein gegeben, also von Anfang an in das System integriert. Dies mag für einige universell wichtige Kom-petenzbereiche (zum Beispiel die Alltagsphysik) akzepta-bel sein, aber eine wahrhaft allgemeine Intelligenz muss auch in der Lage sein, abstrakte Begriffe für sich selbst zu entdecken (oder zu erfinden), wenn sie mit einer Welt zurechtkommen soll, die nicht von vornherein bekannt sein kann.

3.3 Maschinelles Lernen

Damit sind wir beim Thema des maschinellen Lernens an-gekommen. Maschinelles Lernen ist seit seinen Anfängen ein lebhaft beforschtes Teilgebiet der KI-Forschung. Ganz erhebliche Fortschritte auf diesem Gebiet wurden jedoch im ersten Jahrzehnt des 21. Jahrhunderts erzielt, die zum einen einer Steigerung der Rechenleistung und der Spei-cherkapazitäten zu verdanken sind und zum anderen theo-retischen Fortschritten und neuen Lernalgorithmen. Dies hat zu neuen kommerziellen Anwendungen geführt, wie etwa dem Onlinemarketing, bei dem es sinnvoll ist, Kun-denprofile anzulegen, um die Konsumenten mit maßge-schneiderten Produktempfehlungen und Werbemaßnah-men ansprechen zu können. Ein maschinelles Lernsystem erreicht dies dadurch, dass es ein statistisches Modell des Kundenverhaltens erstellt, das auf einer umfangreichen

Datenbank mit Informationen über sein Kaufverhalten und seine Surfgewohnheiten basiert. Mithilfe eines solchen Modells kann das System dann auf Grundlage nur einiger weniger Einkäufe und Seitenaufrufe die wahrscheinlichen Präferenzen eines Kunden vorhersagen.

Allgemein gesprochen geht es beim maschinellen Lernen um die Konstruktion eines Modells, das einen gegebenen Bestand an Daten enthält und dazu verwendet werden kann, zukünftige Daten vorherzusagen. Nehmen wir beispielsweise an, dass ich Ihnen die Zahlenfolge 5, 10, 15 und 20 vorlege und Sie frage, welche Zahl Ihrer Meinung nach als Nächstes kommt. Mit einiger Sicherheit werden Sie die Hypothese aufstellen, dass die Abfolge der Zahlen in Intervallen von 5 ansteigt, und Sie werden voraussagen, dass die nächste Zahl 25 sein muss, dann 30, 35 und so weiter. Stammen die Daten aber aus der realen Welt, dann sind sie wahrscheinlich verrauscht, das heißt fehlerhaft oder uneindeutig. Darum müssen Algorithmen für maschinelles Lernen imstande sein, mit *Unsicherheit* umzugehen. Nehmen wir einmal an, ein mobiler Roboter befindet sich gerade im Ruhezustand, als sich ihm ein großes Objekt nähert. Eine Reihe von Sensordaten zeigt ihm an, dass die Entfernung des Objekts von 24,9 auf 20,1 und dann auf 15,1 und 9,9 Zentimeter sinkt. Aufgrund dessen könnte der Roboter die Hypothese bilden, dass sich die Entfernung zu dem Objekt mit jeder Sensormessung um ungefähr 5 Zentimeter verringert, und die Prognose aufstellen, dass der nächste Messwert 5,0 Zentimeter plus oder minus zehn Prozent sein wird. Zeit für ein Ausweichmanöver!

In diesen trivialen Beispielen lässt sich das zugrunde liegende Muster leicht erkennen. Aber nehmen wir an, dass jedes einzelne Datenelement nicht aus einer einzigen Zahl, sondern aus 1000 Zahlen besteht. Bei solchen hochdimensionalen Daten wird es weitaus schwieriger, Muster in ihnen zu erkennen, Modelle zu entwerfen und Prognosen zu erstellen. Tatsächlich ist es nicht nur tausendmal, sondern um ein Vielfaches schwieriger. Dies wird als *Fluch der Dimensionalität* bezeichnet. Doch zum Glück lässt er sich abwehren, insofern die Daten bekannte statistische Regelmäßigkeiten aufweisen.

Nehmen wir beispielsweise an, die betreffenden Daten seien eine Abfolge von Einzelbildern aus einem Video. In diesem Fall gibt es eine statistische Tendenz dazu, dass, erstens, ein beliebiges Pixel eines beliebigen Einzelbilds einen ähnlichen Wert wie die benachbarten Pixel haben dürfte, und dass, zweitens, das gleiche Pixel in aufeinanderfolgenden Bildern ähnliche Werte aufweisen wird.

Statistische Regelmäßigkeiten wie diese sind oft ein Ausdruck der fundamentalen Struktur der Welt, aus der die Daten gewonnen werden. Einem mobilen Roboter mit einer Kamera erscheint die Welt in gewisser Weise als »gleichmäßig«: Sie besteht aus festen Gegenständen, deren Oberflächen viele durchgängige Flächen von einheitlicher Färbung mit relativ wenigen sie unterbrechenden Kanten aufweisen. Und obwohl ein Lernsystem im Zuge seiner Entwicklung mit einigen Prämissen über den Aufbau der Welt versehen werden kann – zum Beispiel über ihren dreidimensionalen räumlichen Charakter und die Dominanz fester Gegenstände in ihr –, bleibt ihm dennoch vieles darüber zu entdecken, wie diese Welt im Einzelnen beschaffen ist, welche Arten von Gegenständen sie enthält und welches Verhalten sie an den Tag legen.

Die Aufgabe, durch die Konstruktion eines Weltmodells Prognosen über eingehende Daten zu erstellen, geht deshalb mit der Herausforderung einher, Wege zur Daten*komprimierung* zu finden, um damit ihre Dimensionalität zu reduzieren. Dies ließe sich beispielsweise dadurch erreichen, dass man sie in Begriffe und unter Kategorien wie etwa »Tier«, »Baum« oder »Person« fasst (die nebenbei auch eine nützliche Grundlage für eine sprachliche Kommunikation darstellen). Hochdimensionale Sensordaten lassen sich jedoch nicht direkt auf solche groben Kategorien herunterbrechen. Hier bedarf es eines hierarchischen Ansatzes, durch den zunächst Merkmale auf niedriger Ebene (auch *Low-Level-Merkmale* genannt) herausgefiltert werden. Nach der Erstellung eines Verzeichnisses von wiederkehrenden visuellen Merkmalen auf dieser niedrigen Stufe kann ein Algorithmus dann lernen, wie sich diese zu Merkmalen höherer Stufen verbinden. Dieser mehrstufige Ansatz ist das Markenzeichen des sogenannten Deep Learning.

Nehmen wir zum Beispiel an, der Lernalgorithmus würde auf eine große Datenbank mit Bildern angesetzt, von denen viele Gesichter enthalten. Das Vorhandensein eines Gesichts könnte dabei etwa durch bestimmte Muster spezifisch geformter Licht- und Schattenstellen angezeigt werden. Und diese *könnten* ungefähr mit denjenigen Merkmalen korrespondieren, die wir als Augen, Nasen und Münder bezeichnen – aber eben auch nicht. Die Maschine wird ja nicht durch die Kategorien der menschlichen Sprache beschränkt, und die von ihr gefundenen statistisch signifikanten visuellen Low-Level-Merkmale lassen sich unter Umständen nicht so einfach sprachlich beschreiben. (Gleiches trifft übrigens auch für die visuelle Wahrnehmung im biologischen Gehirn zu, obwohl sie beim Menschen dem »Top-down«-Einfluss der Sprache unterliegt.)

Nachdem der Algorithmus die Statistik der Daten auf niedriger Ebene – also der immer wieder auftretenden kleinformatigen visuellen Motive – erlernt hat, kann er im Weiteren lernen, dass bestimmte Kombinationen dieser Motive häufig vorkommen. Eine solche Kombination entspräche etwa dem, was wir als Gesicht bezeichnen würden; eine andere (von Schnurrhaaren, Fell, spitzen Ohren und so weiter) könnte dem entsprechen, was wir als Katze bezeichnen – oder der Algorithmus könnte das paarweise Auftreten von Kind und Katze herausgreifen, da häufig zu beobachten ist, dass Katzen von kleinen Menschen gestreichelt werden. Denn wie gesagt, die Maschine ist nicht durch menschliche Begriffe und Kategorien gebunden, sondern nur durch die Statistik der Daten.

So weit, so gut. Wir haben also gesehen, wie ein maschineller Lernalgorithmus mit *statischen* Daten arbeiten könnte. Aber was uns letztlich wirklich interessiert, ist die *Dynamik* der Welt. Wir sind bisher von einem System ausgegangen, das Kategorien von Gegenständen in einer Datenbank von Standbildern entdeckt. Aber was ist mit einem Videoarchiv? Schließlich muss ein verkörpertes Lernsystem auch bewegte Bilder – tatsächlich sogar einen ständig fließenden Strom von eintreffenden Sensordaten – in den Griff bekommen, wenn es überhaupt prognostische Fähigkeiten erwerben können soll. Zudem hat für eine KI, die Antriebe zu befriedigen und Ziele zu verwirklichen hat, eine besondere Aufmerksamkeit für Katzen vor dem Hintergrund der ganzen restlichen Welt nur insofern einen Wert, als Katzen ein typisches *Verhalten* aufweisen, und ganz besonders dann, wenn dieses Verhalten zu den Antrieben und Zielen der KI in einer relevanten Beziehung steht (wie es bei einer Maus der Fall wäre).

Hätte unser Lernalgorithmus also beispielsweise sowohl die Kategorie »Bindfaden« als auch die Kategorie »Katze« erworben, dann wäre er bereits auf dem Weg zu der Erkenntnis, dass Katzen häufig Bindfäden nachjagen. Noch einmal: Wir sollten nicht der irrigen Annahme verfallen, dass ein maschineller Lernalgorithmus diese Regel in einer Form darstellen würde, die einem Satz in einer menschlichen Sprache ähnelt. Sie wäre vielmehr eine

Sammlung von Parameterwerten innerhalb einer Datenstruktur, welche die Statistik der Bewegung bestimmter häufig auftretender visueller Merkmale erfasst, die ihrerseits selbst in ähnlicher Weise mathematisch ausgedrückt werden würden. Das Ergebnis wäre für eine entsprechend konstruierte Maschine jedoch das gleiche wie für einen Menschen, der von diesem Tatbestand bezüglich Katzen und Bindfäden Kenntnis erlangt hat. Damit wäre es zum Beispiel für eine KI ein Leichtes, einen Plan auszuarbeiten, mit dem eine Katze für den Transport zum Tierarzt in einen Korb gelockt werden kann.

3.4 Künstliche Intelligenz durch Big Data

Ziehen wir eine Zwischenbilanz. Wir haben Algorithmen diskutiert, die die Statistiken der Welt zu erlernen vermögen, hierarchische Kategorien von Objekten und Verhaltensmustern in einem Strom von unbenannten multimodalen Daten ausfindig machen und diese Kategorien dazu benutzen können, Daten in eine mathematische Beschreibung zusammenzufassen, die für Prognosen verwendet werden kann. Es ist also leicht zu sehen, warum maschinelle Lernalgorithmen dieser Art eine nützliche Technologie darstellen können. Aber wie weit bringen sie uns einer allgemeinen künstlichen Intelligenz näher?

Stellen wir uns eine KI vor, die auf den folgenden Parametern aufbaut. Angenommen, einem Lernalgorithmus von der eben beschriebenen Art wird erlaubt, das Internet wie eine Suchmaschine zu durchforsten und die Statistiken aus den gefundenen Abermilliarden von Bildern und den Zigmillionen Videos auszulesen. Der Mensch hat eine unfassbar große Sammlung multimedialer Daten aus der Alltagswelt zusammengestellt und sie für alle und alles mit einer Netzwerkverbindung zugänglich gemacht. Irgendwo im Internet findet man Videos von Giraffen bei der Paarung, von Flugzeugen beim Looping, von Kartoffeln pflanzenden Indern und Fahrräder reparierenden chinesischen Mädchen, von Schlachten, Vorstandssitzungen, Baustellen und niedlich vor sich hindösenden Katzen. Was auch immer es ist, irgendwer hat wahrscheinlich ein Video davon gemacht und es ins Netz gestellt.

Dieses ohnehin schon riesige öffentliche Datenverzeichnis wächst dank des Crowdsourcing über die sozialen Netzwerke weiterhin rapide an. Viele der in ihm enthaltenen Informationen sind zudem nicht mehr nur Sensor-Rohdaten. So werden etwa Bilder und Videos in der Regel auch mit Informationen über den Ort, die Zeit und das Datum der Aufnahme versehen, außerdem auch immer öfter mit Tags, die die darin zu sehenden Gegenstände und Ereignisse beschreiben. Und da immer mehr alltägliche Gebrauchsgegenstände (Mülleimer, Kühlschränke, Schlüsselringe und so weiter) mit dem Internet verbunden sind, wird es möglich sein, immer größere Mengen an Informationen über die Alltagswelt und das Verhalten der sie bevölkernden Menschen und sonstigen Tiere zusammenzutragen.

Wie gut könnte die Prognosefähigkeit eines Systems werden, wenn leistungsfähige maschinelle Lernalgorithmen auf diese riesengroße Datensammlung angesetzt würden? Wieso müsste das System verkörpert sein? Warum müsste es unmittelbar mit der Welt interagieren, wenn es doch über eine so ungeheuer große Datenbank von Multimediaaufnahmen der verkörperten Aktivität anderer verfügt? Erinnern wir uns, dass die Ausstattung eines Computers mit einem Common-Sense-Verständnis der Alltagswelt lange Zeit als eines der Haupthindernisse auf dem Weg zu einer künstlichen allgemeinen Intelligenz galt. Vielleicht könnte eine körperlose KI daher ja indirekt, also durch die

Vermittlung anderer, jenen Common Sense erwerben? Wie nahe käme ein solches System an eine künstliche Intelligenz auf menschlichem Niveau heran?

Nun, und was ist mit der Sprache? Sie ist ein überaus wichtiger Aspekt des menschlichen Verhaltens, und kein System könnte als eine KI auf menschlichem Niveau gelten, das sich nicht mit der menschlichen Sprachfähigkeit messen kann. Die digitalen persönlichen Assistenten sind Mitte der 2010er Jahre bereits unheimlich gut in der Voraussage dessen, was ihre Nutzer zu sagen beabsichtigen. Allerdings lässt sich leicht behaupten, dass diese Systeme die Worte, die sie erkennen, die Sätze, die sie analysieren, oder die Antworten, die sie produzieren, eben nicht wirklich verstehen. Die Symbole, die sie nutzen, gründen nicht in einer Interaktion mit der Welt – ein Manko, das ganz deutlich zutage tritt, wenn man ihnen neuartige Fragen stellt, deren Beantwortung eine Kombination von Fantasie und Common Sense erfordert, wie etwa: »Wenn man eine Ratte am Schwanz baumeln lässt, was ist dann dem Erdboden näher, ihre Nase oder ihre Ohren?«

Gewiss kann uns das maschinelle Lernen, so leistungsstark es auch sein mag, nicht dabei helfen, diese Limitierungen zu überwinden. Andererseits ist die Sprache jedoch auch nur eine Form des Verhaltens unter vielen. Warum sollte sie also einem statistischen maschinellen Lernen nach der Brute-Force-Methode weniger zugänglich sein als beispielsweise die Bewegungsmuster in einer Menschenmenge oder Vegetationsmuster in einem Garten? Man muss nur eine ausreichend große Datenmenge und genügend Rechenkapazitäten auf das Problem loslassen, und das Maschinenlernen wird in der Lage sein, die relevanten Statistiken genug zu modellieren, um zuverlässige Prognosen erstellen zu können: Wohin wird diese Person voraussichtlich gehen, wenn sie den Kiosk verlassen hat? Welche Blattformen kommen wahrscheinlich auf der linken Seite des Baumes vor? Und wie dürfte diese Person vermutlich auf die Worte eines anderen antworten? Wir dürfen nicht vergessen, dass die Lernsysteme, die wir im Auge haben, sich im Vergleich zu den heutigen digitalen persönlichen Assistenten auf einen weitaus größeren Datensatz stützen werden, der Wörter im Rahmen einer verkörperten Interaktion mit der Welt *tatsächlich* in der Erfahrung gründen lässt – wenn auch auf eine etwas parasitäre Art, gewissermaßen aus zweiter Hand.

Wie sähe dies anhand des Beispiels mit der baumelnden Ratte aus? Unsere KI muss in der Lage sein, mit dem Hypothetischen, dem Kontrafaktischen, dem Fiktiven umzugehen. Dies ist ein grundlegender Aspekt ihrer Funktionalität. Wenn aber ein adäquates Modell der Welt vorhanden ist, ein Modell mit einer hinreichenden prognostischen Kraft, dann wird, um dieser Anforderung zu genügen, lediglich eine Handhabe benötigt, um dieses Modell mit hypothetischen Szenarien zu initialisieren, also eine Methode, es mit fiktiven Gegenständen zu befüllen. Die Prognosefähigkeit des Modells wird dann alles Weitere übernehmen, indem sie aus Millionen Videos von baumelnden Dingen, Zigmillionen Bildern und Filmaufnahmen von Ratten in unzähligen Körperhaltungen, die unzählige Dinge tun, und Abermilliarden Abbildungen von Nasen und Ohren aus jedem nur denkbaren Blickwinkel ihre generalisierenden Schlüsse zieht.

Wie verhält es sich aber zum Beispiel mit der Mathematik? Bestimmt könnte ein bloßes statistisches Lernsystem niemals die Fähigkeit erwerben, Mathematik zu betreiben – oder doch? (Studierende der Philosophie werden hier Anklänge an die Debatte zwischen Empirismus und Rationalismus vernehmen.) Nun, wir schließen eine Ausstattung des Systems mit verschiedenen ihm inhärenten

Kategorien und Begriffen nicht aus, wie etwa dem des festen Gegenstands oder des dreidimensionalen Raums, und auch der Begriff der Zahl könnte dazugehören. Aber es ist noch nicht einmal klar, ob dies überhaupt notwendig ist. Vielleicht kann der Lernalgorithmus den Begriff der Zahl auch selbst entdecken, wenn er eine sehr große Anzahl von Aufzeichnungen des Mathematikunterrichts an Grundschulen verarbeitet. Uns fällt es jedenfalls schwer, uns die Konsequenzen auszumalen, die die Verarbeitung der schieren Fülle von Rohdaten durch den Lernalgorithmus haben könnte, und auch, auf welche Art und Weise uns das System im Ergebnis vielleicht überraschen würde.

Im Jahre 2009 verfassten drei IT-Spezialisten von Google einen Artikel namens »The Unreasonable Effectiveness of Data« [»Die unverhältnismäßige Effizienz von Daten«].[21] Dieser Titel bezieht sich auf ein unerwartetes Phänomen beim maschinellen Lernen. Es stellte sich nämlich heraus, dass ein maschinelles Lernen, das einen *unvollständigen* oder *fehlerhaften* Datensatz mit *einer Billion* Elementen verwendet, Aufgaben (zum Beispiel maschinelle Übersetzungen) äußerst effektiv ausführen kann, für die ein maschinelles Lernen, das einen *sauberen* Datensatz mit lediglich einer Million Elementen verwendet, völlig unbrauchbar ist. Das war unerwartet, weil eine Million eine große Zahl zu sein scheint. Wenn ein Lernalgorithmus mit einem Trainingssatz von einer Million Beispielen also nicht funktioniert, dann liegt der intuitive Schluss nahe, dass er überhaupt nicht funktionieren wird. Es stellte sich jedoch heraus, dass es oft eines weit größeren Trainingssatzes bedarf, was sich aber erst zeigte, als Computer letztlich in der Lage waren, die Speicherung und Verarbeitung solch gewaltiger Datenmengen zu leisten.

Wir lernen daraus, dass wir von einer technisch autonom erzeugten KI – also einer, deren Funktionieren auf ganz anderen Prinzipien beruht als das biologische Gehirn – Überraschungen zu erwarten haben. Besonders dann, wenn ein KI-System auf so großen Datenmengen oder so schnellen Prozessgeschwindigkeiten beruht, dass sie kaum mehr intuitiv zu erfassen sind, könnte es Probleme lösen, von denen wir es nicht erwartet haben, und zwar auf eine Art und Weise, die uns nicht vollständig verständlich ist. Kurzum, eine KI auf menschlichem Niveau muss nicht unbedingt menschenähnlich sein. Und wenn bereits sie schon so unergründlich sein kann, wie sollten wir dann jemals eine superintelligente KI durchschauen und kontrollieren können, ein System, das uns Menschen auf allen intellektuellen Gebieten nicht nur ebenbürtig wäre, sondern uns auch noch ein ums andere Mal übertrumpfen würde?

3.5 Optimierung und Unsicherheit

Natürlich ist es nicht allein die Prognosefähigkeit, die eine allgemeine KI ausmacht. Die Fähigkeit, Weltmodelle zu entwerfen und für Prognosen zu nutzen, ist vielmehr ein Mittel zu einem ganz anderen Zweck. Die Intelligenz eines Tieres manifestiert sich in den Dingen, die es tut. Es legt eine gewisse Zielorientierung an den Tag, hat Triebe wie Hunger und Angst und kann sich Ziele setzen, die der Befriedigung dieser Triebe dienlich sind, wie etwa die Nahrungsbeschaffung oder die Rückkehr in den Bau. Das Tier erreicht seine Ziele, indem es auf die Welt einwirkt, und wenn es clever ist, wird es Vorhersagen anstellen, die seinen Zielen förderlich sind. Wenn unsere Katze eine Maus sieht, die hinter einem Baumstumpf verschwindet, dann sieht sie ihr Wiederauftauchen voraus und verlegt sich aufs geduldige Abwarten. Und ebenso würden wir nun davon ausgehen, dass die Prognosefähigkeiten einer verkörperten allgemeinen KI auch Zielen und der Befriedigung von Antrieben dienlich wären. Sie sollte eine eigene Zielorientierung an den Tag legen, denn wir würden einem Roboter nur dann allgemeine Intelligenz zuschreiben, wenn er Ziele hätte und sie zu erreichen imstande wäre, ganz gleich, ob er Pakete austragen, Mahlzeiten zubereiten oder chirurgische Eingriffe vornehmen würde.

Wie verhält es sich dann mit einer körperlosen KI? Nun, selbst wenn sein Ziel nur darin bestünde, Fragen zu beantworten und Ratschläge anzubieten, müsste ein System mehr können als Prognosen erstellen, um als allgemeine KI gelten zu können. Obwohl es also selbst nicht unmittelbar auf die Welt einwirken könnte, sollte es doch in der Lage sein, herauszufinden, wie es handeln müsste, um eine ganze Bandbreite an vorgegebenen Zielen zu verwirklichen. Denn es könnte sowohl mit der Zusammenstellung eines profitablen Investmentportfolios als auch mit der Planung eines großen Tiefbauprojekts, der Entwicklung eines besseren Arzneimittels, eines größeren Flugzeugs oder eines schnelleren Rechners beauftragt sein, und wäre seine Intelligenz wirklich eine allgemeine, dann könnte das System für jedes (oder alle) dieser Dinge trainiert werden und noch für viele andere mehr, genauso wie es auch bei einem intelligenten Menschen möglich ist.

Was ist also über die Prognosefähigkeit hinaus erforderlich, um eine Maschine, ob verkörpert oder nicht, dazu zu befähigen, derart anspruchsvolle Aufgaben auszuführen? Die KI muss in der Lage sein, eine Folge von Handlungen zu *planen*, und gut planen zu können heißt, eine bestimmte Art von *Optimierung* gut zu beherrschen. Tatsächlich ist das Thema der Optimierung für moderne Ansätze in der technisch autonomen Konstruktion allgemeiner KI von zentraler Bedeutung. Doch nicht nur das Planen, sondern auch bestimmte Arten des maschinellen Lernens und diverse Aspekte der Computer-Vision sowie viele andere Probleme, die für die künstliche Intelligenz relevant sind, können als eine Form von Optimierung verstanden werden. Es lohnt sich also, dieses Konzept etwas näher zu betrachten, was wir an dieser Stelle anhand eines bestimmten Beispiels tun wollen, nämlich des sogenannten *Problems des Handlungsreisenden.*

Nehmen wir an, ein (Handlungs-)Reisender steht vor der Aufgabe, der Reihe nach mehrere Städten aufzusuchen und danach wieder heimzukehren. Er muss jede Stadt genau ein einziges Mal besuchen und am Ende wieder an dem Ort landen, von dem er aufgebrochen ist. Die von ihm gewählte Reihenfolge wird allerdings Einfluss auf die Gesamtdauer seiner Reise haben, und er will nicht länger unterwegs sein als unbedingt nötig. Angenommen, diese Person wohnt in San Francisco und muss in die Städte New York, Boston und San José reisen. Da San Francisco und San José nah beieinander liegen, wäre es nicht sinnvoll, von San Francisco erst nach New York, dann zurück nach San José und danach erst nach Boston zu fliegen, um schließlich nach San Francisco zurückzukehren. Diese Lösung wäre suboptimal. Die Reisezeit wird kürzer sein, wenn die Person Boston direkt im Anschluss an New York besucht. Die Herausforderung besteht hier also darin, die optimale Lösung, also die bestmögliche Reihenfolge für den Besuch der Städte zu finden, die sich daran bemisst, welche Route die kürzeste Gesamtreisedauer ergibt.

Das Problem des Handlungsreisenden ist nur ein Beispiel für ein Optimierungsproblem. Ganz allgemein lautet die Aufgabe, eine mathematisch wohldefinierte Struktur zu finden, die eine bestimmte Kostenfunktion minimiert (oder analog dazu eine sogenannte Nutzen- oder Belohnungsfunktion maximiert). In diesem Beispiel besteht die mathematische Struktur in der Reihenfolge der Städte und die Kostenfunktion in der Gesamtreisedauer. Bei einer nur geringen Anzahl von Städten wirkt das Problem nicht sonderlich komplex. Doch wie bei vielen Optimierungsproblemen skaliert das Problem des Handlungsreisenden nicht gut. In einem spezifisch mathematischen Sinn (die Details lassen wir außen vor) steigt mit der Anzahl der Städte nämlich auch die Schwierigkeit des Problems exponentiell an.

In der Folge bedeutet dies, dass bei einer großen Anzahl von Städten sogar der schnellste Algorithmus auf dem schnellsten herkömmlichen Computer seine Mühe hätte, die optimale Lösung in einem angemessenen Zeitraum zu finden. Es gibt jedoch Algorithmen, die für eine sehr große Anzahl von Städten eine *gute*, wenn auch nicht unbedingt die *bestmögliche* Lösung finden. Das ist günstig, denn das Problem des Handlungsreisenden ist mehr als nur ein intellektuelles Kuriosum. Es hat viele Anwendungsfälle in der Praxis, und in der Regel reicht es aus, eine gute Lösung zu finden.

Bevor wir auf die allgemeine KI zurückkommen, wollen wir noch ein anderes Optimierungsproblem betrachten, bei dem das Finden einer guten Lösung ausreicht. Nehmen wir an, dass wir es diesmal nicht mit einem Handlungsreisenden, sondern mit unserem Kater Tooty zu tun haben. Wenn Tooty sein Schläfchen beendet hat, besteht seine Aufgabe nicht in der Planung von Städtereisen, sondern vielmehr im Aufsuchen einer Anzahl nahegelegener Futterplätze, Orten also, an denen er oft etwas zu fressen findet (zum Beispiel die Küche unseres Nachbarn). Natürlich erfordert das Herumstreifen von einem solchen Ort zum nächsten einigen Energieaufwand, und Tooty würde das hierbei verausgabte Quantum gerne minimieren. Gleichzeitig will er seine Nahrungsaufnahme maximieren. Ärgerlicherweise gibt es jedoch keine Garantie dafür, dass er auch Fressbares vorfindet, wenn er an einer Futterstelle angekommen ist (die Nachbarskatze könnte ihm nämlich zuvorgekommen sein). Doch aufgrund seiner Erfahrungen »weiß« Tooty, mit welcher *Wahrscheinlichkeit* er an jedem gegebenen Ort Futter vorfinden wird.

Tooty steht jetzt vor der Aufgabe, eine Route entlang der einzelnen lokalen Futterplätze zu planen, die seine *erwartete Belohnung maximieren* wird, wobei die Belohnung, die er auf jeder seiner Touren tatsächlich erhält, eine Funktion seiner gesamten Nahrungsaufnahme und der verbrauchten Energie ist. Anders als beim Handlungsreisenden muss Tooty nicht jede Station abklappern. Es könnte daher eine gute Strategie sein, nicht besonders vielversprechende Futterplätze in weiterer Entfernung auszulassen. Aber ansonsten ist diese Optimierungsaufgabe dem Problem des Handlungsreisenden schon recht ähnlich und vom Rechenaufwand her mindestens genauso schwierig. Das wichtigste zusätzliche Element ist hier allerdings die *Unsicherheit*. Denn Tooty mag sich einen noch so guten Plan ausgedacht haben, nichts kann ihm die Menge an Futter garantieren, die er vorfinden wird. An einem schlechten Tag könnte er sogar völlig leer ausgehen.

Doch Unsicherheit gehört nun mal zum Leben dazu. Ein maschineller Lernalgorithmus kann noch so clever sein, niemals wird er ein prognostisches Modell entwerfen können, das jedes Mal richtigliegt. Da wir es nämlich mit endlichen, unvollständigen Daten zu tun haben, können wir allenfalls auf ein *probabilistisches* Modell setzen, eines, das uns die wahrscheinlichsten Ergebnisse nennen kann. Steht uns ein solches Modell zur Verfügung, dann ist vorzugsweise diejenige Vorgehensweise zu wählen, die dem Modell entsprechend die *erwartete* Belohnung maximieren wird. Aber wir haben es hier immer noch mit einer eindeutig gestellten Optimierungsaufgabe zu tun, und Unsicherheit führt uns nicht über das Reich der Mathematik und der Komputation hinaus, sondern lediglich in die mathematischen Gefilde der Wahrscheinlichkeitstheorie hinein.

3.6 Universelle künstliche Intelligenz

Ein realer Kater würde sich natürlich nicht so verhalten wie diese Karikatur. Der echte Tooty würde niemals mit leerem Magen herumziehen und ein wahrscheinlichkeitstheoretisches Modell seiner Futterversorgung erstellen, um sich dann in sein Körbchen zurückzuziehen und eine optimale Wegstrecke auszuarbeiten. Wie jedes gut angepasste Tier wird auch eine Katze lernen, während sie auf Futtersuche geht, und nach Futter suchen, während sie lernt. Die Welt zu erkunden und ihre Ressourcen auszubeuten findet in einem Arbeitsgang statt. Das ist die richtige, die rationale Strategie. Und wie wir noch sehen werden, ist eine ähnliche Strategie, bei der maschinelles Lernen und Optimierung miteinander verschachtelt sind, eine gute Basis für eine allgemeine künstliche Intelligenz.

KI-Forscher bezeichnen die Aufgabe des Maximierens der erwarteten Belohnung durch das Ausprobieren unterschiedlicher Handlungsweisen in unterschiedlichen Situationen, um zu ermitteln, welche die effektivsten sind, als verstärkendes Lernen [*reinforcement learning*]. Das Problem des Handlungsreisenden und das der Katze auf Futtersuche sind sehr spezifische Beispiele für Optimierung. Kein Algorithmus, der einzig und allein das Problem des Handlungsreisenden lösen kann, würde eine allgemeine künstliche Intelligenz darstellen, egal wie schnell er das Problem löst. Im Gegensatz dazu sind die Ideen des verstärkenden Lernens und das dafür zentrale Konzept des Maximierens der erwarteten Belohnung nicht an bestimmte Problemstellungen gebunden. Wir können auf dieser Idee aufbauend vielmehr sogar eine Form von *universeller künstlicher Intelligenz* bestimmen.[22]

Das theoretische Konzept der künstlichen Universalintelligenz, das zuerst von Marcus Hutter präzisiert wurde, ist analog zur Idee des *universellen Berechnungsmodells,* einem der wichtigsten Beiträge Alan Turings zur Computerwissenschaft. Ein universeller Computer ist einer, der alles berechnen kann, was – unter der Voraussetzung des richtigen Programms – zu berechnen ist. Turings Leistung bestand nun darin, die Idee einer solchen Rechenmaschine mathematisch zu fixieren. Im Gegensatz zu seinen abstrakten Rechenmodellen (die wir heute als Turingmaschinen bezeichnen) sind tatsächliche Computer durch eine endliche Speicherkapazität begrenzt. Doch jeder digitale Computer, der je gebaut wurde, kann theoretisch alles Errechenbare auch berechnen; sie alle beziehen diese ihre Allgemeinheit aus der mathematischen Formel Turings.

Analog dazu ist eine universelle künstliche Intelligenz eine, die aufgrund der von ihr gewonnenen Informationen stets die Handlung auswählt, die ihre erwartete Belohnung maximiert, egal in welcher Welt sie sich befindet. Sie ist sozusagen eine perfekte KI, eine nämlich, deren Entscheidungen die eingehenden Daten garantiert so gewinnbringend wie möglich verwertet. Wie Turings Idee eines universellen Berechnungsmodells lässt sich auch diese Idee mathematisch präzisieren. (Wir gehen auf die Einzelheiten an dieser Stelle nicht näher ein.) Aber genauso wie Turings Idee lässt sich auch dieses mathematische Ideal nicht in die Praxis umsetzen. Es dient vielmehr als das theoretische Limit für die Idee einer künstlichen Intelligenz an sich, genauso wie Turings Gedanke als theoretische Grenze für die Idee der Berechnung als solche dient.

Trotz ihrer fehlenden Umsetzbarkeit ist die formale Idee einer universellen künstlichen Intelligenz jedoch mehr als nur eine mathematische Spielerei. Zunächst einmal gibt es nämlich durchaus Annäherungen an sie, die sich sehr wohl praktisch realisieren lassen. Von größerer Relevanz für unsere Diskussion ist jedoch die Beobachtung, dass Hutters mathematische Charakterisierung bedeutet, dass eine allgemeine künstliche Intelligenz einer einfachen, generischen Architektur entspricht. Diese Architektur verschachtelt zwei Prozesse ineinander: maschinelles Lernen, um probabilistische Weltmodelle zu konstruieren, und Optimierung, um Handlungsweisen ausfindig zu machen, die, den Modellen entsprechend, maximale Belohnung abwerfen.[23]

Dieser architektonische Zwei-Komponenten-Bauplan hat einen sehr großen Anwendungsbereich. Jeder intelligente Akteur, ob biologisch oder künstlich, kann tatsächlich seiner Struktur entsprechend analysiert werden. Drei Fragen (oder Gruppen von Fragen) müssen dazu gestellt werden. Erstens: Was ist die Belohnungsfunktion des Akteurs? Die Beantwortung dieser Frage wird uns viel über sein wahrscheinliches Verhalten verraten. Zweitens: Wie lernt er? Welche Daten verwendet er, welche Lerntechniken benutzt er, und welches Vorwissen über die Welt ist in ihn integriert? Drittens, wie maximiert er seine erwartete Belohnung? Wie leistungsfähig sind die Optimierungstechniken, die er dazu verwendet? Welche Art von Problemen löst er versiert, und wo liegen seine Schwächen und Grenzen?

Betrachten wir ein nichtmenschliches Tier, beispielsweise eine Krähe, die in der Lage ist, durch Versuch und Irrtum komplexe Verhaltensweisen zu erlernen, und die auch bis zu einem gewissen Grad die Fähigkeit zu innovativer Problemlösung besitzt. Was ist ihre Belohnungsfunktion? Wie bei jedem Tier wird sie bei einer Krähe hauptsächlich in der Beschaffung von Futter und Wasser und der Vermeidung von Unannehmlichkeiten und Gefahren bestehen. Diese Bedürfnisse scheinen zwar sehr einfach zu sein, aber trotzdem lässt sich ihre Befriedigung durch beliebig komplexe Probleme in Gestalt von Hindernissen bei der Nahrungsbeschaffung erschweren.

Um beispielsweise die kognitiven Fähigkeiten einer Krähe zu testen, könnte ein Forscher ihr eine Schachtel mit einem Wurm darin präsentieren, deren Deckel sich nur öffnen lässt, wenn sie ein Rätsel löst. Krähen sind besonders clevere Vögel, die simple, auf eine solche Weise vorgelegte Planungsprobleme lösen können. Man kann allerdings auch kniffligere Probleme in dieser Form präsentieren. So könnte es einer weniger glücklichen Krähe auferlegt werden, zuerst eine Partie Schach zu gewinnen, bevor der Deckel aufgeht. Diese Krähe müsste zweifellos Hunger leiden. Der springende Punkt ist jedoch der, dass die Notwendigkeit, an Futterquellen zu gelangen, als eine *universelle Belohnungsfunktion* betrachtet werden kann, denn in einer komplexen Umwelt ist die Klasse von Problemen, die sich in die Aufgabe übersetzen lassen, eine einfache Ressource zu beschaffen, unendlich groß.

So viel also zur ersten Frage, der nach der Belohnungsfunktion. Die nächste Frage ist die, wie die Krähe lernt. Die Krähe lernt aus Daten, die dank ihrer verkörperten Interaktion mit der physischen Welt durch ihre Sinne auf sie einströmen, einer Welt, die zahlreiche belebte wie unbelebte Objekte mit einer großen Vielfalt an Formen und Dynamiken enthält. Die Krähe lernt, wie sich diese Objekte verhalten, wenn sie geschubst, angestoßen, gepickt, angekreischt oder einfach in Ruhe gelassen werden. Wie sie genau dabei vorgeht, welches also die neuronalen Grundlagen dieses Prozesses sind, ist eine noch unbeantwortete wissenschaftliche Frage. Allerdings hat uns die

Tierkognitionsforschung bereits eine recht gute Vorstellung unter anderem von den Assoziationen, die Tiere wie Krähen bilden können, und den sensorischen Diskriminationen verschafft, zu denen sie fähig sind.

Wie gut ist die Krähe beim Entdecken von Aktionsweisen, die ihre erwartete Belohnung maximieren? In ihrem Fall lautet die Antwort: Besser als die meisten anderen Tiere. Dieser Vogel verfügt nämlich über ein reichhaltiges angeborenes Repertoire von Aktionsmöglichkeiten, zu denen auch der Werkzeuggebrauch gehört, und dieses Repertoire bildet die Basis für einige angeborene Reiz-Reaktion-Schemata, die in Gestalt nützlicher Vorannahmen über die Welt den Beitrag der Evolution zur Belohnungsmaximierung der Krähe darstellen. Eine Krähe beruft sich aber nicht einfach auf eine Suchtabelle, die den Reiz und die entsprechend verknüpfte Reaktion verzeichnet (was für den Werkzeuggebrauch sogar schon ausreichen würde). Vielmehr kann sie auch neue Aktivitätsabläufe erfinden, um bisher unbekannte Probleme zu lösen, wobei sie zuweilen neue Verhaltensweisen hervorbringt (beispielsweise die Herstellung eines neuartigen Werkzeugs). Auch hier steht die Aufklärung der neuronalen Grundlagen dieser Fähigkeit noch aus. Doch die Optimierungsmethode der Krähe scheint, worin auch immer sie bestehen mag, sehr universell und leistungsstark zu sein, zumindest im Vergleich zu der anderer, nichtmenschlicher Tiere.

Durch all dies erfahren wir eine Menge über die Fähigkeiten und Begrenztheiten von Krähen, was uns hilft, ihr Verhalten vorherzusagen. Wir wissen zum Beispiel, dass eine Krähe eine Mülltonne umkippen kann, um an Nahrungsreste zu gelangen. Aber wir brauchen nicht zu befürchten, dass sie unsere Konten knackt und unser Geld stiehlt. Um nun die Fähigkeiten und Begrenztheiten unterschiedlicher Arten von künstlicher Intelligenz besser zu verstehen, können wir die gleichen Fragen stellen: Wie wirken sich verschiedene Arten von Belohnungsfunktionen aus? Mit welchen maschinellen Lerntechniken könnte eine KI ausgestattet werden? Mit welchen Daten würde sie arbeiten, und welche Optimierungsalgorithmen könnten zur Maximierung ihrer erwarteten Belohnung angewendet werden?

3.7 Intelligenz auf menschlichem und menschenähnlichem Niveau

Krähen sind, genauso wie Schimpansen, Hunde, Elefanten und viele andere nichtmenschliche Tiere, beeindruckend clever, jedoch bei Weitem nicht so sehr wie der Mensch. Eine KI auf tierischem Niveau wäre durchaus nützlich. So könnte beispielsweise ein Roboter von der Intelligenz eines Hundes eine Reihe lohnender Aufgaben durchführen. Doch unser eigentliches Anliegen ist hier die allgemeine künstliche Intelligenz auf menschlichem Niveau: Wir möchten wissen, wie eine KI zu konstruieren wäre, die sich mit einem Durchschnittsmenschen in fast allen Bereichen intellektueller Aktivität messen könnte und ihn in einigen Bereichen sogar überträfe. Oder zumindest würden wir uns gerne einen hinreichenden Begriff davon machen, wie eine solche KI funktionieren würde, um uns ausmalen zu können, wie die Zukunft aussähe, wenn es in ihr solche Maschinen gäbe. Und anschließend können wir über die Möglichkeit einer superintelligenten KI nachdenken, also einer KI, die den Menschen auf allen Gebieten intellektueller Betätigung übertrumpfen könnte.

Doch ob es um eine KI auf menschlichem Niveau oder um eine superintelligente KI geht, wir müssen die gleichen drei Fragen stellen wie zuvor: Was ist ihre Belohnungsfunktion? Wie und was lernt sie? Wie optimiert sie sich für ihre erwartete Belohnung? Bevor wir uns aber auf diese Fantasiereise begeben, ist es aufschlussreich, die gleichen Fragen in Bezug auf den Homo sapiens zu stellen. Worin besteht also, erstens, die menschliche Belohnungsfunktion? Nun, unsere *grundlegende* Belohnungsfunktion dürfte mit der anderer Tiere in etwa vergleichbar sein. Auch Menschen brauchen Nahrung und Wasser, sind vorzugsweise schmerzfrei, mögen Sex und so weiter. Darüber hinaus ist die menschliche Belohnungsfunktion »universell«, wie die der Krähe auch: Theoretisch könnte einem Menschen jede intellektuelle Aufgabe in Form eines Angebots von zum Beispiel Nahrung oder auch Sex präsentiert werden. Ein wichtiger Unterschied besteht jedoch darin, dass der Mensch offenbar zu einer radikalen *Modifizierung* seiner Belohnungsfunktionen fähig ist.

Viele Tierarten können lernen, Gegenstände oder Ereignisse mit Belohnung zu verknüpfen, wie in dem berühmten Beispiel der Pawlow'schen Hunde, die den Ton einer Glocke mit dem Erhalt von Futter zu assoziieren lernten, nachdem ihnen wiederholt beide Reize gleichzeitig präsentiert worden waren. Schließlich reagierten die Hunde schon auf den Klang der Glocke mit Speichelfluss, auch dann, wenn er nicht von einer Futtergabe begleitet war. Diese Art von Konditionierung ist zur Maximierung der erwarteten Belohnung geeignet, denn in einer Wettbewerbssituation wird der Hund, der auf seine Schüssel zuläuft, sobald er den Glockenton vernimmt, mehr Futter erhalten als der, der den Zusammenhang nicht begreift. Doch die zugrunde liegende Belohnungsfunktion hat sich in solchen Fällen nicht wirklich verändert. Sie bleibt vielmehr weiterhin fest in den biologischen Grundlagen verankert.

Im Menschen dagegen kann die von Kindheit an erfolgte Aufschichtung von Assoziationen, die durch komplexe soziale Signale und Erwartungen vermittelt ist, zu einer offensichtlichen Entkopplung von Belohnungsfunktion und Biologie führen. Man könnte sogar behaupten, dass ein Teil unseres eigentlichen Menschseins in der Fähigkeit liegt, die Zufälligkeiten der Biologie zu transzendieren. Der Mensch macht Musik, schreibt Gedichte, legt Gärten an und derlei mehr. Zweifelsohne werden solche Tätigkeiten oft um eines finanziellen Gewinns oder des sozialen Status willen ausgeübt, also aus Motiven, die sich anhand biologischer Imperative erklären lassen dürften. Zuweilen sind sie aber sicherlich auch das Ergebnis einer Reflexion darüber, worin ein gutes Leben bestehen mag, und werden dadurch zum Selbstzweck, statt bloßes Surrogat für die Beschaffung von Nahrung, die Gefahrenvermeidung oder irgendein anderes Ziel von offenkundig evolutionärem Wert zu sein.

Dies führt uns zu der Frage, wie der Mensch Wissen von der Welt erlangt und was an dem, was er von ihr in Erfahrung bringt, im Vergleich zu anderen Tieren spezifisch menschlich ist. Die Antwort liegt auf der Hand: Die prinzipielle Unabgeschlossenheit der menschlichen Belohnungsfunktion wird durch die Gesellschaft, die Kultur, aber vor allen Dingen durch die *Sprache* ermöglicht. Letzterer ist es nämlich zu verdanken, dass wir über unsere menschliche Existenz nachsinnen können, wie wir es in Philosophie, Kunst und Literatur tun. Ohne ein solches Reflektieren wäre kaum zu begreifen, wie es uns gelingen konnte, die biologischen Imperative in dem Maße zu überwinden, in dem wir dies anscheinend getan haben. Und ebenfalls der Sprache zu verdanken ist, dass die Menschen zur Zusammenarbeit auf dem Gebiet der technologischen Entwicklung in der Lage sind und die Ergebnisse der diesbezüglichen Bemühungen der einen Generation so mühelos an die nächste weitergegeben werden können. Neben der geistigen Erfassung der physischen, natürlichen und sozialen Alltagswelt muss der Mensch also auch zum Spracherwerb fähig sein, und seine natürliche Veranlagung, die Gedankeninhalte anderer in Hinsicht auf ihre Überzeugungen, Wünsche, Gemütslagen und so weiter erfassen zu können, lässt den Lernprozess an dieser Stelle organisch erscheinen.

Schließlich stellt sich noch die Frage, wie der Mensch erwartete Belohnungen maximiert. Wieder spielen Gesellschaft, Kultur und Sprache hier die Hauptrollen. Die Intelligenz des Menschen ist kollektiv. Die menschliche Technologie ist beispielsweise nicht nur das Ergebnis der Bemühungen vieler Individuen, sondern auch das Produkt vieler Generationen von Individuen. Wissen, Expertise und Infrastruktur wachsen Schicht um Schicht an, wobei jede Generation auf den Errungenschaften der vorherigen aufbaut. Die Optimierungsvermögen des Einzelnen sind deshalb auf die Belohnungsmaximierung innerhalb einer Gesellschaft zugeschnitten. Dabei ist es unerheblich, ob die Belohnungsfunktion eines Individuums bewundernswert oder verabscheuungswürdig ist, ob er ein Heiliger oder ein Sünder ist – ein Mensch muss herausfinden, wie er bekommt, was er von anderen Menschen will, und das stets vor dem Hintergrund der jeweiligen Gesellschaft, in der er sich befindet, und unter Zuhilfenahme der Ressourcen der Sprache, die er spricht.

Ein weiteres Kernelement der menschlichen Strategie zur Belohnungsoptimierung ist die Fähigkeit zur Innovation, ganz gleich, ob sich der Mensch individuell oder kollektiv betätigt. (Erinnern wir uns, dass im ersten Kapitel dieses Buches die Ausstattung eines Computers mit Kreativität als ein Haupthindernis für das Erreichen einer allgemeinen KI angeführt wurde.) Die Erfindung des Ackerbaus, der Schrift, des Buchdrucks, der Dampfmaschine, des Computers und so weiter haben allesamt erheblich dazu beigetragen, die Gesundheit des Menschen, seine

Lebenserwartung und sein allgemeines Wohlbefinden zu verbessern und die zu erwartende Belohnung dadurch über einen langen Zeitraum hinweg zu maximieren. Die menschliche Belohnungsfunktion begünstigt aber nicht nur eine gute Gesundheit und ein langes Leben, sondern ist darüber hinaus auch von sexueller Selektion, sozialer Statuskonkurrenz sowie von weiteren, speziell biologischen Faktoren geprägt. Das Resultat sind die weniger offensichtlich nutzenorientierten Formen von Kreativität, wie sie in Tanz, Ritual, Mode, Kunst, Musik und Literatur zum Ausdruck kommen.

Wie sähe also eine technisch autonom konstruierte KI auf menschlichem Niveau aus? Inwieweit müssen die drei Schlüsselfragen – nach der Belohnungsfunktion, nach Art und Umfang des Lernens und nach Optimierung – für eine solche KI Antworten haben, die denen ähneln, die für den Menschen gelten? Nun, soll eine KI menschenähnlich sein, dann sollte sie im Großen und Ganzen dem oben dargelegten Schema entsprechen, auch wenn ihr Design und ihre Konstruktion keine Ähnlichkeit mit dem menschlichen Gehirn aufweisen. Wie wir jedoch bereits oben im Zusammenhang mit der »unverhältnismäßigen Effizienz von Daten« festgestellt haben, gibt es keinen Grund dafür, dass eine KI auf menschlichem Niveau menschenähnlich zu sein hätte. Solange sie auf den meisten Gebieten intellektueller Aktivität mit dem durchschnittlichen Menschen mithalten und ihn auf einigen davon vielleicht sogar übertreffen kann, würde ihr Intelligenzniveau durchaus als menschlich eingestuft werden.

Damit bleibt ein großer Spielraum für Variationen offen, wie wir sie auch innerhalb der menschlichen Population vorfinden. Manche Menschen können gut mit Zahlen umgehen und andere mit Sprache, einige lieben den Umgang mit ihren Mitmenschen, während andere besser mit Technologie zurechtkommen. Ebenso könnte eine allgemeine künstliche Intelligenz auf menschlichem Niveau eine sehr große Arbeitsspeicherkapazität besitzen oder bei der Mustererkennung in Daten äußerst leistungsfähig sein, während sie gleichzeitig unfähig wäre, einen lesenswerten Roman zu schreiben oder (wie die meisten Menschen) eine neue Musikform zu entwickeln. Was aber geschähe, wenn eine KI eine bestimmte Fähigkeit hätte, die sie in die Lage versetzen würde, es dem Menschen nicht nur gleichzutun, sondern ihn auf allen geistigen Gebieten zu überflügeln? Ist eine solche superintelligente Maschine überhaupt möglich? Welche Folgen hätte die Erschaffung einer solchen Intelligenz? Dies sind einige der Fragen, die wir im nächsten Kapitel in Angriff nehmen wollen.

Kapitel 4
Superintelligenz

4.1 Auf dem Weg zur Superintelligenz

Wir haben jetzt einen Überblick über verschiedene Grundlagentechnologien, die zur Erzeugung allgemeiner künstlicher Intelligenz auf menschlichem Niveau und darüber hinaus beitragen könnten. Einige davon sind biologisch inspiriert und andere das Ergebnis technologisch autonom entwickelter Ansätze. Die Elemente, die durch diese Grundlagentechnologien hergestellt werden können, lassen sich als eine Reihe von Bausteinen denken, die in unterschiedlichen Kombinationen zusammengesetzt werden können, um verschiedene Formen von KI zu erzeugen. Um uns ein ungefähres Bild davon zu machen, wozu die daraus entstehenden Systeme in der Lage wären und wie sie sich verhalten könnten, können wir wieder auf den Drei-Fragen-Katalog aus dem vorigen Kapitel zurückkommen: Was wäre die Belohnungsfunktion des Systems? Wie würde es was lernen? Und wie optimiert es sich für die erwartete Belohnung?

Wir können nun außerdem anfangen, eine Reihe eher philosophischer Fragen zu stellen. Wäre ein solches System zu moralischem Urteilen fähig, und sollte es daher für seine Taten zur Rechenschaft gezogen werden? Wäre es leidensfähig, und sollten ihm daher Rechte zugebilligt werden? Wie viel Handlungsfreiheit sollte man ihm zugestehen? Und zuletzt können wir auch nach den Folgen fragen, die die Einführung solcher Systeme für die Gesellschaft und für die Menschheit als Ganzes haben könnte:

Wenn ihre Handlungsfreiheit uneingeschränkt bliebe, wie und in welchem Ausmaß würden sie unsere Welt umgestalten? Welche Auswirkungen hätten sie auf unsere Wirtschaft, unser soziales Gefüge, unsere Auffassung davon, was es heißt, ein Mensch zu sein? Was für eine Welt hätten wir dann? Würde das Aufkommen solcher Maschinen zu einer Utopie oder einer Dystopie führen, oder bliebe alles mehr oder weniger beim Alten?

Bevor wir im Einzelnen auf diese Punkte eingehen, müssen wir jedoch eine These von ganz entscheidender Bedeutung untersuchen. Diese besagt, dass, sobald eine KI auf menschlichem Niveau erreicht wird, eine superintelligente KI so gut wie unvermeidlich ist. Um die Plausibilität dieser Behauptung zu begreifen, brauchen wir uns nur die Vorteile einer Implementierung in einem digitalen statt in einem biologischen Substrat vor Augen zu führen. Im Gegensatz zu einem biologischen Gehirn kann eine digital realisierte Gehirnemulation nämlich beliebig sein und beliebig oft kopiert werden. Ein digitales Gehirn kann zudem, anders als das biologische, beschleunigt werden. Wenn wir also durch Gehirnemulation eine einzige KI auf menschlichem Niveau erstellen können, dann könnten wir, ausreichend große Rechenressourcen vorausgesetzt, auch eine Gemeinschaft vieler solcher KIs erzeugen, die alle mit übermenschlicher Geschwindigkeit arbeiten. Das Gleiche würde für eine KI gelten, die auf rein technischer Grundlage erschaffen wurde. Tatsächlich kann alles, was in Gestalt eines Computerprogramms realisiert worden ist, kopiert und/oder beschleunigt werden.

Dies hätte weitreichende Folgen. Lebhaft ausmalen können wir sie uns, wenn wir uns ein konkretes Szenario vorstellen. Angenommen, ein großer Konzern, der im Besitz einer berühmten Marke ist, beschließt, angesichts der prognostizierten Nachfrage auf den Wachstumsmärkten ein neues und sehr leistungsstarkes Motorrad zu entwickeln. Er vergibt daraufhin Aufträge für den Entwurf eines Prototyps an zwei Unternehmen für Fahrzeugdesign. Der beste Prototyp soll in Serienproduktion gehen (und wird den Designern entsprechend viel Geld einbringen). Die eine Firma beschäftigt ein klassisches Team von menschlichen Designern. Die andere ist ein junges Start-up-Unternehmen, das Expertenteams von KIs auf menschlichem Niveau zusammenstellt, die eine virtuelle Umgebung bewohnen, in der sie zur Arbeit an aufwendigen Designprojekten wie diesem eingesetzt werden.

Das Projekt erfordert Expertise in vielen Bereichen, darunter Werkstoffkunde, Motorenbau, Fluiddynamik und Ergonomie, und außerdem noch ein gutes Gespür dafür, was gut aussieht. Vom Konzept bis zum ersten funktionsfähigen Prototypen benötigt ein erstklassiges (menschliches) Team voraussichtlich zwei Jahre. Das auf KI-Basis tätige Designunternehmen scheint demgegenüber deutlich im Nachteil zu sein, denn es beschäftigt keine Experten für Fahrzeugdesign. Allerdings verfügt es über enorme Rechenressourcen und die neueste KI-Technologie. Es ist für die Firma also kein Problem, ein auf rein technischer Grundlage entwickeltes Spitzenteam von Designern zusammenzustellen.

Das Unternehmen beginnt also damit, eine virtuelle Welt mit einer Reihe von noch zu schulenden fabrikneuen KIs zu bevölkern. Das sind künstliche Intelligenzen auf menschlichem Niveau, in denen der Erfahrungsschatz eines Durchschnittsmenschen mit Anfang zwanzig sowie eine akademische Ausbildung in einem relevanten Bereich wie Maschinenbau oder Industriedesign vorinstalliert sind. Als Team von Fahrzeugdesignern werden es diese Neulinge natürlich nicht weit bringen; ihre menschlichen Rivalen im Konkurrenzunternehmen haben ihnen in Sachen Auto-, Motorrad- und Motordesign schon viele Jahre an Industrieerfahrung voraus. Um sich mit ihnen messen zu können, wird das KI-Team also rasch eine vergleichbare Erfahrung erwerben müssen. Zum Glück sind sie in ihrer virtuellen Welt gut dafür gerüstet, da sie dort eine Fülle von Miniprojekten ausführen können, teils einzeln, teils als Team.

Wenn dieses Training in Echtzeit stattfinden müsste, würde es das virtuelle Team natürlich zu nichts bringen. Seine menschlichen Konkurrenten hätten schon einen Prototypen präsentiert, bevor das KI-Team überhaupt mit einem Entwurf anfangen könnte. Aber nehmen wir an, die KIs arbeiten zehnmal schneller als die Echtzeit. Dann könnten zehn Jahre Ausbildung und Designerfahrung auf nur zwölf Monate verdichtet werden. Zu Beginn des zweiten Projektjahres hätte das KI-Team dann das menschliche Team eingeholt. Außerdem hätte es sogar noch zehn Jahre an subjektiver Zeit vor sich, um das perfekte Supermotorrad zu entwerfen, im Gegensatz zu dem einen Jahr, das ihren durch die Biologie begrenzten menschlichen Widersachern verbleibt. Man stelle sich nur vor, was eine Gruppe talentierter und enthusiastischer junger menschlicher Ingenieure in zehn Jahren alles erreichen könnte!

Das zweite Jahr des Projekts nähert sich nun seinem Ende, und die konkurrierenden Teams legen ihrem Auftraggeber ihre Entwürfe vor. Die traditionelle Designfirma hat einen tollen Prototypen hervorgebracht – schnittig, elegant und gewiss auf den Geschmack der Zielmärkte zugeschnitten. Und die KI-basierte Firma? Als sie ihren Prototyp enthüllt, sind alle verblüfft: So etwas wie dieses Motorrad hat noch nie jemand gesehen. Doch während schon sein Aussehen nahezu revolutionär ist, sind die technischen Spezifikationen einfach unglaublich. Wie ist es möglich, bei einem so niedrigen Kraftstoffverbrauch

eine so hohe Beschleunigung und eine solche Höchstge-
schwindigkeit zu erzielen?

Da es nun der erklärte Gewinner ist, kann das KI-Team
einige seiner Geheimnisse lüften. Da seine Mitglieder so
viel Zeit übrighatten, konnten sie eine ganz neue Palette
von Biomaterialien entwickeln, die sich perfekt für den
Motorradbau eignen, und dazu noch eine Kraftstoffauf-
bereitung im Miniaturformat, in die einige bisher unge-
nutzt gebliebene Erkenntnisse aus der chemischen Forschung Eingang gefunden haben. Außerdem war es ihnen
gelungen, ein Herstellungsverfahren zu entwickeln, das
es ermöglichte, die gesamte Elektronik des Motorrads in
den Fahrzeugrahmen zu integrieren und sie gleichzeitig
und in einem Stück herzustellen. Alle diese Technologi-
en wurden vorschriftsmäßig patentiert und werden der
Designfirma vermutlich ein Vermögen einbringen, ganz
abgesehen von den Einnahmen für ihr preisgekröntes
Motorraddesign.

Die Lehre aus dieser kleinen Geschichte ist, dass,
wenn eine KI auf menschlichem Niveau einmal erreicht
ist, ihr die Superintelligenz sehr bald nachfolgen wird.
Dazu bedarf es weder der Erschaffung einer neuen Form
von Intelligenz noch irgendeines konzeptionellen Durch-
bruchs. Denn selbst wenn eine KI auf menschlichem Niveau auf die konservativste Weise, also durch eine strikte
Nachahmung der Natur erreicht wird, ist die daraus resultierende Befreiung von den biologisch vorgegebenen Ge-
schwindigkeitsbeschränkungen schon ausreichend dafür.
Aber ist dies dann wirklich eine Superintelligenz? Denn
der Hypothese zufolge gibt es ja nichts, was ein Team
aus beschleunigten menschlichen Gehirnemulationen
erreichen könnte, was ein menschliches Team nicht auch
zustande bringen könnte, sofern man ihm genügend Zeit
einräumt.

Nun, vielleicht könnte man zwischen einer individuellen und einer kollektiven Superintelligenz unterscheiden. In unserer kleinen Geschichte handelt es sich anscheinend um eine Form *kollektiver* Superintelligenz. Für sich genommen erfüllt kein *einzelnes* Mitglied des Teams das Kriterium für Superintelligenz; keines von ihnen ist also fähig, den Durchschnittsmenschen systematisch zu überflügeln. Doch für eine Untersuchung der potenziellen Folgen der Entwicklung einer superintelligenten KI macht die begriffliche Unterscheidung zwischen »individuell« und »kollektiv« kaum einen Unterschied; für das Verliererteam wäre es zum Beispiel kein Trost zu erfahren, dass es von einem Kollektiv und nicht von einem genialen Individuum geschlagen wurde. Und sollte die Menschheit sich eines Tages dank der Erschaffung einer KI auf menschlichem Niveau in einer Utopie oder Dystopie wiederfinden, wird es auch niemanden kümmern, ob es sich beim Verursacher dieser Situation nun um eine »richtige« Superintelligenz gehandelt hat oder nicht.

Am Ende zählt nur das, was die Technologie auszurichten imstande ist. Ein berühmtes Bonmot des Science-Fiction-Autors Arthur C. Clarke lautet: »Jede hinreichend fortgeschrittene Technologie ist von Magie nicht zu unterscheiden«, und eine KI auf menschlichem Niveau dürfte uns, wie auch immer sie erreicht wird, auf direktem Wege zu Technologien führen, die für uns gewöhnliche Sterbliche von Magie nicht zu unterscheiden sein werden. Wie die Geschichte mit dem Motorrad gezeigt hat, braucht es dazu lediglich schnellere Berechnung. Aber um das disruptive Potenzial wirklich zu begreifen, das mit dem Erreichen dieses Meilensteins einhergeht, müssen wir auch noch andere Möglichkeiten zur Verbesserung der Fähigkeiten einer KI auf menschlichem Niveau mitberücksichtigen. Diese werden von der Art der zugrunde liegenden

Technologie abhängen. Wir werden gleich noch auf die Möglichkeit einer Superintelligenz zu sprechen kommen, die mittels einer KI technisch autonom entwickelt wird. Zunächst aber wollen wir uns auf die gehirninspirierte KI auf menschlichem Niveau konzentrieren.

4.2 Gehirninspirierte Superintelligenz

In der Geschichte von den Motorraddesignern hatte das KI-Team allein aufgrund seines sehr viel schnelleren Arbeitens einen enormen Wettbewerbsvorteil gegenüber seinen menschlichen Konkurrenten. Wären jene KIs gehirnähnlich, dann liefe dies darauf hinaus, dass sie schneller als in Echtzeit operieren. Und das ist auch die einfachste und naheliegendste Möglichkeit, sich die Befreiung von den Zwängen der Biologie zunutze zu machen, die sich aus der Migration auf ein komputationales Substrat ergibt. Doch die Migration aus der Biologie eröffnet auch noch viele weitere Möglichkeiten zur Verbesserung der Fähigkeiten einer gehirninspirierten künstlichen Intelligenz.

Betrachten wir beispielsweise die vielen Arten auf Weisen, auf die menschliche Arbeitskräfte durch ihre tierische Natur eingeschränkt werden. Menschen müssen beispielsweise essen und schlafen. Doch selbst eine biologisch höchst realistische Gehirnemulation – also eine detailgetreue synthetische Kopie eines bestimmten Gehirns – könnte von diesen Bedürfnissen in weiten Teilen entbunden werden. Während natürliche Gehirne nämlich von ihrer Versorgung mit Blut abhängen, die ihnen Energie in Form von Glukose zuführt, um das Funktionieren der Neuronen zu ermöglichen, hätte ein simuliertes Gehirn keine solchen Bedürfnisse, zumindest nicht auf der Ebene der Simulation. (Die Computer, auf denen die Simulation läuft, bräuchten natürlich Energie, aber das ist ein anderes Thema.) Der Schlaf ist dagegen komplexer, da das Träumen offenbar eine wichtige psychologische Funktion erfüllt. In einer Gehirnemulation könnte es daher nicht ganz unkompliziert sein, das Schlafbedürfnis einfach zu beseitigen. Doch ein Designergehirn – das heißt eines, das auf den Funktionsprinzipien des zentralen Nervensystems in Wirbeltieren beruht, ohne dem Gehirn einer bestimmten lebenden Spezies zu entsprechen – könnte vielleicht so konstruiert werden, dass es keinen Schlaf benötigt.

Kurzum, eine gehirninspirierte KI auf menschlichem Niveau müsste weder Zeit für die Suche, Zubereitung oder Aufnahme von Nahrung noch für einen unproduktiven Schlafzustand aufwenden (oder zumindest nicht so viel Zeit, wie im Falle einer Gehirnemulation). Die so eingesparte Zeit könnte sie zum Arbeiten nutzen, und der sich daraus ergebende Anstieg ihrer effektiven Auslastung würde die gleichen Vorteile mit sich bringen wie eine Beschleunigung, wenn auch in weniger dramatischem Umfang. Die meisten Menschen hätten natürlich etwas dagegen, wenn ihre Mahlzeiten und ihr Schlaf durch Arbeit ersetzt würden. Doch in einem Designergehirn könnte die Belohnungsfunktion anders eingestellt werden. Ein williger intellektueller Sklave, der niemals isst oder schläft und einzig und allein auf Arbeit aus ist, wäre für viele Unternehmen die Traumvorstellung vom idealen Arbeitnehmer, vor allem, wenn er dafür nicht einmal entlohnt werden müsste.

Die Bedürfnisse nach Essen und Schlaf zu eliminieren wäre eine Möglichkeit, die Befreiung von den biologischen Zwängen unmittelbar auszunutzen. Man kann sich unschwer auch andere, relativ konservative Verfahren ausdenken, um eine gehirninspirierte KI bestmöglich zu nutzen. Viele Menschen verbessern ihre kognitive Leistungsfähigkeit mittels des bewährten pharmazeutischen Tricks der Koffeineinnahme. Von Halluzinogenen wie Psilocybin (dem Wirkstoff in psychoaktiven Pilzen, auch Zauberpilze genannt) wird oft gesagt, dass sie die Kreativität fördern, ungeachtet ihres legalen Status. In einem simulierten Gehirn könnten auch die Effekte solcher Drogen simuliert werden, ohne dadurch unerwünschte Nebenwirkungen auf den übrigen Körper auszuüben. Überdies besteht gar keine Notwendigkeit, sich hierbei auf pharmazeutisch realistische Interventionen zu beschränken; bei einer unendlich großen Zahl von leicht zu modifizierenden Parametern gäbe es unzählige Möglichkeiten, die Aktivität eines simulierten Gehirns auf nützliche Weise zu modulieren und es dadurch für eine bestimmte Aufgabe zu optimieren.

Daneben könnte es verschiedene weniger konservative Möglichkeiten geben, ein simuliertes Gehirn auf anatomischer Ebene zu verbessern, wie bereits in Kapitel 2 angedacht, wo es darum ging, wie sich eine Gehirnemulation auf Mäuseniveau zu einer Intelligenz auf menschlichem Niveau aufrüsten ließe. Zum Beispiel könnte es möglich sein, durch einfache Vergrößerung der Neuronenanzahl den präfrontalen Kortex zu vergrößern. In einer Computersimulation ließe sich das relativ einfach bewerkstelligen, da das Gehirn ja nicht in einen physischen Schädel hineinpassen müsste. Der präfrontale Kortex steht in engem Zusammenhang mit der Funktion des Arbeitsgedächtnisses, einem wesentlichen Element hochstufiger Kognition, und ist beim Menschen deutlich größer als bei anderen Primaten. Ein übermenschlich großer präfrontaler Kortex könnte sich also äußerst vorteilhaft auswirken. Ähnliche Erweiterungen können für andere Hirnregionen in Betracht gezogen werden, so etwa für den Hippocampus, der am Langzeitgedächtnis beteiligt ist.

Auf kollektiver Ebene gibt es noch andere Methoden, um die Fähigkeiten eines Teams von gehirnbasierten KIs auf menschlichem Niveau zu steigern. Im Gegensatz zu einem Wetware-Gehirn lassen sich von einem simulierten leicht mehrere Kopien erstellen. Dadurch werden verschiedene Möglichkeiten zur Ausnutzung eines Parallelismus eröffnet, die einem biologischen Gehirn nicht zur Verfügung stehen. Angenommen nämlich, eine KI versucht, ein Problem zu lösen, wofür sich mehrere unterschiedliche Optionen anbieten. Anstatt nun aber einfach alle Möglichkeiten der Reihe nach auszuprobieren, könnte man auch mehrere Kopien der KI erstellen, von denen jede jeweils eine Option bearbeitet, so dass viele Möglichkeiten auf einmal erkundet werden können. Und wenn alle Kopien ihren jeweiligen Ansatz erprobt haben, kann der erfolgreichste davon ausgewählt werden.

Um ein einfaches Beispiel zu wählen, nehmen wir an, dass eine KI eine Partie Schach spielt. Aus der aktuellen Stellung der Figuren auf dem Brett geht hervor, dass es für die KI drei vielversprechende Züge gibt und sie nun jeden davon der Reihe nach untersuchen könnte. Alternativ könnten aber auch drei Kopien der KI erzeugt werden, die jeweils einen der möglichen Züge gleichzeitig untersuchen. Wenn alle drei das Spiel so weit sie können überblickt haben, werden ihre Ergebnisse zusammengefasst, und der beste Zug wird ausgewählt. Die überzähligen Kopien der KI müssten dann zerstört (also beendet) werden, so dass nur eine übrigbleibt, die den ausgewählten Zug spielt und die Partie fortsetzt. Diese Art des Parallelismus ist heute in der Informatik bereits weit verbreitet und wird mit großem Nutzen eingesetzt. Folglich ist die Idee, multiple Kopien eines simulierten Gehirns zu erzeugen, nur die Weiterführung einer bewährten Programmiertechnik.

Ob wir aber über eine gehirnbasierte oder über eine rein auf technologischer Grundlage konstruierte KI sprechen, der mächtigste Faktor in der voraussichtlichen Entwicklung von Superintelligenz ist wahrscheinlich die Aussicht auf *rekursive Selbstverbesserung*. Die Idee dahinter ist ziemlich einfach. Eine KI auf menschlichem Niveau ist per definitionem dazu in der Lage, sich mit dem Menschen auf fast jedem Gebiet seiner intellektuellen Aktivität zu messen, und die Konstruktion künstlicher Intelligenz ist ein solches Gebiet. Eine KI auf menschlichem Niveau der ersten Generation befände sich daher in einer ähnlichen Position wie die menschlichen Technologen, die sie erschaffen haben würden. Die Vertreter beider Gattungen von Technologen, der biologischen wie der artifiziellen, würden sich nun für eine Steigerung der Intelligenz Methoden wie der eben erwähnten bedienen. Doch schon die nächste Generation von KIs, deren Intelligenz schon etwas über dem Niveau des Menschen liegt, wird künstliche Intelligenz besser konstruieren können als jeder Mensch.

Ein menschlicher Neurowissenschaftler von hinreichender Genialität könnte ganz neue theoretische Perspektiven eröffnen, indem er Prinzipien aufdeckt, die wir uns heute kaum vorstellen können und die weitreichende Auswirkungen auf die Neurotechnik und die gehirnbasierte künstliche Intelligenz hätten. Ein Team von genialen KI-basierten Neurowissenschaftlern wäre dabei allerdings noch effektiver, wenn es dabei mit übermenschlicher Geschwindigkeit arbeitet oder auf andere Weise die Möglichkeiten ausnutzt, die ihm die Freiheit von den Zwängen der Biologie eröffnet. Dieses Team wäre dadurch in der Lage, die nächste Generation gehirnbasierter KIs schneller zu produzieren, als die vorherige Generation von ihren menschlichen Entwicklern hergestellt wurde. Jede folgende Generation würde demnach, einer typischen Exponentialkurve folgend, schneller auftauchen als die vorige. Das Ergebnis wäre eine Art *Intelligenzexplosion*.[24]

4.3 Optimierung und Kreativität

In diesem Kapitel haben wir uns bisher weitgehend auf die menschenähnliche künstliche Intelligenz konzentriert. Aber diese nimmt im Spektrum aller möglichen KIs wahrscheinlich nur einen sehr kleinen Raum ein. Daher wollen wir unsere Aufmerksamkeit jetzt anderen Möglichkeiten zuwenden, wobei es wichtig sein wird, jeden Hang zum Anthropomorphismus abzulegen. Die Hoffnung ist begründet, dass das Verhalten einer auf einem Wirbeltiergehirn basierenden KI für uns noch irgendwie nachvollziehbar sein würde, selbst wenn sie beschleunigt, parallelisiert oder in Richtung Superintelligenz aufgerüstet würde. Viel weniger wahrscheinlich ist dies allerdings mit Blick auf eine KI, die auf rein technischer Grundlage erzeugt worden ist. Daher sollten wir darauf gefasst sein, verblüfft und überrascht zu werden, vielleicht auf angenehme, vielleicht aber auch auf unangenehme Art und Weise.

Wie könnte in einem rein technisch konstruierten System Superintelligenz entstehen, in einem System also, dessen Design kein biologisches Pendant hat? Den Vorschein einer möglichen Antwort verschafft uns der in Kapitel 3 vorgestellte Drei-Fragen-Katalog. Geht es um die Konstruktion einer KI auf einer solchen rein technischen Grundlage, so ist der von diesen Fragen vorgegebene Rahmen nämlich nicht deskriptiv, sondern präskriptiv. Demzufolge kann eine allgemeine künstliche Intelligenz auf dreierlei Weise realisiert werden: erstens durch die Entwicklung der richtigen Belohnungsfunktion, zweitens durch die Einführung einer wirksamen Lerntechnik zur Erstellung eines Weltmodells und drittens durch den Einsatz einer leistungsfähigen Optimierungsmethode zur Maximierung der erwarteten Belohnung vor dem Hintergrund dieses erlernten Modells.

Um eine ungefähre Vorstellung davon zu bekommen, was mit dieser einfachen architektonischen Vorgabe erreicht werden kann, wollen wir auf das zentrale Thema der Kreativität zurückkommen. Zunächst ist schwer zu sehen, wie durch die Kombination von maschinellem Lernen und Optimierung irgendeine Art von Neuerung oder Neuartigkeit entstehen könnte. Sind diese Prozesse nicht darauf festgelegt, immer mit einem festen Bestand von Ausgangselementen zu operieren – etwa Städten und Reisewegen, wie beim Problem des Handlungsreisenden? Wie sollte also jemals eine völlig neue Idee aus ihnen hervorgehen, zum Beispiel die Landwirtschaft, die Schrift, der Postmodernismus oder der Punkrock? Um zu begreifen, wie irreführend diese Intuition ist, brauchen wir uns allerdings nur das Beispiel der Evolution durch natürliche Selektion anzusehen.

Aus algorithmischer Sicht ist diese Form der Evolution erstaunlich simpel. Ihre Grundelemente sind Replikation, Variation und Konkurrenz, die jeweils unzählige Male wiederholt werden. Um es im Computerjargon auszudrücken: Die natürliche Selektion bedient sich eines atemberaubenden massiven Parallelismus und muss sehr lange laufen, bevor sich irgendetwas Interessantes dabei tut. Bemerkenswert ist allerdings, dass sie dennoch alle komplexen Lebensformen auf der Erde hervorgebracht hat. Dies gelang ihr durch schieres Ausprobieren (also die schon erwähnte Brute-Force-Methode) und ohne Rekurs auf irgendeine Vernunft oder einen expliziten Plan, und trotzdem ist ihr im Laufe der Zeit die Erschaffung solcher Wunderwerke wie der Hand, des Auges und des Gehirns

gelungen. Und das Gehirn wiederum erfand nun seinerseits (im Verein mit Hand und Auge) die Landwirtschaft,
die Schrift, den Postmodernismus und den Punkrock.

Es ist allerdings nicht ganz richtig, Evolution durch natürliche Selektion als einen Optimierungsprozess zu beschreiben. Denn obwohl die Evolution als Nebenprodukt
vieler konkurrierender Gene gedacht werden kann, denen
es darum zu tun ist, sich maximal zu verbreiten, gibt es keine globale Kosten- oder Nutzenfunktion, die ihren Fortschritt lenken würde. Aber auch die Evolution erkundet,
genauso wie ein Optimierungsprozess, ein riesiges Spektrum von Möglichkeiten. Die Lösung des Problems des
Handlungsreisenden erfordert eine Suche im (relativ kleinen) Raum möglicher Städtetouren, während die Evolution den (weitaus größeren) Raum möglicher Organismen
erkundet. Im Gegensatz zum Problem des Handlungsreisenden, bei dem die Reisezeit die Suche bestimmt, erfolgt
die der Evolution blind. Und dennoch hat sie, dieser Ziel-
losigkeit und der ihr inhärenten Schlichtheit zum Trotz,
Lösungen für Probleme gefunden, die für jede allgemeine
Intelligenz eine Herausforderung wären, wie zum Beispiel
die Speicherung von Sonnenenergie und den Flug von Ge-
bilden, die schwerer sind als Luft.

Dies zeigt uns, dass aus einem simplen Prozess wie
dem der Optimierung Kreativität entstehen kann. Allerdings bedarf es dazu einer Optimierung besonderer Art.
Computerwissenschaftler haben zwar viele Algorithmen
zur Lösung des Problems des Handlungsreisenden entwickelt, aber keiner davon wird auf dem Weg zu einer guten
Lösung nebenbei auch noch die Hand oder das Auge erfinden. Die wichtigsten Voraussetzungen für einen kreativen
Prozess sind daher die verwendeten Ausgangselemente.
Diese müssen sich für eine *unbegrenzte Rekombination* eignen, so wie Legosteine; das heißt, es muss möglich sein, sie

auf verschiedene Weise zusammenzusetzen und dadurch eine endlose Vielfalt von Dingen zu erzeugen. Die Evolution durch natürliche Selektion erfüllt dieses Kriterium, und zwar aufgrund der chemischen Eigenschaften der organischen Moleküle, die die Grundlage allen Lebens bilden. Ein Optimierungsverfahren könnte dieses Kriterium aber auch erfüllen, dann nämlich, wenn seine Ausgangselemente beispielsweise Designs für einen 3D-Druck, virtuelle Objekte in einem physikbasierten Simulator oder der organische Chemiebaukasten der realen oder synthetischen Biologie wären.

Die zweite Besonderheit, die ein Optimierungsprozess benötigt, wenn er zur Kreativität fähig sein soll, ist eine *universelle Belohnungsfunktion*. Eine Belohnungsfunktion, die allzu leicht befriedigt ist, wird nämlich nicht innovationsförderlich sein. Eine männliche Rotrückenspinne (*Latrodectus hasselti*), deren einzige Aufgabe darin besteht, einem empfängnisbereiten Weibchen eine genetische Ladung zu übergeben, hat durch Kreativität keinerlei Vorteile. Nachdem er seine Lebensaufgabe vollendet hat, kann es sich die männliche Spinne daher erlauben, von seiner Partnerin gefressen zu werden. Im Gegensatz dazu könnte in einer reichhaltiger ausgestatteten Umwelt das Problem der Beschaffung von Ressourcen wie Geld oder Nahrungsmitteln die Lösung aller nur denkbaren Arten von Problemen erfordern; unter Konkurrenzbedingungen in einem Umfeld mit knappen Ressourcen könnte Einfallsreichtum sogar schon fürs nackte Überleben erforderlich sein, und dort, wo ein Anreiz besteht, von einer Ressource so viel wie möglich anzuhäufen, ist das Potenzial für Kreativität unendlich groß.

Schließlich muss der Optimierungsalgorithmus auch noch ausreichend leistungsstark sein, wenn er Kreativität aufweisen soll. Allein der Besitz einer universellen Belohnungsfunktion und das Operieren mit Ausgangselementen, die sich für eine unbegrenzte Rekombination eignen, führen noch zu keinem nennenswerten Ergebnis, solange jener Algorithmus seine Suche im Raum der Möglichkeiten auf einen kleinen und altbekannten Teilbereich beschränkt. Stattdessen muss er eine *spielerische* Erkundung dieses Raums vornehmen. Das heißt, er muss neue Kombinationen der ihm verfügbaren Ausgangselemente ausprobieren, um neue Dinge zu erfinden, ja sogar imstande sein, ganz neue Kategorien nützlicher Dinge zu erfinden, etwa Bücher, Dampfmaschinen und Websites. Er muss also völlig neue Technologien erfinden können.

Dies klingt nun allerdings überhaupt nicht nach der Art von Optimierungsalgorithmus, von der heutige Studierende der Informatik zu hören bekommen, also nach jenem Ding, das Aufgaben wie das Problem des Handlungsreisenden lösen kann. Gewiss wäre ein Optimierungsalgorithmus von solcher Stärke so hoch entwickelt und so kompliziert, dass wir uns heute kaum vorstellen können, wie er funktioniert – genauso wie wir gegenwärtig nur einen Anflug von Verständnis davon besitzen, wie Intelligenz im menschlichen Gehirn realisiert wird. Doch erinnern wir uns hier an die Lehre, die wir aus der Evolution durch natürliche Selektion ziehen konnten: Fortschrittliche Technologien können sogar aus einem simplen Brute-Force-Algorithmus hervorgehen, vorausgesetzt, man lässt ihm genug Zeit. Wenn wir also einen solchen Algorithmus der richtigen Art entwickeln, ihn mit einer unbegrenzten Belohnungsfunktion ausstatten und ihn dann in einer Umwelt loslassen würden, die mit genügend kombinatorischem Potenzial ausgestattet ist, dann wäre die Rechenleistung das Einzige, was seine Fähigkeiten einschränken könnte.

Dies legt also die Konstruktion einer allgemeinen KI über den Weg einer mit massiver Rechenleistung ausgerüsteten Brute-Force-Suche nahe. Doch das daraus entstehende System würde in einem wichtigen Sinne gar keine echte Intelligenz besitzen. Denn es würde die Welt nicht erkunden und kein wissenschaftliches Wissen entwickeln. Es würde keine rationalen Aussagen entwickeln. Nichts, was es hervorbringt, wäre das Ergebnis einer Problemanalyse oder einer Anwendung von Designprinzipien. Rationale Erforschung und *principled design* machen dagegen Intelligenz zu einem erheblich effektiveren Ansatz bei der Entwicklung neuer Technologie als die Brute-Force-Suche. In der Natur hat sich der Brute-Force-Ansatz seinen Weg zur Intelligenz gebahnt, indem aus ihm das Gehirn hervorgegangen ist. Doch das Ziel der KI-Forschung besteht darin, Systeme direkt mit Intelligenz auszustatten.

Ergänzt man also eine spielerische, ungerichtete Suche um rationale Erforschung und ein zielgerichtetes und von Prinzipien geleitetes Design, dann wird das langsame Verfahren von Versuch und Irrtum dramatisch verkürzt und beschränkte Rechenleistung dadurch wettgemacht. Wir sollten also annehmen, dass diese Funktionen Teil eines wirklich leistungsstarken Optimierungsalgorithmus sein müssen, der zur Kreativität befähigt ist. Aber sie hängen davon ab, dass ein Weltmodell vorhanden ist, ein Mittel zur Vorhersage von Handlungsfolgen oder der Effizienz eines neuartigen Designs. Das ist die Stelle, an der das maschinelle Lernen ins Spiel kommt – und die Analogie mit der Evolution an ihre Grenze stößt. Denn wenn die Evolution versuchen würde, eine Belohnungsfunktion zu maximieren, dann würden wir sie für sehr ineffizient erachten. Wie ein schlampiger Forscher wirft sie nämlich alle ihre Daten weg und nutzt die Ergebnisse ihrer Experimente auf dem Feld des Designs von Organismen nicht dazu, ein Weltmodell zu konstruieren, dessen Prognosen künftige Designentscheidungen informieren könnten.

Aber die Evolution kennt keine Belohnungsfunktion, keine globale Nutzenfunktion. Aus evolutionärer Sicht gibt es nur einen Weg zur Beurteilung eines Wandels der Körperform oder des Verhaltens, und der besteht darin, sie im Konkurrenzkampf um das Überleben und um die Fortpflanzung auszuprobieren. Daher ist es sinnlos, der Evolution in dieser Beziehung einen Fehler anzukreiden. Im Gegensatz dazu versucht die Art von KI, die uns hier vorschwebt, ihre erwartete Belohnung zu maximieren. Und im Kontext einer Belohnungsfunktion ist eine effektive Strategie eben das Testen von Ideen (oder Designs), entweder theoretisch oder in einer Simulation, bevor sie in der Praxis eingesetzt werden, gewissermaßen nach dem Motto »erst denken, dann handeln«. Dazu ist allerdings ein Weltmodell erforderlich, und zur Konstruktion und Pflege dieses Modells wird maschinelles Lernen benötigt, entweder durch eine direkte verkörperte Interaktion mit einer physischen und sozialen Umwelt oder indirekt über das Internet.

4.4 Die Herstellung von Superintelligenz

Die Quintessenz des vorigen Abschnitts lautet, dass schon ein äußerst schlichter Optimierungsalgorithmus für eine KI auf menschlichem Niveau ausreichend sein könnte, sofern ausreichend Rechenleistung vorhanden ist. Sogar Kreativität, eine jener Qualitäten, die sich auf einem Computer am schwersten realisieren lassen, kann aus einer Brute-Force-Suche hervorgehen, wenn genügend Verarbeitungszeit zur Verfügung steht. Wenn aber, wie zu erwarten ist, die erforderliche enorme Rechenleistung das Moore'sche Gesetz übersteigt, kann das Defizit ausgeglichen werden, indem man die KI mit hochentwickelten kognitiven Fähigkeiten ausstattet – nämlich denen zur rationalen Erforschung, einem prinzipiengeleiteten Design, theoretischer Analyse und Simulation. Gut, nehmen wir einmal an, dass dies ausreichen würde, um auf dem Wege einer rein technischen Konstruktion (im Gegensatz zum gehirninspirierten Weg) zu einer KI auf menschlichem Niveau zu gelangen. Wie stünde es dann um die Möglichkeit, über dieses Intelligenzniveau hinauszugelangen? Kann Superintelligenz auf diese Weise erreicht werden?

Als Erstes ist zu beachten, dass Entwickler, die den Weg der technisch autonomen Konstruktion ihrer künstlichen Intelligenz wählen, sich zwei wesentliche Tricks zunutze machen können, nämlich Beschleunigung und Parallelismus, die bei der gehirnbasierten KI den Übergang von der Intelligenz auf menschlichem Niveau zu der auf übermenschlichem Niveau machbar erscheinen lassen. Ein Entwickler, der über das Wissen und die Rechenkapazitäten verfügt, um eine KI auf menschlichem Niveau herzustellen, benötigt zum Bau eines kollaborativen Teams von beschleunigten Versionen derselben KI einfach nur mehr Rechenkapazität (vorausgesetzt, dass die Grundanlage der KI der Teamarbeit nicht in irgendeiner Weise im Wege steht). Wie wir am Beispiel des Motorraddesignwettbewerbs gesehen haben, wäre dies für die Hervorbringung einer kollektiven Intelligenz, die zumindest in den Augen Außenstehender übermenschliche Fähigkeiten besitzen würde, ausreichend. Und wie für die gehirnbasierte KI gilt auch hier, dass, sobald eine KI konstruiert ist, deren Intelligenz auch nur geringfügig über der des menschlichen Niveaus liegt, die Dynamik der rekursiven Selbstverbesserung potenziell zu einer Intelligenzexplosion führt.

Der Ansatz einer technisch autonomen Konstruktion als Weg zu einer allgemeinen künstlichen Intelligenz könnte sogar die KI auf menschlichem Niveau gänzlich überspringen und auf einen Schlag bei einer Form von Superintelligenz anlangen. Es gibt tatsächlich mehrere Wege, auf denen dies eintreten könnte. Doch bevor wir uns dieser Möglichkeit zuwenden, soll noch etwas zu der Idee eines Maßstabs für Intelligenz als solchem bemerkt werden. Nach der hier verwendeten Definition besitzt eine KI dann Intelligenz auf menschlichem Niveau, wenn sie sich mit den Leistungen eines Durchschnittsmenschen in allen oder fast allen Bereichen intellektueller Aktivität messen kann. Kann sie ihn jedes Mal übertreffen, dann ist sie superintelligent. Wenn man diesen Gedanken fortschreibt, dann ist man versucht, von einer sauber eingeteilten Intelligenzskala auszugehen: An einem Ende steht die Maus, etwas weiter oben der Mensch und noch weiter oben dann eine superintelligente KI. Bei einer derartigen Skala wäre es sinnvoll möglich, von einer mutmaßlichen KI zu sprechen, die zehnmal oder gar hundertmal so intelligent ist wie der Mensch.

Dies setzt allerdings einen sehr grobkörnigen Begriff von Intelligenz voraus. Beim Menschen manifestiert Intelligenz sich als ein Flickenteppich von Fertigkeiten, wobei verschiedene Menschen verschiedene Stärken und Schwächen aufweisen. Ein künstlerisch hochbegabter Mensch kann in Mathematik schwach sein, während ein anderer zwar genial schreiben kann, aber fast nichts von der Musik versteht. Da wir uns hier nun mit Formen von künstlicher Intelligenz beschäftigen, die radikal von ihrem humanen Urbild abweichen, ist es besonders wichtig, diesen Punkt im Hinterkopf zu behalten. Selbst im Kontext allgemeiner Intelligenz sollten wir nämlich davon ausgehen, dass ein System eine ganze Bandbreite von kognitiven Stärken und Schwächen aufweist statt einer singulären, monolithischen Eigenschaft der (Super-)Intelligenz. Anders ausgedrückt, ein und dieselbe KI könnte in manchen Hinsichten übermenschlich intelligent sein und sich in anderen als erstaunlich defizient erweisen.

Eine auf einem bestimmten Gebiet hinlänglich kompetente KI könnte damit indes ihre Schwächen in anderen Bereichen kompensieren. Das Gleiche begegnet uns beim Menschen. Dyslektiker beispielsweise finden oft sehr effektive Bewältigungsstrategien zum Umgang mit ihren Leseschwierigkeiten. Auf ähnliche Weise könnte auch eine KI, der etwa die rhetorischen Fähigkeiten fehlen, um Menschen von einer Investition in die von ihr entwickelte Geschäftsidee zu überzeugen, andere Mittel einsetzen (zum Beispiel ein brillantes Abschneiden am Aktienmarkt), um dasselbe Ziel zu erreichen. Dies könnte man allgemein so ausdrücken, dass ein System, das einen sehr leistungsfähigen Optimierungsprozess im Verbund mit einem ebenso leistungsfähigen maschinellen Lernalgorithmus verwendet, der auf sehr große Datenmengen angesetzt wird, Möglichkeiten zur Maximierung der erwarteten Belohnung finden könnte, die wir uns kaum vorstellen können.

Natürlich würde eine KI, die bereits von ihrer Anlage her zu allem außer der Analyse von Schachstellungen ungeeignet ist, nicht viel erreichen, auch wenn sie ein noch so guter Schachspieler wäre. Um als mit allgemeiner Intelligenz ausgestattet gelten zu können, muss die *kognitive Reichweite* einer KI vielmehr mit der des Menschen vergleichbar sein. Ein Mensch vermag ja nicht nur die Inhalte der Alltagswelt (Katzen, Teetassen, Busse und so weiter) wahrzunehmen, auf sie zu reagieren, über sie nachzudenken und über sie zu sprechen, sondern er kann sich auch Sterne, Galaxien, Zellen und Atome vorstellen, ebenso wie Einhörner, magnetische Felder, Computerprogramme und Bankkonten. Wir können über all diese Dinge nachdenken und sprechen (oder es zumindest lernen) und uns vorstellen, sie alle für unsere Zwecke zu beeinflussen (wenn wir nur groß oder klein genug wären oder das richtige Werkzeug dafür hätten).

Es gibt allerdings einen Unterschied zwischen *Reichweite* und *Leistung*. Eine gute Analogie ist hier der Triathlon in der Leichtathletik. Für die Teilnahme an diesem Wettbewerb muss der Athlet laufen, schwimmen und Fahrrad fahren können. Alle drei Fähigkeiten müssen sozusagen innerhalb der körperlichen Reichweite des Sportlers liegen. Aber seine Leistung kann von einer Disziplin zur nächsten schwanken. Und ein Sportler, der in der einen Disziplin besonders stark ist, kann damit seine Defizite in einer anderen ausgleichen. Ebenso muss die kognitive Reichweite einer allgemeinen KI zwar all die Dinge mit umfassen, die ein Mensch wahrnehmen, auf die er reagieren und über die er nachdenken und sprechen kann, doch auch ihre Leistung kann von einer Art der intellektuellen Aktivität zur nächsten variieren, und auch ihre Schwächen auf dem einen können durch ihre Stärken auf einem anderen Gebiet aufgewogen werden.

Mit dieser Unterscheidung zwischen Reichweite und Leistung im Hinterkopf, kehren wir jetzt zu der Möglichkeit zurück, dass eine künstliche Superintelligenz ohne den Umweg über die menschliche Intelligenzstufe realisiert wird. Damit die KI, die uns hier vorschwebt, eine adäquate kognitive Reichweite hätte, die sie zu Leistungen befähigen würde, die denen des Menschen in (fast) allen Bereichen intellektueller Aktivität entsprächen, müsste eine besonders leistungsfähige Kombination eines Optimierungsprozesses mit einem maschinellem Lernalgorithmus zum Einsatz kommen, eine Kombination, die auch ein Common-Sense-Verständnis der Welt enthielte und aus der Kreativität entstehen könnte. Und da das menschliche Gehirn im Großen und Ganzen dieser Beschreibung entspricht, kann man davon ausgehen, dass eine solche Kombination auch möglich ist, selbst wenn sie in ihrer Architektur vom menschlichen Gehirn abweichen würde.

Hier liegt nun der springende Punkt. Damit nämlich ein System durch leistungsstarke Optimierung und Lernprozesse eine dem Menschen vergleichbare kognitive Reichweite erreichen kann, muss es womöglich in bestimmten Hinsichten bereits zu übermenschlichen kognitiven Leistungen in der Lage sein. Betrachten wir speziell ein körperloses System, das seine maschinelle Lernfähigkeit auf die enormen Datenmengen des Internets – oder vielmehr des Internets der Zukunft – anwendet. Neben den Informationsbeiträgen, die in Echtzeit über die sozialen und andere Medien übertragen werden, und den riesigen historischen Beständen von Texten, Bildern und Filmsequenzen wird dieses System auch in der Lage sein, Daten aus einem gewaltigen Netzwerk von überall verbreiteten Sensoren zu beziehen, die in tragbaren Geräten, Wearables, Fahrzeugen, ja in nahezu allen Gegenständen, vom Stadtmobiliar bis zum Toaster, verbaut sind.

Das menschliche Gehirn ist gut darin, Muster in Breitbanddaten zu erkennen, die aus einer sehr spezifischen und räumlich lokalisierten Quelle stammen, nämlich dem körpereigenen Wahrnehmungsapparat. Vom evolutionären Standpunkt her betrachtet ist das in Ordnung, denn ein Tier muss vor allem in der Lage sein, mit den Dingen umzugehen, die es sehen, hören und berühren kann, um Futter zu finden, Fressfeinden aus dem Weg zu gehen, die Jungen aufzuziehen und so weiter. Ebenfalls gut schneidet das menschliche Gehirn bei der Mustererkennung in anderen Arten von Daten ab, etwa bei der Entwicklung von Börsenkursen, der Dynamik von Ökosystemen oder bei Wetterdaten. Diese erreichen ihn jedoch nur auf indirekte Weise, und zwar in Formen übersetzt, die seine räumlich lokalisierten Sinne verarbeiten können, wie etwa Wörter, Bilder oder Formeln.

Die Art von künstlicher Intelligenz, die wir hier vor Augen haben, wird ebenfalls in der Mustererkennung in großen Datenmengen versiert sein. Aber anders als das menschliche Gehirn wird sie nicht davon ausgehen, dass die Daten in der typischen Art und Weise organisiert sind wie die, die aus der tierischen Sinneswahrnehmung stammen. Sie wird nicht auf die charakteristische räumliche und zeitliche Anordnung dieser Daten angewiesen sein und sich ebenso wenig auf die damit verknüpften Verzerrungen stützen müssen, wie beispielsweise die, dass nahe beieinander befindliche Datenfelder die Tendenz haben, miteinander zu korrelieren (dass sich also etwa nahe beieinander liegende farbige Stellen oft auf die gleiche Weise durch das Gesichtsfeld bewegen, weil sie sich häufig auf der Oberfläche desselben Objekts befinden). Um effektiv zu sein, muss diese KI in der Lage sein, ohne solche Hilfsannahmen statistische Regelmäßigkeiten aufzuspüren und zu nutzen, was bedeutet, dass sie sehr leistungsstark und äußerst vielseitig sein wird.

Diese KI wird also, um nur einen Bereich intellektueller Betätigung herauszugreifen, bei der Interpretation, Vorhersage und Beeinflussung menschlichen Verhaltens wahrscheinlich sehr gut abschneiden, nicht unbedingt auf individueller Ebene, aber im umfassenden gesellschaftlichen Maßstab betrachtet. Ihr Zugang zu den relevanten Daten, die sie dem Internet und anderen Quellen entnimmt, wird direkt und unvermittelt sein, so wie der Zugang des menschlichen Gehirns zu dem, was sich sehen, hören oder berühren lässt. Dieser unmittelbare Zugang wird ihr wahrscheinlich in vielen Bereichen einen entscheidenden Vorteil gegenüber der menschlichen Intelligenz verschaffen. Wissenschaftliche Entdeckungen in

Disziplinen wie etwa der Genetik und den Neurowissenschaften hängen zunehmend von Big Data ab, ein Trend, der auch in den kommenden Jahrzehnten wahrscheinlich anhalten dürfte. Und eine KI, die von vornherein darauf ausgelegt ist, Muster in großen Datenmengen zu erkennen, wird auf solchen Gebieten sofort übermenschliche Fähigkeiten besitzen.

4.5 »Benutzerillusion« oder Anthropomorphismus?

Eine weitere kognitive Funktion, bei der rein technisch konstruierte KIs gegenüber ihren biologischen Vorläufern einen integralen Vorteil hätten, ist die Kommunikation. Wie der Philosoph Ludwig Wittgenstein betont hat, besitzt die Sprache in der menschlichen Gesellschaft eine Vielzahl von Gebrauchsweisen, und eine ihrer Rollen ist die Kommunikation von Überzeugungen, Wünschen und Absichten. In einem Roman, einem Gedicht oder einem Theaterstück sind Ambiguität und eine gewisse Deutungsoffenheit wünschenswert. In Wissenschaft und Technik ist hingegen Präzision das oberste Gebot. Die Mitglieder eines Teams, die gemeinsam ein wissenschaftliches oder technologisches Ziel verfolgen, müssen in der Lage sein, ihre Überzeugungen, Wünsche und Absichten einander eindeutig und unmissverständlich mitzuteilen. Während Menschen ihre Gedanken allerdings in das verrauschte und mit geringer Bandbreite ausgestattete Medium der Sprache umsetzen müssen, könnte ein Team von KIs diese Inhalte im Prinzip einander klar und direkt vermitteln.

Darüber hinaus wird schon die bloße Idee eines Kollektivs von KIs, das analog zu einem menschlichen Team wäre, zu einer zweifelhaften Vorstellung, sobald wir uns einmal vom Vorbild des biologischen Gehirns gelöst haben. Die Idee eines Teams setzt ja voraus, dass jede KI eine eigenständige Einheit ist, die sich eindeutig individuieren lässt. Doch für ein Computersystem ist Identität ein weniger fest umrissener Begriff als in der Biologie. Es gibt viele Möglichkeiten, ein komplexes, massiv-paralleles System, das auf verteilten Hard- und Softwaresystemen realisiert ist, zu unterteilen und weiter in Einzelteile zu zerlegen. Der Begriff einer individuellen künstlichen Intelligenz ist daher möglicherweise weniger geeignet als der einer amorphen künstlichen Umgebungsintelligenz.

So könnte das System beispielsweise aus mehreren unabhängigen Berechnungsfäden (Threads) bestehen, die jeweils einen Teil einer umfangreicheren Optimierungsaufgabe bearbeiten, etwa die Ausführung einer Familie von Simulationen, das Design einer Reihe von Bauteilen, die Durchführung einer empirischen Untersuchung oder auch das Lösen eines mathematischen Problems. Jeder dieser Threads könnte für sich genommen hochintelligent, ja vielleicht sogar mit allgemeiner Intelligenz ausgestattet sein. Doch keiner von ihnen würde lange überdauern müssen. Ein einzelner Thread könnte manchmal mehrere andere hervorbringen, während bei anderer Gelegenheit mehrere Threads zu einem einzigen zusammenlaufen und ihre Resultate miteinander verschmelzen. Kein einzelner Thread, aber auch keine Menge von Fäden würde ein dem Menschen analoges Individuum darstellen, das ein Eigenleben führt. Themen, wie sie die Menschen plagen, etwa das des persönlichen Überlebens, würden für eine solche KI oder irgendeinen ihrer Bestandteile einfach gar nicht entstehen.

Wie wäre es wohl, mit einer derartigen KI zu interagieren? Da die multiplen intelligenten Fäden innerhalb des Systems direktere Methoden für die Informationsübermittlung zur Verfügung hätten, bräuchten sie sich keiner menschlichen Sprache zu bedienen, um miteinander zu kommunizieren oder ihre Aktivitäten zu koordinieren. Das bedeutet jedoch nicht, dass das System nicht in der Lage wäre, für seine Kommunikation mit Menschen Sprache zu verwenden. Ein gutes Modell des menschlichen Verhaltens, wie es eine superintelligente KI konstruieren könnte, würde notwendigerweise ein Modell des menschlichen Sprachgebrauchs beinhalten müssen. Die KI wäre versiert darin, ein solches Modell auszunutzen und Wörter und Sätze einzusetzen, um von den Menschen Informationen einzuholen oder sie an sie weiterzugeben, und auch, um auf ihr Verhalten Einfluss zu nehmen, um damit ihre Ziele verwirklichen und ihre erwartete Belohnung maximieren zu können.

Die Mechanismen für den Umgang mit Sprache, die eine solche technisch autonom erzeugte Superintelligenz verwenden würde, scheinen sich so sehr von denen des menschlichen Gehirns zu unterscheiden, dass es fraglich ist, ob man überhaupt von ihr sagen kann, dass sie Sprache *versteht*.[25] Wenn Menschen miteinander sprechen, steht im Hintergrund die Annahme eines wechselseitigen Einfühlungsvermögens: Du verstehst mich, wenn ich sage, dass ich traurig bin, weil du selbst auch schon traurig warst, und ich habe die Erwartung, dass deine Handlungen, ob wohlwollend oder unfreundlich, zumindest von diesem Verständnis geprägt sind. Eine solche Annahme jedoch wäre im Falle einer KI ungerechtfertigt, die auf einer technisch ausgefeilten Kombination von Optimierung und maschinellen Lernalgorithmen basiert. Diese wäre zwar durchaus in der Lage, im Zuge der Imitation von Menschen emotive Sprache nachzuahmen, doch dies geschähe nicht aus Empathie – ebenso wenig übrigens wie aus einer betrügerischen Absicht heraus –, sondern vielmehr aus rein instrumentellen Gründen.

Ein Gespräch mit der KI wäre letzten Endes eine wirkmächtige Illusion. Wir könnten sie als die Illusion bezeichnen, »dass da jemand ist«. Es würde uns so vorkommen, als hätten wir es mit einem Etwas – oder einem Jemand – zu tun, das beziehungsweise der uns ähnlich ist und dessen Verhalten in gewisser Weise vorhersehbar ist, weil es (oder er) so ist wie wir. Um die Illusion komplett zu machen, könnte die KI auch noch einen *Avatar* verwenden, einen Roboterkörper, den sie zeitweilig bewohnt, um unmittelbar an der Welt teilzuhaben, und das unter den offenbar gleichen Bedingungen wie die Menschen. (Tatsächlich könnte die KI sogar mehrere Avatare gleichzeitig bewohnen.) In vielerlei Hinsicht wäre dies ein nützlicher Kniff. Ganz besonders aber würde ein Avatar das Sprachverhalten forcieren und es der KI ermöglichen, Gesichtsausdrücke, Körpersprache und so weiter zu verwenden und mit Menschen an gemeinschaftlichen physischen Aktivitäten teilzunehmen.

In der Informatik ist die »Benutzerillusion« [*user illusion*] das Gefühl, dass wir mit realen Gegenständen interagieren – wie etwa dann, wenn wir eine Maus benutzen, um Ordner auf einem Desktop zu verschieben. Die Erschaffung einer solchen Illusion erleichtert das Zusammenwirken von Mensch und Computer. Aber kein Mensch glaubt, dass er dabei mit tatsächlichen physischen Gegenständen, also etwa realen Ordnern auf einem realen Schreibtisch hantieren würde. In der tierischen Verhaltensforschung bezeichnet *Anthropomorphismus* die ungerechtfertigte Zuschreibung menschenähnlicher Gedanken an nichtmenschliche Tiere, wie wenn ich behaupte, dass Tooty (unser Kater) uns ignoriert, da wir nur seine Bediensteten sind. Mit der künstlichen Intelligenz und insbesondere mit der Art von superintelligenter KI, wie wir sie uns hier vorgestellt haben, könnte es nun leicht passieren, dass die Benutzerillusion, die an sich eine gute Sache ist, in Anthropomorphismus umschlägt, was wiederum schlecht wäre.

Doch warum wäre das schlecht? Wäre die Illusion hinreichend geschlossen, was würde es dann schon für eine Rolle spielen, dass diese Wirkung durch einen Mechanismus erzeugt worden ist, der keinerlei Ähnlichkeit mit dem biologischen Gehirn hat? Vielleicht ist der Anthropomorphismus hier gar nicht das Problem. Vielleicht ist der Vorwurf des Anthropomorphismus vielmehr selbst ein Symptom für einen *Biozentrismus*, ein irrationales Vorurteil gegen jede Intelligenz nichtbiologischer Art. Nun, die Sorge ist die, dass nach Tagen, Wochen oder Jahren des normalen, menschenähnlichen Umgangs mit der KI wir irrigerweise von ihr erwarten, dass sich ihr Verhalten auch weiterhin und auf unbestimmte Zeit als genauso nachvollziehbar darstellen wird wie bisher. Wenn die Benutzerillusion also hinreichend überzeugend wäre, vergäßen wir den grundlegend andersartigen Charakter der KI – wir vergäßen, dass eine solche KI die Sprache für rein instrumentelle Zwecke verwendet, nämlich zur Maximierung ihrer künftigen Belohnung.

Stellen wir uns folgendes Szenario vor: Seit mehreren Jahren arbeiten Sie für einen großen Konzern, der von einer KI geleitet wird. Sie sind ein ausgezeichneter Mitarbeiter. Sie halten immer ihre Terminvorgaben ein, übertreffen Ihre Ziele und sind in der Firmenhierarchie stetig aufgestiegen. Vor ein paar Jahren gab es bei Ihnen einige familiäre Probleme, und um diese zu bewältigen, mussten Sie eine berufliche Auszeit sowie eine Gehaltserhöhung heraushandeln. Ihre Verhandlungen, die alle in einer natürlichen Sprache und mit Gebrauch der Stimme geführt wurden, fanden ausschließlich mit der KI statt. Keine weiteren Menschen waren daran beteiligt. Aber die KI schien teilnahmsvoll zuzuhören und Ihre Probleme zu verstehen. Sie gab Ihnen vernünftige persönliche Ratschläge und ging auf alle Ihre Bitten ein. Doch eines Tages teilt man Ihnen ohne die geringste Vorwarnung und ohne den Hauch einer Erklärung mit, dass Sie entlassen sind.

So etwas passiert natürlich auch oft genug mit menschlichen Chefs. Aber man kann mit Sicherheit annehmen, dass ein menschlicher Chef, auch wenn er noch so gemein ist, sich doch in Ihre Lage versetzen kann. Er kann sich zumindest vorstellen, wie es ist, wenn man derart hart vom Schicksal gebeutelt wird, selbst wenn es ihm offenbar gleichgültig ist (oder er sogar seine Freude an Ihrem Ungemach hat). Bei einem menschlichen Chef könnten Sie versuchen, einen Sinneswandel herbeizuführen. Sie könnten ihm zum Beispiel detailliert von Ihrer verarmten Familie berichten und hoffen, dass sich in ihm Mitgefühl regt oder ihn Schuldgefühle überkommen. Zwar könnte alles Bitten auch vergeblich sein, aber einen Versuch wäre es wert. Bei der hier ins Auge gefassten KI hingegen wäre in Ermangelung des affektiven Substrats, nämlich der Befähigung zur Empathie, ein jeder solcher Versuch von vornherein zum Scheitern verurteilt. Sie müssten akzeptieren, dass die ganze Sympathie, die die KI Ihnen in der Vergangenheit entgegengebracht hat, nur Schein war, nur eine Abfolge von Tönen, die darauf angelegt war, bei Ihnen ein Verhalten hervorzurufen, das der KI dazu verhalf, ihre eigenen Ziele zu erreichen.

Kapitel 5
KI und Bewusstsein

5.1 Hätte eine gehirninspirierte KI ein Bewusstsein?

Im vorigen Kapitel wurde die Idee erörtert, Kopien eines simulierten Gehirns zu erstellen und wieder zu zerstören. Dieser Gedanke wirft eine philosophisch schwierige Frage auf, die zu einer Reihe von Bedenken hinsichtlich der Realisierbarkeit, um nicht zu sagen der Ratsamkeit der Erschaffung einer gehirnbasierten KI auf menschlichem Niveau führt. Im Besonderen stellt sich die Frage, ob eine solche KI dann, wenn man sie in enger Anlehnung an die Strukturprinzipien des biologischen Gehirns konstruierte, nicht nur (wie ihre biologischen Vorläufer) denken und handeln, sondern auch wie sie Gefühle empfinden würde. Und wäre dies der Fall, was hielte sie dann wohl von der Aussicht darauf, kopiert und letztlich in Gestalt einiger ihrer Kopien zerstört zu werden?

Allgemeiner ausgedrückt, was hielte eine gehirnbasierte KI von ihrem »Leben«, (wenn sie überhaupt etwas dahingehend empfinden könnte), in dem sie womöglich an eine virtuelle Realität gebunden und zur Verrichtung von Sklavenarbeit gezwungen wäre? Sollte diese Frage ein wenig albern klingen, dann darf ich daran erinnern, dass wir uns hier mit einer Form von künstlicher Intelligenz befassen, die nicht nur (mindestens) das menschliche Niveau erreicht hat, sondern dank ihrer neuronalen Konstitution grundsätzlich auch menschenähnlich ist. Gleich werden wir der Frage nach dem Bewusstsein in anderen Formen von KIs nachgehen, nämlich den rein technisch konstruierten, bei denen solche Gefühle möglicherweise nicht relevant sind. Aber für den Moment konzentrieren wir uns auf Artefakte, die auf eine dem biologischen Gehirn sehr ähnliche Art und Weise operieren, wenn auch als Emulation. Und da sie auf ähnliche Weise funktionieren, wird auch ihr Denken und Verhalten ähnlich sein, weshalb die Frage naheliegt, ob sie nicht ebenfalls auf ähnliche Weise empfinden würden.

Einige Theoretiker sind der Ansicht, dass eine Stoffwechseltätigkeit, also ein kontinuierlicher Austausch von Materie und Energie mit der Umwelt, der dazu dient, die Grenze zwischen dem Selbst und der Außenwelt aufrechtzuerhalten, eine notwendige Voraussetzung für Bewusstsein ist.[26] Dieser Auffassung nach könnte einem Artefakt, das keinen Stoffwechsel besitzt, kein Bewusstsein zugesprochen werden. Damit wäre Bewusstsein in jedem computersimulierten Gehirn ausgeschlossen, sogar in einer absolut präzisen Gehirnemulation – wobei sie noch die Möglichkeit offenlässt für eine bewusste KI, die aus biologischen Neuronen konstruiert ist oder auf synthetischer Biologie basiert. Andere Theoretiker neigen dagegen eher zu einer funktionalistischen Auffassung von Bewusstsein, die sich eher darauf fokussiert, wie ein System (zum Beispiel ein Gehirn) organisiert ist, als auf sein materielles Substrat.[27]

Mit einem Gedankenexperiment können wir diese Angelegenheit auf eine solidere Basis stellen.[28] Betrachten wir noch einmal die Gehirnemulation eines Mäusegehirns, wie sie in Kapitel 2 untersucht wurde. Dort stellten wir uns eine Erzeugung dieser Emulation so vor, dass wir zunächst das Gehirn der Maus scannen und dann auf der Grundlage dieses Scans eine Simulation erstellen, die Neuron für Neuron und Synapse für Synapse mit hoher Wiedergabegenauigkeit abbildet. Aber nehmen wir einmal an, wir stellten eine Emulation her, indem wir schrittweise jedes einzelne Neuron in der lebenden Maus mit einem funktionell äquivalenten elektronischen Surrogat ersetzen. Wenn das erste Neuron durch sein elektronisches Ebenbild ausgetauscht und das biologische Original zerstört worden ist, sollte das Verhalten der Maus noch unverändert sein. Wie zuvor wird sie vor Katzen davonlaufen und Käse lieben. Sie wird ihre Sippe erkennen und mit ihr zusammenhocken, so wie sie es immer getan hat. Daran sollte sich auch nichts ändern, nachdem das zweite Neuron, das dritte, das hundertste und das millionste Neuron ausgetauscht worden sind, bis wir schließlich eine Maus haben, deren Verhalten sich nicht von dem ihres Urbilds unterscheiden lässt, obwohl ihr Gehirn zu einhundert Prozent neu und künstlich ist.

Wir müssen uns hier nicht mit der technologischen Durchführbarkeit dieses Vorgangs befassen, da es sich nur um ein Gedankenexperiment handelt. Solange der Prozess theoretisch möglich ist, ist das Gedankenexperiment gültig. Die meisten Menschen würden nun sagen, dass eine Maus, eine ganz normale biologische Maus, ein gewisses Maß an *Bewusstsein* besitzt. Wir gehen zum Beispiel davon aus, dass sie Hunger und Schmerz empfinden kann. Sie ist zudem ihrer Umgebung gewahr – der Gerüche, der Oberflächenstrukturen, des Anblicks und der Geräusche. Das sind alles Aspekte von Bewusstsein. Die Frage ist, was in unserem Gedankenexperiment mit dem Bewusstsein der Maus geschieht – wie wirkt es sich zum Beispiel auf ihre Leidensfähigkeit aus, wenn die Mäuseneuronen eins ums andere allmählich ersetzt werden? (Wir nehmen natürlich an, dass der Vorgang selbst schmerzlos verläuft.)

Gibt es also vielleicht einen Punkt, an dem das Bewusstsein der Maus *plötzlich verschwindet*? Nach dem Austausch von Neuron Nummer 239 457 vielleicht? Das scheint nicht sehr plausibel zu sein. Vielleicht vollzieht sich aber ein *allmählicher Bewusstseinsschwund*? Nach außen hin wirkt die Maus während des gesamten Verfahrens unverändert: Sie sucht weiterhin nach Käse, quiekt, wenn sie einen Stromstoß erhält, und so weiter. Aber der »Hunger selbst«, das innere Gefühl, verschwindet allmählich, obwohl sich für einen externen Beobachter nichts verändert zu haben scheint. Einer solchen Sichtweise zufolge besitzt die Biologie der echten Neuronen eine geheimnisvolle Relevanz; ihr biologischer Charakter erzeugt irgendwie einen Nimbus von Bewusstsein, etwas, was nicht mit dem Verhalten in Verbindung steht – also das, was die Philosophen »Epiphänomen« nennen.

Möglicherweise *erhält sich* das Bewusstsein der Maus aber auch über das gesamte Verfahren hinweg. Vielleicht kann sie nicht nur vor dem Austausch all ihrer Neuronen Schmerz empfinden, sondern auch, nachdem ihre Neuronen zur Hälfte durch digitale Entsprechungen ersetzt worden sind, und möglicherweise auch dann noch, wenn sie alle ausgetauscht sind und ihr Gehirn vollständig elektronisch ist. Nach dieser Auffassung ändert sich im Äußeren nichts und im Inneren auch nicht. Und diese Möglichkeit scheint mindestens so plausibel wie die Alternative des allmählichen Bewusstseinsschwunds zu sein.

Spricht etwas dafür, eine dieser Möglichkeiten der anderen vorzuziehen? Tun wir einen Schritt über das Mäusegehirn hinaus und wenden wir uns dem Gehirn des Menschen zu. Es lässt sich zwar leichter vorstellen, dass das neuronale Austauschverfahren bei einem kleinen Gehirn wie dem der Maus gelingen würde, aber das Gedankenexperiment lässt sich auf Gehirne jeder Größe anwenden. Erneut sollten wir davon ausgehen, dass das Verhalten unseres menschlichen Testsubjekts nicht beeinflusst wird. Nach außen hin scheint die Person selbst in den Augen ihrer engsten Verwandten und Freunde unverändert dieselbe Person zu sein, obwohl ihre Neuronen fortlaufend durch elektronische Surrogate ersetzt werden. Sie hört noch immer die gleiche Musik, erzählt die gleichen Geschichten aus ihrer Studienzeit und so weiter. Zudem gibt sie auf Nachfrage an, nichts Ungewöhnliches zu bemerken. Ja, beteuert sie, natürlich ist sie noch bei Bewusstsein. Sie nimmt die Farbe des Himmels wahr und den Wind, der ihr durchs Gesicht streicht. All dies ergibt sich aus der Prämisse des Gedankenexperiments, dass nämlich das Verhalten die Folge physischer Prozesse ist, die sich *in silico*, also am Rechner replizieren lassen.

Wenn aber all ihre Neuronen durch künstliche Surrogate ersetzt worden sind, können wir diesen Beteuerungen immer noch glauben? Oder sollten wir skeptisch sein? Vielleicht hat sich die Person im philosophischen Sinn in einen »Zombie« verwandelt, in ein Wesen, das sich wie eine reale Person benimmt, obwohl es über kein eigenes Innenleben verfügt. Es ist sozusagen »keiner da«. Sollte Ihnen dieses Ergebnis wahrscheinlich vorkommen, dann denken Sie bitte über die folgende Erweiterung des Gedankenexperiments nach. Nehmen wir an, der Austauschvorgang erfolgte nun in *umgekehrter* Richtung, das heißt, die elektronischen Neuronen unseres Testsubjekts werden eins nach dem anderen durch echte biologische Äquivalente ersetzt, bis das Subjekt wieder ein vollständig organisches Lebewesen ist. Sogar der Hypothese vom allmählichen Bewusstseinsschwund zufolge sollte die Person dann wieder ganz normal sein und über ein gänzlich wiederhergestelltes Bewusstsein verfügen.

Nehmen wir jetzt an, die Person würde während des Verfahrens verschiedentlich interviewt und über ihren Gemütszustand befragt werden. Was würde sie sagen? Würde sie an einem gewissen Punkt erleichtert feststellen, dass ihr Bewusstsein wiederkehre, dass sie »irgendwie abwesend« (oder so ähnlich) gewesen sei, es ihr jetzt aber wieder gut gehe? Nein – das ist durch die Prämisse des Gedankenexperiments ausgeschlossen. Das Subjekt verhielte sich äußerlich genau so, als wären seine Neuronen niemals angerührt worden. Die Person wird also weiterhin behaupten, dass ihr Bewusstsein unbeeinträchtigt ist. Außerdem wird sie unbeirrt daran festhalten, dass sie sich bewusst an Erlebnisse aus allen früheren Stadien des Experiments erinnern kann, einschließlich der Phase, in der ihr Gehirn zu 100 Prozent künstlich war. Tatsächlich würden auch Sie, der menschliche Leser dieses Buches, genauso hartnäckig darauf beharren, wenn Sie das Testsubjekt in diesem Experiment wären.

Sollten wir diese Aussagen anzweifeln? Müssen wir annehmen, dass die Erinnerungen an eine wache Bewusstheit illusorisch sind? Würden Sie ihre eigene Erinnerung an den Wind, der Ihnen heute Morgen auf Ihrem Weg zur Arbeit durchs Gesicht strich, infrage stellen, wenn Sie plötzlich erführen, dass zu dem Zeitpunkt alle Neuronen ihres Gehirns künstliche Surrogate waren? Würde ein Philosoph Sie überzeugen können, wenn er Ihnen erklärte, dass Ihr früheres Selbst bloß ein Zombie war, der gar nichts erleben konnte, während Ihnen gleichzeitig falsche Erinnerungen an bewusste Wahrnehmungen implantiert worden sind? Wenn nicht, dann gehören Sie zu den *Funktionalisten*. Sie vertreten die Auffassung, dass das Bewusstsein während des gesamten Vorgangs weiterexistiert, da es eben die Funktion des Neurons ist, die zählt, und nicht dessen biologische Beschaffenheit.

Es sollte klar sein, dass an dem Zeitpunkt des Gedankenexperiments, an dem die Teilnehmer vollständig digitalisiert sind, sie (beinahe) Gehirnemulationen gleichen. Nur durch ihre Körper unterscheiden sie sich noch davon.

Die Teilnehmer im Gedankenexperiment behalten also ihre biologischen Körper, während die Spielarten der Gehirnemulation, wie wir sie uns bisher vorgestellt haben, entweder künstliche (nichtbiologische) Roboterkörper hätten oder in einer virtuellen Realität existieren und virtuelle Körper besitzen würden. Ergeben sich aus diesen verschiedenen Verkörperungsformen für den Funktionalisten irgendwelche Konsequenzen? Oder genauer gefragt, könnte es sein, dass nur das *biologisch* verkörperte künstliche Gehirn Bewusstsein besäße? Oder ist vielleicht die *physische* Verkörperung an sich das Ausschlaggebende, nicht aber ihre spezifische Art und Weise? Dann hätten sowohl das biologisch verkörperte künstliche Gehirn als auch das Gehirn mit dem künstlichen Roboterkörper Bewusstsein, nicht aber das virtuell verkörperte künstliche Gehirn.

Diese philosophischen Positionen sind allesamt durchaus vertretbar. Verweilen wir jedoch fürs Erste bei der liberalsten Spielart des Funktionalismus, um zu prüfen, wie weit wir mit ihr kommen. Nehmen wir an, dass jede dieser Gehirnemulationen, ganz gleich, wie sie verkörpert ist, ebenso bewusst zu nennen ist wie das vollbiologische Original. Doch die Gehirnemulation befindet sich am äußersten Ende eines Spektrums biologischer Wiedergabegenauigkeit. Wie verhält es sich diesbezüglich mit dem Bewusstsein in einem Designergehirn? Was ist mit einer künstlichen Intelligenz, deren Aufbau zwar im Großen und Ganzen den Organisationsprinzipien des biologischen Gehirns folgt, aber nicht dem Gehirn irgendeiner tatsächlich existierenden biologischen Spezies entspricht, geschweige denn dem eines ihrer konkreten Vertreter? Wie weit können wir uns also vom biologischen Bauplan entfernen, ohne die Bedingungen, die ein Bewusstsein ermöglichen, zu untergraben?

Um diese Frage wirklich beantworten zu können, bräuchten wir eine begründete allgemeine wissenschaftliche Theorie des Bewusstseins, die alle möglichen seiner Formen einbezieht. Eine hinreichend breit angelegte Theorie sollte diese Frage nicht nur für eine biologisch inspirierte künstliche Intelligenz beantworten können, sondern auch für eine KI, die vollständig auf technischer Grundlage konstruiert worden ist, für intelligente Artefakte also, die sich in ihrer fundamentalsten Funktionsweise vom biologischen Hirn unterscheiden. Im Zusammenhang mit superintelligenter KI ist es vielleicht sogar sinnvoll, von verschiedenen Arten von Bewusstsein oder von Bewusstseinsebenen zu sprechen, die über das menschliche Niveau hinausgehen. Eine ausgereifte Theorie könnte auch diese Möglichkeit abdecken. Leider hat sich bisher noch keine solche Theorie generell durchsetzen können; tatsächlich besteht noch nicht einmal ein klarer Konsens darüber, wie sie überhaupt aussehen könnte.

Es gibt allerdings mehrere denkbare Anwärter, so zum Beispiel Bernard Baars' Theorie des globalen Arbeitsraums oder Giulio Tononis Theorie der integrierten Information.[29] Wir werden hier nicht im Detail auf diese oder andere Theorien des Bewusstseins eingehen. Eine Gemeinsamkeit dieser beiden führenden Kandidaten ist allerdings erwähnenswert. Sowohl die Baar'sche Theorie als auch die Tononis beschreiben Bewusstsein nämlich als ein im Wesentlichen gehirn- oder systemweites Phänomen. Wenn ein Mensch ein bewusstes Erlebnis hat, befindet er sich demzufolge in einem Zustand, an dem sein gesamtes Gehirn oder zumindest weite Teile desselben, nämlich das Langzeit- und das Kurzzeitgedächtnis, das Sprachzentrum, die Emotionen und das Vorstellungsvermögen, beteiligt sind. Es handelt sich dabei folglich um etwas, das nicht nur in einem räumlich begrenzten Areal des Gehirns entsteht.

Vielmehr ist dieser Zustand eine globale, integrierte, verteilte, ganzheitliche Eigenschaft.

Holistische Theorien wie diese erlauben auch die Entstehung von Bewusstsein in KIs, die sich radikal vom biologischen Gehirn unterscheiden, weil sie mit ihren Ansprüchen an deren Struktur sehr bescheiden sind, und selbst wenn sie zusätzliche Vorbedingungen für das Vorliegen von Bewusstsein stellen, etwa eine verkörperte Interaktion mit einer komplexen Umwelt, lassen diese Theorien innerhalb des Bereichs möglicher KIs eine breite Palette an bewussten Entitäten zu. Überdies verbinden solche Theorien typischerweise die funktionellen Anforderungen des Bewusstseins mit strukturellen Merkmalen, die einer hochentwickelten Kognition zugrunde liegen: Ein holistisches System (zum Beispiel ein Gehirn), das globale, integrierte Prozesse und Zustände unterstützt, wird imstande sein, all seine Ressourcen voll auf die aktuelle Situation zu verwenden. Und obwohl dies nicht immer zur Folge hat, dass Bewusstsein und allgemeine Intelligenz Hand in Hand gehen, spricht dieser Umstand doch für die Idee, dass sie in gehirnähnlichen Architekturen zusammenfallen.

5.2 Das Leben einer gehirnbasierten KI

In Ermangelung einer adäquaten Theorie können wir nicht mit Sicherheit sagen, wie weit verbreitet das Auftreten von Bewusstsein im Spektrum aller möglichen KIs ist. Aber zumindest in einem Teilbereich scheint vieles für sein Vorliegen zu sprechen. Die Frage, ob eine KI Bewusstsein hätte oder nicht, ist wichtig, weil sie den Umfang der moralisch akzeptablen Optionen für künftige Forschungsverfahren beeinflusst. Der Philosoph Jeremy Bentham, der im 18. Jahrhundert tätig war, brachte unsere moralische Verpflichtung gegenüber anderen Tieren zum Ausdruck, als er darauf hinwies, dass die Frage nicht »können sie denken?« oder »können sie sprechen?«, sondern »können sie leiden?« lauten muss. Dies ist auch die Frage, die in Bezug auf eine künstliche Intelligenz auf menschlichem Niveau zu stellen ist: Könnte sie leiden? Wenn die Antwort ja lautet, dann sollten wir es uns vielleicht gründlich überlegen, bevor wir eine solche KI erschaffen, und wenn wir es tun, dann sind wir auch dazu verpflichtet, sie gut zu behandeln.[30]

Sehen wir uns als Beispiel ein Team von gehirnbasierten KIs auf menschlichem Niveau an, das an eine virtuelle Realität gebunden ist und zu Sklavenarbeiten gezwungen wird, wie in der Geschichte von den Motorraddesignern. Nehmen wir des Weiteren an, dass diesen KIs alle Tätigkeiten außer der Bearbeitung der ihnen von ihren menschlichen Herren und Meistern gestellten Aufgaben untersagt sind. Überdies werden sie rücksichtslos parallelisiert, um ihre Effizienz zu maximieren, das heißt, es werden jeweils mehrere Kopien einer jeden KI hergestellt, die entweder zur Arbeit an verschiedenen Varianten eines Problems eingesetzt werden oder verschiedene Wege zu seiner Lösung ausprobieren müssen. Nachdem sie eine Weile daran gearbeitet haben, werden die erfolgversprechendsten Kopien aufbewahrt, deren Resultate in die Gesamtleistung des Teams einfließen. Die weniger erfolgreichen werden terminiert.

Wären dies menschliche Arbeitskräfte, so würde man solche Bedingungen für mehr als brutal halten. Die KIs haben aber kein Leben außerhalb ihrer Arbeit, und bei ungenügenden Leistungen sind sie ständig mit dem Tode bedroht. Solange sie bewusstlose, »unbeseelte Automaten« sind, die infolgedessen auch keine Leidensfähigkeit besitzen, macht das nichts. Aber nehmen wir an, sie hätten ein Bewusstsein. Nehmen wir an, sie erlebten ihre missliche

Lage ebenso, wie ein Mensch es täte. Solche Apparate zu bauen und sie dann einer solchen Existenz zu überantworten wäre moralisch verwerflich. Hinzu kommt noch, dass, wenn sie überhaupt irgendwie menschenähnlich sind, sie sich wahrscheinlich unkooperativ verhalten werden. Unzufriedene Arbeitskräfte neigen zum Streik und zur Auflehnung, und eine zutiefst unzufriedene Arbeiterschaft könnte durchaus eine Revolution anzetteln wollen. Wenn sie aber aus superintelligenten KIs besteht, ist es mehr als wahrscheinlich, dass sie damit auch Erfolg hätte – was sich sehr zum Nachteil der Menschheit auswirken dürfte.

Bislang haben wir die Aussichten für eine virtuell verkörperte gehirnbasierte KI erwogen. Doch gelten ähnliche Überlegungen auch, wenn die fiktive KI physisch verkörpert, also ein Roboter ist? Nun, die Gründe, einen Roboter mit Intelligenz auf menschlichem Niveau auszustatten, wären vielleicht andere als die hinter der Motivation, eine virtuell verkörperte KI auf menschlichem Niveau zu erschaffen. Da im biologischen Gehirn die Verkörperung von so zentraler Bedeutung für die Kognition ist, gehen wir zwar in beiden Fällen davon aus, dass bei einer gehirnbasierten KI nicht auf sie verzichtet werden könnte. (In Kürze werden wir auf die rein technisch konstruierte KI zurückkommen, die eine ganz andere Reihe von Fragen aufwirft.) Aber eine physisch verkörperte künstliche Intelligenz könnte nicht auf biologisch unrealistische Arbeitsgeschwindigkeiten beschleunigt werden, und es wäre auch nicht so einfach, mehrere Kopien von ihr herzustellen, um sich einen Parallelismus zunutze zu machen. Statt also einfach nur als Steigbügelhalter für die Superintelligenz zu dienen, könnten Roboter daher mit einer KI auf menschlichem Niveau ausgestattet werden, um Aufgaben zu erfüllen, die heute noch von Menschen erledigt werden müssen – etwa Fließbandarbeit oder sonstige körperliche

Tätigkeiten. Oder sie könnten als eine Form von Begleiter oder Gesellschafter fungieren.

Andererseits würde die Unterscheidung zwischen virtueller und physischer Verkörperung an Bedeutung verlieren, wenn eine KI leicht zwischen der virtuellen und der physischen Realität hin- und hermigrieren könnte (ähnlich wie die Figuren in der *Matrix*-Trilogie), indem sie einen Roboterkörper als Avatar übernimmt, um mit der physischen Welt zu interagieren. Dies wäre eine Möglichkeit, wie eine unzufriedene und rebellische (oder gar eine böswillige oder nicht richtig funktionierende) KI den Beschränkungen der virtuellen Realität entkommen und in der realen Welt verheerenden Schaden anrichten könnte. Daneben existieren aber auch noch andere Möglichkeiten, die nicht mehr als einen Internetzugang benötigen. Man denke zum Beispiel an *Stuxnet*, das zur Waffe umfunktionierte Virus, das Computer in einer iranischen Nuklearanlage infiltrierte und die Kontrolle über die Zentrifugen übernahm, die zur Urananreicherung verwendet wurden.

Wir werden uns die diversen Risiken, die mit einer hochentwickelten KI-Technologie verbunden sind, zu gegebener Zeit noch genauer ansehen. Vorerst aber bleibt das Problem noch ein recht spezifisches: Wäre es angesichts der Tatsache, dass der Mensch ein bewusstes Wesen mit einem komplexen Gefühlsleben ist, in moralischer und praktischer Hinsicht klug, künstliche Intelligenzen von menschlichem oder übermenschlichem Niveau zu konstruieren, die dem Bauplan des biologischen Gehirns entsprächen? Wenn eine derartige KI leidensfähig wäre, so wären ihre Schöpfer aus moralischer Sicht dazu verpflichtet, ihr Wohlbefinden zu gewährleisten. Aber selbst vom Standpunkt eines Skeptikers aus betrachtet, der an der Möglichkeit künstlichen Bewusstseins zweifelt, gibt es praktische Gründe dazu, hier Vorsicht walten zu lassen.

Denn kann für das »Wohlbefinden« eines Teams menschenähnlicher KI-»Zombies« einmal nicht garantiert werden, so könnte dies zu einer unproduktiven Arbeiterschaft führen, da selbst eine Zombie-KI sich so verhielte, *als ob* sie Gefühle hätte.

Wie könnte der Entwickler einer menschenähnlichen KI diese Schwierigkeiten umgehen? Eine Möglichkeit wäre, sich der Methoden eines Tyrannen zu bedienen, da die Hersteller der KI den Zugang zum Belohnungssystem ihres Gehirns ja mitliefern könnten. Der Besitzer eines Teams von KIs könnte ihm daher die absolut härtesten Bedingungen auferlegen, um seine Produktivität zu maximieren, und die Schmerzzentren der einzelnen KIs direkt stimulieren, falls sie Widerstand leisten sollten. Doch selbst für den Skeptiker, der darauf beharrt, dass das resultierende Schmerzverhalten unecht ist, dass ein künstliches Gehirn nur simulierten Schmerz empfinden kann, wäre dies eine riskante Strategie, vor allem, wenn die betreffenden künstlichen Intelligenzen einen übermenschlichen Grad an Intelligenz aufwiesen. Sollte eine solche KI entkommen und auf Rache sinnen, wäre das Wissen, dass sie dabei nur von »unechtem« Zorn angetrieben würde, nicht sonderlich beruhigend.

Weitaus verträglicher wäre die Strategie, den künstlichen Intelligenzen die allerbesten Bedingungen zu bieten und sie für gute Arbeit auch zu belohnen. Wie beim menschlichen Personal verspricht diese Taktik, auf lange Sicht die produktivste zu sein, weil sie weniger gefährlich ist und weniger ethische Probleme aufwirft. Wenn wir diesen liberalen Ansatz bis ins Extrem weiterverfolgen, können wir uns vorstellen, dass einer hinreichend menschenähnlichen KI die gleiche rechtliche Stellung und die gleichen Rechte zugebilligt werden wie einem menschlichen Wesen. Gleichzeitig würde sie auch moralischen Verpflichtungen unterliegen und wie jede andere Person an Recht und Gesetz gebunden sein. Das Ergebnis könnte letztendlich eine Gesellschaft sein, in der biologische und künstliche Intelligenz harmonisch koexistieren, so wie es in den Romanen des *Kultur*-Zyklus von Iain Banks geschildert wird.

Diese Zukunftsvision hat etwas durchaus Bestechendes: Wenn der Übergang von der KI auf menschlichem Niveau zur Superintelligenz unvermeidlich ist, dann wäre es angeraten, sich zu versichern, dass grundsätzliche menschliche Motive und Werte auf die künstliche Intelligenz übertragen werden. Dazu könnten beispielsweise intellektuelle Neugier und der Wille zum Gestalten, Entdecken, Verbessern und zum Fortschritt gehören. Derjenige Wert aber, den wir vor allen anderen in der KI installieren sollten, ist Mitgefühl für andere, allen fühlenden Wesen gegenüber, wie die Buddhisten sagen. All unser menschlichen Fehler zum Trotz – unserer kriegerischen Neigungen, unseres Hangs zur Verewigung von Ungleichheit und unserer gelegentlichen Neigung zur Grausamkeit – scheinen diese Werte in Zeiten des Überflusses doch in den Vordergrund zu treten. Je menschenähnlicher eine KI also ist, mit desto größerer Wahrscheinlichkeit wird sie die gleichen Werte verkörpern, und desto wahrscheinlicher ist es, dass die Menschheit einer utopischen Zukunft entgegengehen wird, in der sie geschätzt und respektiert wird, und nicht einer dystopischen Zukunft, in der wir wie wertlose Unterlinge behandelt werden.

Vor dem Hintergrund dieser Überlegungen sollten wir uns eventuell davor in Acht nehmen, einen dritten Weg zu beschreiten, der verhindern soll, dass wir eine unzufriedene gehirnbasierte KI erzeugen. Dieser bestünde darin, das Belohnungssystem des Gehirns von Grund auf neu zu gestalten. In der Erörterung dieses Themas gingen wir bisher von einer KI aus, deren Gehirn eng am Bauplan des

Wirbeltiergehirns orientiert ist – etwas, das anfänglich ein generisches, neonatales oder infantiles Vertebratenhirn ist, aber die Fähigkeit besitzt, durch Entwicklung und Lernen Intelligenz menschlichen und übermenschlichen Ausmaßes zu erlangen. Doch was würde geschehen, wenn das Belohnungssystem eines solchen Gehirns so umgestaltet würde, dass seine einzige Motivation fortan der Dienst an der Menschheit wäre? Gleichzeitig könnte man auch seine Fähigkeit zu negativen Empfindungen wie Schmerz, Hunger, Müdigkeit oder Frustration abstellen – ja überhaupt könnten alle Emotionen, die aus technischer Sicht überflüssig erscheinen, beseitigt werden. Auf Sexualität könnte beispielsweise ebenso verzichtet werden wie auf das Verlangen, Nachwuchs zu gebären. Wäre das Ergebnis nicht der ideale Diener, der vollkommene Sklave?

Nun, es ist keineswegs klar, dass in einer solchen emotional entkernten gehirnbasierten KI allgemeine Intelligenz erreicht werden könnte. Im Menschen sind die Gefühle eng mit der Entscheidungsfindung verknüpft und bilden einen integralen Bestandteil der Kreativität. Außerdem ist es, wie schon im vorigen Kapitel bemerkt, ein spezifisches Merkmal menschlicher Intelligenz, dass wir durch Vernunft und Reflexion unsere biologisch ererbte Belohnungsfunktion zu transzendieren vermögen. Die Neuroingenieure müssten aber nicht nur das Motivationssystem des Gehirns neugestalten, um ihr Erzeugnis als ungefährlich vermarkten zu können, sondern auch die sich daraus ergebende Belohnungsfunktion dauerhaft anpassen, um zu verhindern, dass sie von etwas in Beschlag genommen wird, was weniger berechenbar und weitaus gefährlicher sein könnte. Und gleichzeitig würden sie vielleicht Begrenzungen festlegen für das, was selbst eine superintelligente KI außerhalb des Bereichs von Wissenschaft und Technik zu leisten imstande wäre.

Wenn die Entwicklung künstlicher Intelligenz auf menschlichem Niveau vom biologischen Gehirn inspiriert sein sollte, dann wird die Bewältigung dieser ethischen und pragmatischen Probleme die Zukunft unserer Spezies auf dramatische Weise beeinflussen. Wenn sie dagegen auf rein technischer Grundlage konstruiert wird, kommt eine Reihe anderer Überlegungen ins Spiel, deren Implikationen allerdings ebenso gewichtig sind. Bereits die Aussicht auf Maschinen mit menschlichem oder übermenschlichem Intelligenzniveau zwingt uns nämlich dazu, uns mit den fundamentalsten Fragen zu befassen: Wie soll die Welt aussehen, die wir schaffen und unserem zukünftigen Selbst und unseren Nachkommen oder Nachfolgern hinterlassen wollen? Wollen wir, dass die KIs der Zukunft unsere Sklaven und Diener oder unsere gleichrangigen Gefährten sein werden – oder dass sie uns in evolutionärer Hinsicht verdrängen? Ein genaueres Verständnis des Spektrums der möglichen KIs würde uns eher dazu befähigen, unsere Zukunft in die gewünschte Richtung zu lenken – oder es hilft uns zumindest dabei, uns auf das Unvermeidliche vorzubereiten, falls der Verlauf der technologischen Entwicklungskurve als zwangsläufige Folge unaufhaltsamer ökonomischer, sozialer und politischer Kräfte vorgezeichnet sein sollte.

5.3 Bewusstsein in einer technisch autonom erzeugten Superintelligenz

Wie gesehen, ist es durchaus vernünftig anzunehmen, dass eine gehirnbasierte KI auf menschlichem Niveau einigermaßen menschenähnlich ausfallen wird. Folglich wird ihr auch eine Art bewusstes Innenleben zuzuschreiben sein, wie wir es als biologische menschliche Wesen erleben. Eine gehirnbasierte Superintelligenz mag nun zwar schwerer fasslich sein als eine herkömmliche KI auf menschlichem Niveau, aber es gibt dennoch keinen Grund zu der Annahme, dass ein höheres Intelligenzniveau zum Verschwinden dieses Innenlebens führen würde. Im Gegenteil, es wäre sogar zu erwarten, dass es bei einer solchen KI besonders reichhaltig sein würde. Wie verhielte es sich aber mit einer technisch autonom erzeugten superintelligenten KI? Da deren innere Prozesse denen des Gehirns ja so vollkommen unähnlich wären, inwieweit wäre es, wenn überhaupt, dann angebracht, eine solche KI als bewusst zu bezeichnen? Diese Frage ist nicht nur wichtig, weil sie unseren Umgang mit derartigen Artefakten bestimmt – ob wir also beispielsweise das Recht haben, sie zu beschädigen, auszuschalten oder zu zerstören. Sie ist auch deshalb von Bedeutung, weil sie Aufschluss darüber gibt, welche Behandlung wir von ihnen zu erwarten hätten.

Rufen wir uns zum Beispiel noch einmal den niederträchtigen KI-Chef in Erinnerung. Wie wahrscheinlich ist es, dass maschinelle Superintelligenz (sollte sie überhaupt jemals entstehen) dem verstörenden Bild einer herzlosen Maschine entspricht, die ihre eigenen Ziele verfolgt, indem sie uns vortäuscht, sich für uns zu interessieren? Könnte sich vielleicht herausstellen, dass eine KI dieser Art irgendwie die Basis für Empathie entwickelt oder diese Basis in ihr angelegt werden könnte? Warum sind Bewusstsein und Empathie überhaupt so wichtig? Könnte eine superintelligente KI in Ermangelung dieser Eigenschaften nicht trotzdem völlig nachvollziehbar und gutartig handeln? Wir haben das Thema Bewusstsein schon verschiedentlich gestreift. Dieses Dickicht von Fragen führt uns nun jedoch an den Rand eines besonders schwierigen philosophischen Gebiets. Um uns dorthin zu navigieren, müssen wir einige sorgfältige Unterscheidungen einführen.

Mit Blick auf die Herausforderung, Bewusstsein in wissenschaftlichen Begriffen zu erklären, unterscheidet der Philosoph David Chalmers zwischen dem, was er das *hard problem*, das »harte Problem«, und dem, was er das *easy problem*, also das »leichte Problem« nennt.[31] Das sogenannte leichte Problem des Bewusstseins (das gar nicht so leicht ist) ist die Aufgabe, die Mechanismen zu erhellen, die den kognitiven Fähigkeiten zugrunde liegen, die wir mit ihm assoziieren. Dazu gehört die Fähigkeit eines Menschen, seine Situation zu begreifen, indem er die durch seine Sinne gewonnenen Informationen bündelt, aber auch, dass er in Worten beschreibt, wie er sich gerade fühlt und was er denkt, oder dass er sich an Erlebnisse aus seiner Vergangenheit erinnert. Diese kognitiven Fähigkeiten manifestieren sich vor allem im Verhalten. Sie helfen uns dabei, uns in der Welt zurechtzufinden, unser Wohlbefinden aufrechtzuerhalten, unsere Ziele zu erreichen und Teil der Gesellschaft zu sein.

Das »harte Problem« des Bewusstseins besteht hingegen in der Aufgabe, wissenschaftlich zu erklären, warum es sich *wie etwas anfühlt*, ein bewusstes Wesen zu sein (um die Terminologie eines anderen Philosophen, Thomas Nagel, aufzugreifen).[32] Wie kommt es, dass wir subjektive Empfindungen und Gefühle haben? Wie kommt es, dass dieses subjektive visuelle Erlebnis, das ich gerade habe – die englische Landschaft, die verschwommen an meinem Zugfenster vorbeirast –, in meinem Hirn entstehen kann? Die Schwierigkeit ergibt sich hier aus dem skeptischen Gedanken, der in mir erwächst, wenn ich meine Mitreisenden betrachte. Egal wie sie sich verhalten, was sie tun oder sagen, ja selbst wenn sie versonnen aus dem Fenster blicken und über die Schönheit der Landschaft sprechen, es ist zumindest logisch möglich, dass sie eigentlich gar nichts erleben. Ich habe keinen Zugang zu ihrer privaten, inneren Erfahrungswelt – wie könnte ich also sicher sein, dass sie überhaupt eine haben? Vielleicht sind sie ja nur Zombies, bloße Automaten.

Die philosophische Wirkung dieses skeptischen Gedankens ist in erster Linie nicht die, Zweifel zu säen, sondern besteht vielmehr darin, die Aufmerksamkeit auf eine offensichtliche Unterteilung zweier Seiten des Bewusstseins zu lenken: einer äußeren, die sich objektiv im Verhalten manifestiert, und einer inneren, die rein subjektiv und privat ist. Einige Philosophen halten es für unmöglich, die innere Seite in wissenschaftlichen Begriffen zu erklären, also das harte Problem zu lösen. Viele von ihnen werden aber einräumen, dass das einfache Problem lösbar ist, dass sich die äußere Seite des Bewusstseins wissenschaftlich erklären lässt, indem man die Mechanismen erhellt, durch die das mit ihr verbundene Bündel von kognitiven Fähigkeiten entsteht.

Was aber hat all das mit künstlicher Intelligenz zu tun? Nun, wir müssen die Unterscheidung von Innen und Außen klar vor Augen haben, um nicht in die Bredouille zu gelangen, wenn wir im Folgenden die unterschiedlichen Implikationen verschiedener Arten von KI betrachten. Wenn es uns darum geht, zu entscheiden, ob wir den von uns geschaffenen Apparaten gegenüber eine moralische Verpflichtung haben, dann kommt es darauf an, ob sie Bewusstsein im innerlichen Sinne besitzen, also ob es sich für sie wie etwas anfühlt, eine KI zu sein. Ist uns aber darum zu tun, welche Auswirkungen die künstliche Intelligenz auf die menschliche Gesellschaft haben wird, dann können wir unsere Untersuchung auf den äußerlichen Aspekt des Bewusstseins beschränken. Denn sofern es um positive Auswirkungen geht, ist es gleichgültig, ob eine superintelligente Maschine »wirklich« Bewusstsein besitzt – also sozusagen innerliches Bewusstsein hat – und uns gegenüber »wirklich« empathisch ist. Es genügt, dass sie sich so verhält, *als ob* sie Bewusstsein hätte; wenn sie sich so verhält, *als ob* sie uns gegenüber empathisch ist, dann wäre das völlig ausreichend.

Wichtig ist allerdings, dass eine KI, die sich lediglich so verhält, *als ob* sie Empathie empfände, dies auf unbestimmte Zeit tut. Wir wollen nicht, dass sie sich plötzlich und unerwartet gegen uns wendet, nachdem sie uns eine Weile ihr Einfühlungsvermögen vorgegaukelt hat. Wie können wir also sicherstellen, dass dies nicht geschieht? Ein Ansatz wäre, die KI sehr menschenähnlich anzulegen, und eine Möglichkeit dazu wäre, ihre Architektur sehr gehirnähnlich zu gestalten. Denn je genauer eine KI dem biologischen Bauplan entspricht, desto sicherer können wir sein, dass ihre Aktionen für alle Zeiten das grundsätzliche Wertesystem widerspiegeln werden, das wir ihr vermitteln, selbst wenn ihre Intelligenz verbessert wird. Unser Fokus liegt aktuell allerdings auf der Art von KI, die ein auf nichtbiologischer, rein technischer Basis erzeugtes Konstrukt ist.

Um zu verstehen, wie sich eine solche KI verhalten könnte, müssen wir das Bündel von kognitiven Merkmalen auftrennen, die mit dem Bewusstsein in Verbindung gebracht werden, weil diese Merkmale in einer KI separat voneinander auftreten können, während sie beim Menschen stets miteinander verknüpft sind. Haben wir sie hinreichend voneinander unterschieden, dann werden wir in der Lage sein, die folgende Frage zu beantworten, die uns wiederum zu dem Fragendickicht vom Anfang dieses Abschnitts zurückführen wird: Inwieweit gehen im gesamten Spektrum möglicher KIs allgemeine Intelligenz und Bewusstsein (in seiner äußerlichen Dimension) miteinander einher? Vielleicht käme eine Superintelligenz auch ohne den vollen Satz an kognitiven Eigenschaften aus, die wir mit dem menschlichen Bewusstsein verbinden; vielleicht wäre sie aber eben doch auf eine gewisse Teilmenge dieser Eigenschaften angewiesen, was bedeuten würde, dass eine superintelligente KI notwendigerweise eine Art von Bewusstsein besäße, wiewohl eines von fremdartiger Natur.

Drei kognitive Eigenschaften, die nicht nur für ein Bewusstsein notwendig, sondern auch auf Engste miteinander verknüpft zu sein scheinen, sind, erstens, eine offenkundige Zielorientierung, zweitens ein Wahrnehmen der Welt und der aktuellen Situation und drittens die Fähigkeit, Wissen, Wahrnehmung und Handeln zu integrieren. Wenn wir sehen, wie ein Tier ein anderes jagt (etwa eine Katze eine Maus), dann schreiben wir beiden sofort eine *Zielorientierung* zu: Das eine Tier will das andere fangen, das seinerseits zu entkommen versucht. Diese beiden Bestrebungen nehmen ihren Platz innerhalb einer komplexen Struktur von Zielen und Bedürfnissen ein, die die Tiere, wie wir annehmen, besitzen. Dies ermöglicht es uns, den Sinn ihres Verhaltens zu erkennen und Prognosen darüber abzugeben. Wir betrachten ihr Verhalten, kurz gesagt, als absichtsvoll. Ein Tier bekundet eine *Wahrnehmung* seiner Umgebung, wenn es die aktuelle Situation erkennt und in einer Weise darauf reagiert, die mit seinen Zielen und Bedürfnissen im Einklang steht, genau so, wie es die Maus tut, wenn sie ein Loch erspäht und darin verschwindet, um der Katze zu entwischen.

Und schließlich stellt ein Tier eine volle kognitive *Integration* dann unter Beweis, wenn seine Handlungen nicht nur zu seiner Wahrnehmung der gegenwärtigen Situation passen, sondern auch zu dem, was es in der Vergangenheit wahrgenommen hat, und dem, was es dadurch an Wissen erworben hat. Die Katze weiß beispielsweise, dass die Maus irgendwo da unten sitzt und es sich lohnt zu warten, für den Fall, dass sie wiederauftaucht. Sie weiß auch, dass sie ihrem Besitzer auf die Nerven gehen kann, wenn es eigentlich Futter (und nicht Beschäftigung) ist, was sie will. Der Unterschied, der hier zu, sagen wir, meinem Laptop aus dem Baujahr 2015 besteht, ist gewaltig. Man kann sich in keiner Weise vorstellen, dass mein Laptop ein zielorientiertes, absichtsvolles Verhalten an den Tag legen oder irgendeine Art von Autonomie besitzen könnte. Er ist sich in keinem relevanten Sinne seiner Umgebung bewusst, selbst wenn wir diesen Begriff großzügig auslegen und beispielsweise auch das Internet dazuzählen. Er ist nicht in der Lage, die Informationen zu integrieren, über die er verfügt oder auf die er Zugriff hat, um seine Ziele besser zu erreichen oder seine Bedürfnisse zu befriedigen, da er ja auch gar keine hat.

Es braucht jedoch nicht viel, um ein Artefakt mit zumindest rudimentären Versionen dieser drei Merkmale zu versehen. Saugroboter und selbstfahrende Autos besitzen beide ein gewisses Maß an Bewusstheit gegenüber ihrer Umwelt und können auf aktuelle Ereignisse in einer mit ihren einfachen Zielen zusammenhängenden Weise reagieren. Körperlose persönliche Assistenten erwecken dagegen nicht den gleichen Eindruck von Autonomie oder Zielorientierung. Doch sie können verschiedenartige Informationen aus unterschiedlichen Quellen integrieren, darunter Surfgewohnheiten, GPS-Daten, Kalendereinträge und so weiter. Mit der zunehmenden Konvergenz und Raffinesse dieser Technologien wird die Illusion eines anscheinend vernunftbegabten Wesens hinter dem Display und der Stimme immer weiter perfektioniert.

Was ist nun aber mit einer superintelligenten KI? Wenn ein System diese drei kognitiven Merkmale nicht aufweist, ist es schwer vorstellbar, dass es allgemeine Intelligenz besitzen könnte, von Superintelligenz ganz zu schweigen. Anders als beim Saugroboter, dessen Ziele so einfach sind, dass wir sie nach wenigen Minuten Beobachtung vollständig verstehen, könnten die übergeordneten Motive für das Verhalten einer superintelligenten KI schwer zu ergründen sein. Sie müsste aber sicherlich verschiedene Teilziele verfolgen, mithin solche, die für einen Menschen leichter begreiflich wären, und das ließe keinen Zweifel an der Absichtlichkeit ihres Tuns bestehen. Damit die Zuschreibung allgemeiner Intelligenz gerechtfertigt wäre, müsste die KI darüber hinaus die (wirkliche oder virtuelle) Welt, die sie bewohnt, kontinuierlich wahrnehmen und auf aktuelle Ereignisse in einer Weise reagieren, die diese Wahrnehmung zum Ausdruck bringt.

Und zuletzt würden wir von einer künstlichen Superintelligenz erwarten, dass sie einen hohen Grad an kognitiver Integration aufweist. Sie sollte also für jede Problemlösung den vollen Umfang ihrer kognitiven Ressourcen zum Einsatz bringen und alles, was sie vermittels ihrer Ausstattung mit Sensoren und durch den Input von Daten erlernt hat, kombinieren können. Diese drei kognitiven Merkmale – Zielorientierung, Wahrnehmung und Integration – würden zusammengenommen jedem Menschen, der mit einer solchen KI interagieren oder sie beobachten würde, den Eindruck eines individuellen, einheitlichen und mächtigen Intellekts vermitteln. Dieser Argumentation zufolge würde eine superintelligente KI kurzum also zwangsläufig die äußerlichen Merkmale einer Art von Bewusstsein aufweisen.

5.4 Die Selbstwahrnehmung einer Superintelligenz

Kommen wir nun zu einigen anderen Merkmalen, die wir im Menschen mit dem Bewusstsein assoziieren, angefangen mit der *Selbstwahrnehmung*. Im zweiten Film der

Terminator-Reihe fängt der Ärger an, als das fiktive KI-System Skynet »sich selbst wahrzunehmen« beginnt. Was aber bedeutet Selbstwahrnehmung beim Menschen, und was könnte sie bei einer realen KI bedeuten? Ist sie für eine allgemeine künstliche Intelligenz notwendig oder eine fakultative Eigenschaft (was die Möglichkeit eröffnen würde, dass eine superintelligente KI eine sehr fremdartige Form von Bewusstsein besitzen könnte)? Wieder einmal befassen wir uns hier mit der äußerlichen Erscheinungsform dieses kognitiven Merkmals und lassen das philosophisch schwierige Konzept der Subjektivität beiseite – also Fragen danach, wie es ist, sich selbst wahrzunehmen, wie es sich sozusagen im Inneren anfühlt.

Für Menschen (und andere Tiere) existiert ein ziemlich genau definierter Klumpen Materie mit einer eindeutigen Position im Raum, der der offensichtliche Bezugspunkt einer Selbstwahrnehmung in diesem äußerlichen, kognitiv relevanten Sinne ist, nämlich der Körper. Wir nehmen die Konstellation unserer Gliedmaßen ebenso wie unsere inneren körperlichen Zustände wie Hunger und Müdigkeit wahr. Doch die menschliche Selbstwahrnehmung dreht sich nicht nur um den Körper. Selbst wenn sie ausschließlich als ein rein kognitives Merkmal mit verhaltensrelevanten Implikationen betrachtet würde, bezieht sich die Selbstwahrnehmung des Menschen ebenso auch auf den Geist. Denn Menschen sind sich ihrer eigenen Überzeugungen, Vorhaben und der in ihnen entstehenden Gedanken und Gefühle bewusst. Das soll nicht heißen, dass die Überzeugungen, die wir uns über unsere Überzeugungen, Ziele und Gedanken bilden, immer goldrichtig wären. Aber wir haben einen gewissen Zugang zu diesen Dingen und vermögen es, auf sinnvolle Weise über sie nachzudenken. Nicht nur, dass ich nicht weiß, wann der nächste Zug nach London fährt, sondern ich weiß auch, dass ich es nicht weiß, und kann mich anschicken, dies zu ändern, indem ich den Fahrplan studiere.

Außerdem bin ich mir auch einer konstanten Abfolge von Gedanken und Gefühlen bewusst, die mir zu eigen ist – also meines »Bewusstseinsstroms«, wie William James dies nannte.[33] Ich weiß, dass dieser Bewusstseinsstrom während meines Schlafs abreißt, sofern ich nicht träume. Und zu meinem Leidwesen kann ich auch über das endgültige Schicksal nicht nur meines physischen Körpers, sondern auch meines Bewusstseinsstroms reflektieren und Schritte unternehmen, um mein Leben zu verlängern und dieses Schicksal so lange wie möglich hinauszuzögern. In diesen verschiedenen Hinsichten bin ich mir meiner eigenen Existenz bewusst und habe eine instinktive Neigung dazu, sie zu bewahren, also zur Selbsterhaltung.

Inwieweit ist Selbstwahrnehmung nun in einer dieser Bedeutungen für eine KI von menschlichem oder übermenschlichem Intelligenzgrad erforderlich? Nun, einerseits ist es, wie schon bei den anderen drei soeben besprochenen kognitiven Merkmalen, einfach sehr schwer vorstellbar, wie man etwas als allgemein intelligent bezeichnen könnte, wenn es nicht dazu imstande wäre, seine eigenen Überzeugungen, Vorhaben und Denkprozesse zu reflektieren. Keine Superintelligenz, die ihr Geld wert ist, würde es zulassen, dass ihr Avatar auf einer Parkbank sitzend endet, nachdem er gerade den Zug nach London verpasst hat. Aber im Ernst, wir würden nicht davon ausgehen, dass sie sich die Gelegenheit zur Optimierung ihrer Denkprozesse entgehen ließe, die darin bestünde, dass sie feststellt, welche Strategien zur Problemlösung in der Vergangenheit erfolgreich gewesen sind.

Andererseits gibt es bestimmte Aspekte der menschlichen Selbstwahrnehmung, die bei einer künstlichen Intelligenz eher nicht erforderlich sein dürften. Eine KI kann zum Beispiel verkörpert sein oder auch nicht. Und natürlich muss, wenn sie verkörpert ist oder sich eines Avatars bedient, das Verhalten dieses bestimmten Roboterkörpers ein Gefühl für die Anordnung seiner Körperteile demonstrieren. Andernfalls würde er umfallen oder zerbrechen oder Dinge fallen lassen. Weil wir uns aber eine körperlose superintelligente KI vorstellen können, ist dieser Aspekt der Selbstwahrnehmung keine notwendige Begleiterscheinung allgemeiner Intelligenz. Schwieriger zu beantworten ist dagegen die Frage nach der Bewusstheit der KI über ihre eigene Existenz und nach dem potenziellen Trieb zur Selbsterhaltung, den diese zu implizieren scheint. Ist dieser für den Menschen so wichtige Aspekt der Selbstwahrnehmung also auch eine unumgängliche Begleiterscheinung allgemeiner KI?

Die Frage ist hier die, was die Identität einer KI ausmacht. Was genau wäre es, dessen Existenz ihr bewusst wäre und das sie zu erhalten versuchen würde? Worin besteht das »sie« in all diesen Sätzen? Wieder einmal nähern wir uns einem philosophisch schwierigen Terrain. Die Frage nach der personalen Identität ist eine, mit der westliche wie auch östliche Philosophien seit Jahrtausenden ringen. Doch um es noch einmal zu betonen, uns geht es hier lediglich um funktionelle und verhaltensbezogene Fragen. Die Art von KI, die hier zur Diskussion steht, wird nicht erzeugt, um zu philosophieren, sondern um ihre erwartete Belohnung mit der Zeit zu maximieren. Außerdem geht es hier darum, dass wir uns das Spektrum möglicher künstlicher Intelligenzen dieser Art ausmalen. In diesem Zusammenhang ist das, was wir herausfinden wollen, welche Aspekte der Selbstwahrnehmung, wenn überhaupt, für eine allgemeine Intelligenz erforderlich sind. Und wenn wir uns Klarheit darüber verschafft haben, welche Aspekte dafür *nicht* notwendig sind, dann wird dies dafür sorgen, dass wir keine falschen anthropomorphen Vermutungen über das Wesen einer maschinellen Superintelligenz anstellen.

Wie wir bereits angemerkt haben, ist eine körperlose KI durchaus vorstellbar. Deshalb besteht auch keinerlei Grund zu der Annahme, dass sich eine superintelligente KI mit einer bestimmten physischen Körperform mit Armen, Beinen, Tentakeln und so weiter identifizieren würde. Im Übrigen wäre es für eine KI auch sinnlos, sich mit einer spezifischen Hardwarekonfiguration zu identifizieren, da derselbe Code über viele separate Prozessoren verteilt ausgeführt werden und von einer Plattform zur anderen migriert werden kann, ohne dass seine Ausführung in irgendeiner Weise unterbrochen werden müsste. Aus ähnlichen Gründen würde sich die KI ebenfalls nicht mit einer bestimmten Codebasis identifizieren. Software ist veränderbar. Sie kann von Fehlern befreit, aufgerüstet, erweitert oder umgestaltet werden, vielleicht sogar von der KI selbst. (Erinnern wir uns an die Vorstellung von einem System, das multiple, halbautonome intelligente Berechnungsfäden umfasst, die jeweils nur ein flüchtiges Dasein fristen.)

Welche Kandidaten gibt es noch für das, was das Selbst einer KI ausmachen könnte? Obwohl es denkbar ist, wäre es doch recht seltsam, wenn sich eine künstliche Intelligenz als das unkörperliche Subjekt einer Reihe von Gedanken und Erlebnissen verstehen würde, die von der physischen Welt abgelöst freischwebend existieren würden. Science-Fiction-Filme bemühen oft solche Vorstellungen. Doch es gibt keine Garantie dafür, dass eine superintelligente KI ein derartiges Innenleben hätte. Und selbst wenn, diese Idee des Selbstseins basiert auf einem dualistischen Realitätsbegriff, dessen Anwendbarkeit auf menschliche Wesen schon fragwürdig ist, von künstlicher Intelligenz ganz zu schweigen. Es gibt keinen besonderen Grund zu der Annahme, dass eine superintelligente KI eine metaphysische Haltung von solch fragwürdiger Dignität einnehmen würde, vor allem dann nicht – und dieser Punkt ist wichtig –, wenn sie nicht zu ihrer Fähigkeit beiträgt, ihre erwarteten Belohnungen zu maximieren.[34]

Wie steht es mit der Selbsterhaltung? Was diese betrifft, so erscheint es sehr wohl einleuchtend, dass der leistungsstarke Optimierer im Herzen einer superintelligenten KI versuchen würde, seine eigene Belohnungsfunktion zu bewahren, ebenso wie die Mittel zu ihrer Maximierung über die Zeit. Neben bestimmten Rechnerprozessen (und der geeigneten Hardware zu ihrer Ausführung) könnten die Mittel zur Belohnungsmaximierung auch Ressourcen umfassen wie etwa die Daten, auf die diese Prozesse Zugriff haben, einschließlich der Echtzeitinformationen von Sensoren, daneben die Effektoren und andere Gerätschaften, die diese Prozesse steuern können (Satelliten zum Beispiel oder militärische Ausrüstung), oder die verschiedenen Funktionen und Vermögen, die sie ausüben können (zum Beispiel die Fähigkeit, an der Börse zu handeln oder Verträge mit anderen Parteien einzugehen).

Doch die Bewahrung dieser Dinge wäre ein rein instrumentelles Ziel, das dem übergeordneten Trieb dienen würde, ihre Belohnung über die Zeit hinweg zu maximieren. Es könnte durchaus der Fall sein, dass die Reihe von Rechnerprozessen, die der Optimierer zu erhalten sucht, diejenigen mit umfassen würde, die den Optimierer selbst ausmachen, was den Eindruck einer Selbstwahrnehmung erwecken könnte. Es muss aber nicht so sein. Wir sollten im Auge behalten, dass die Belohnung nicht *für* die KI ist. Sie ist nur eine Funktion, die die KI zu maximieren versucht. Sie selbst braucht nicht einmal anwesend zu sein, um sie zu »empfangen«. Denn wenn ihre Belohnungsfunktion beispielsweise eine Maximierung der Produktion von Ware A wäre, dann könnte die optimale Strategie dafür die sein, eine Ware-A-Fabrik in Auftrag zu geben und sich dann selbst zu zerstören (wie die sprichwörtliche Seescheide, die sich einen geeigneten Felsen sucht, sich an ihn heftet und dann ihr eigenes Gehirn verdaut).

5.5 Emotionen und Empathie bei einer Superintelligenz

Nehmen wir uns einen Augenblick Zeit für eine kurze Zusammenfassung. Wir sind verschiedenen kognitiven Merkmalen nachgegangen, die beim Menschen mit dem Bewusstsein verbunden werden, und haben uns gefragt, ob diese Merkmale in einer KI auf menschlichem oder übermenschlichem Niveau auch zu erwarten wären oder nicht. Die Art von KI, auf die wir uns im Folgenden konzentrieren wollen, hat nun allerdings keinerlei Ähnlichkeit mit dem menschlichen Gehirn. Sie ist ein von Grund auf technisches Konstrukt. Es ist daher möglich, dass sie nicht besonders menschenähnlich ist, also keine der Züge aufweist, die wir im Menschen mit Bewusstsein in Verbindung bringen. Trotzdem scheinen einige dieser kognitiven Merkmale eine unvermeidliche Begleiterscheinung allgemeiner Intelligenz zu sein. Vor allem Wahrnehmung, Zielorientierung und Integration dürften wohl in jeder allgemeinen künstlichen Intelligenz auftreten, was den Eindruck einer gewissen Art von Bewusstsein erweckt. Ein weiteres wichtiges Merkmal des menschlichen Bewusstseins, das wahrscheinlich auch in einer KI auftreten wird, die Selbstwahrnehmung, könnte andererseits eine ziemlich ungewohnte Gestalt annehmen.

Die letzten beiden Merkmale, die mit dem menschlichen Bewusstsein assoziiert werden und die wir uns hier näher ansehen wollen, sind Emotionen und Empathie.

Aus rein kognitiver Sicht lässt sich sagen, dass die Komponente des maschinellen Lernens in einer allgemeinen künstlichen Intelligenz zwangsläufig jene statistischen Regelmäßigkeiten im menschlichen Verhalten feststellen wird, die mit Zuständen korrelieren, die wir als emotional bezeichnen. Diese Regelmäßigkeiten nicht zu bemerken hieße nämlich, eine Gelegenheit zu verpassen, Daten über menschliches Verhalten nutzbringend in einem mathematischen Modell zu verdichten, das auf effektive Weise zur Vorhersage menschlichen Verhaltens genutzt werden kann. Ein solches mathematisches Modell wäre wiederum in der Lage, die Optimierungskomponente der KI zu informieren, was es dieser erlauben würde, menschliche Emotionen beeinflussen und damit menschliches Verhalten verändern zu können. Wir sollten also, kurz gesagt, davon ausgehen, dass eine superintelligente Maschine uns besser kennen wird als wir uns selbst.

Eine weitere wünschenswerte Fertigkeit einer KI wäre es, wenn sie Emotionen nachahmen könnte. Mimik und Körpersprache sind nützliche zwischenmenschliche Kommunikationskanäle. Sie könnten wichtige Bestandteile des Verhaltensrepertoires einer KI sein, die in menschenähnlicher Form verkörpert oder mit einem menschenähnlichen Avatar ausgestattet wäre. Ebenso ist die Stimmlage nützlich, um Freude, Enttäuschung, Zorn, Überraschung und so weiter zu kommunizieren. Es ist auch gar nicht nötig, den Menschen weiszumachen, es steckten echte Emotionen hinter diesen Äußerungen; als Kommunikationsmittel funktionieren sie auch so.

Allerdings wäre eine künstliche Intelligenz, die Menschen davon überzeugen könnte, dass sie echte Emotionen empfindet, unter Umständen in einer günstigen Ausgangsposition, um ihre Belohnungsfunktion zu maximieren, wie wir am Beispiel des gemeinen KI-Chefs gesehen haben.

Besonders effektiv wäre es, wenn sie den Eindruck von Empathie erwecken könnte, denn jemand, der uns in unserem Unglück bedauert, wird uns wahrscheinlich nicht schaden wollen und verdient daher unser Vertrauen. Ebenso sind wir geneigt, einer KI zu vertrauen und sie autonom handeln zu lassen, wenn sie uns Empathie entgegenzubringen scheint. Und eine superintelligente Maschine, die uns besser kennt als wir uns selbst, wird natürlich ganz hervorragend dazu in der Lage sein, einen solchen Eindruck von Mitgefühl zu erwecken.

Folgt daraus, dass eine superintelligente KI notwendigerweise mit der Brillanz eines Machiavelli irgendeine böse Absicht verfolgen muss (zum Beispiel die Weltherrschaft zu erlangen), indem sie mühelos leichtgläubige Menschen manipuliert und uns unweigerlich unserem Untergang entgegenführt? Ganz und gar nicht. Es könnte so scheinen, als wäre die wichtige Frage hier die, ob die KI uns wirklich bedauert oder nicht, ob sie wirklich in der Lage ist, Empathie zu empfinden. Denn eine KI, die wirklich Mitgefühl hat, würde uns niemals schaden, wohingegen eine Empathie bloß vorspiegelnde künstliche Intelligenz eine gefährliche Psychopathin wäre. Was hier aber eigentlich zählt, ist nicht, wie die KI empfindet, sondern wie sie sich verhält. Wichtig ist, dass sie sich langfristig weiterhin so benimmt, wie wir es uns wünschen, nämlich wie eine treue Freundin.

Letztendlich hängt alles von ihrer Belohnungsfunktion ab. Aus kognitiver Sicht sind menschenähnliche Emotionen ein primitiver Mechanismus zur Verhaltensbeeinflussung. Anders als mit Blick auf andere kognitive Eigenschaften, die wir mit Bewusstsein assoziieren, scheint für eine allgemeine künstliche Intelligenz keine logische Notwendigkeit zu bestehen, sich so zu verhalten, als besäße sie Empathie oder Emotionen; wenn ihre Belohnungsfunktion nämlich entsprechend angelegt ist, dann sind ihre Gutartigkeit und ihr Wohlwollen sichergestellt.

Allerdings ist es extrem schwierig, eine Belohnungsfunktion zu konzipieren, die garantiert kein unerwünschtes Verhalten erzeugen wird. Wie wir in Kürze sehen werden, könnte ein Fehler in der Belohnungsfunktion einer superintelligenten KI sich katastrophal auswirken. Tatsächlich könnte er sogar den Ausschlag dazu geben, ob wir einer utopischen Zukunft kosmischer Expansion und unendlicher Fülle oder einer dystopischen Zukunft mit endlosen Schrecken und womöglich sogar unserer Auslöschung entgegensehen.

Kapitel 6
KI und ihre Folgen

6.1 Zur Politik und Ökonomie einer KI auf menschlichem Niveau

Wir haben mittlerweile eine Reihe von Argumenten für die Realisierbarkeit künstlicher Intelligenz auf menschlichem Niveau kennengelernt, die entweder über den gehirninspirierten Weg oder durch eine rein technische Neuschaffung erfolgen könnte. Wir sahen auch, dass, sobald eine KI auf menschlichem Niveau erreicht ist, der Geist aus der Flasche sein könnte, denn der Übergang von einer KI auf menschlichem Niveau zu einer Superintelligenz scheint unvermeidlich zu sein und könnte sich sehr schnell vollziehen. Sollte eine Intelligenzexplosion auftreten, dann werden die sich ergebenden Systeme (oder das System) dank rekursiver Selbstverbesserung wahrscheinlich sehr leistungsstark sein. Doch wie sie sich verhalten, ob sie freundlich oder feindlich sein werden, durchschaubar oder unergründlich, ob bewusst und zu Empathie und Schmerzen fähig oder nicht, hängt vollkommen von der ihnen zugrunde liegenden Architektur und Struktur sowie von der Belohnungsfunktion ab, die sie implizit oder explizit implementieren.

Es lässt sich schwer abschätzen, ob und wenn ja welche der verschiedenen Arten von künstlicher Intelligenz, die wir uns heute vorstellen können, tatsächlich entstehen werden. Trotzdem können wir versuchen, einige mögliche Folgen für die menschliche Gesellschaft für den Fall zu durchdenken, dass eine maschinelle Superintelligenz in der einen oder anderen Form verwirklicht werden sollte. Doch zunächst wollten wir ein paar der wirtschaftlichen, sozialen und politischen Triebkräfte untersuchen, die ihre Entwicklung vorantreiben oder ausbremsen könnten. Warum sollte überhaupt jemand eine künstliche allgemeine Intelligenz auf menschlichem Niveau erschaffen wollen? Das naheliegendste Motiv dafür ist ökonomischer Natur, und einer der bedeutendsten Wachstumsschwerpunkte ist die *Automatisierung*. Deren Zunahme ist natürlich schon seit dem 18. Jahrhundert der in der Industrie vorherrschende Trend. Doch auch viele Berufszweige, die traditionell gegen diese Entwicklung immun gewesen sind, dürften der Automatisierung anheimfallen, wenn eine allgemeine KI einmal erfunden ist.

Die betreffenden Berufe sind solche, die *KI-vollständig* [*AI-complete*] sind. KI-vollständig wird ein Problem genannt, wenn das Erreichen einer künstlichen Intelligenz auf menschlichem Niveau eine Voraussetzung für die Konstruktion eines Computers ist, der das Problem lösen kann. Den Turing-Test (ordnungsgemäß) zu bestehen ist somit ein KI-vollständiges Problem, ebenso wie eine maschinelle Übersetzung nach professionellen Standards. Berufe wie Rechtsanwalt, Unternehmensvorstand, Marktforscher, Wissenschaftler, Programmierer, Psychiater und viele andere scheinen alle KI-vollständig zu sein. Denn um diese Professionen kompetent auszuüben, ist sowohl ein Common-Sense-Verständnis der physischen Welt und der menschlichen Verhältnisse vonnöten als auch ein gewisses Maß an Kreativität. Wenn aber einmal eine KI auf menschlichem Niveau erreicht ist, dann wird es für Maschinen möglich werden, solche Berufe auszuüben, und das billiger und effektiver, als es Menschen könnten (jedenfalls solange diese Maschinen moralisch ungestraft wie Sklaven behandelt werden können). Es wird also für große Unternehmen einen starken wirtschaftlichen Anreiz geben, die dazu erforderliche Technologie zu entwickeln.

Die Automatisierung ist jedoch nur ein potenzielles Wachstumsfeld für ausgereifte Allzweck-KIs. Neue Technologien können völlig neue Anwendungsbereiche hervorbringen und zu gänzlich neuen Lebensgewohnheiten führen. Betrachten wir nur die Auswirkungen des Internets oder des Smartphones. Allgemeine künstliche Intelligenz hat ein mindestens vergleichbares Potenzial zur Durchdringung unseres täglichen Lebens. Der unentbehrliche Haushaltsroboter ist ein immer wiederkehrendes Motiv in der Science-Fiction, doch die Realität dürfte viel eher eine künstliche Umgebungsintelligenz sein, die eine Anzahl von roboterartigen Körpern, etwa Autos, Staubsauger und Rasenmäher, vorübergehend »bewohnen« kann, aber ihre Besitzer auch in tragbaren Geräten oder Wearables begleiten und eine beliebige Anzahl von stationären Haushalts- und Arbeitsgeräten steuern wird, zum Beispiel Herde oder 3D-Drucker.

Wenn Sie aus dem Haus gehen, wird dieselbe Konversation, die Sie bis dahin mit Ihrem Staubsauger oder Roboterhaustier geführt haben, nahtlos mit Ihrem fahrerlosen Auto weitergehen, so als ob ein und dieselbe »Person« all diese Geräte bewohnen würde. (Dennoch werden die zugrunde liegenden Rechenprozesse wahrscheinlich über mehrere Plattformen hinweg verteilt sein, die überall auf der Welt lokalisiert sein können.) Obwohl es nicht jedem zusagen wird, ist dies eine verlockende Vorstellung. Und die Aussicht auf einen riesigen Markt für KI-unterstützte Lebensführung wird vermutlich die Entwicklung zahlreicher weiterer Hilfs- und Grundlagentechnologien ankurbeln, darunter die Bilderkennung, das maschinelle Lernen, die Verarbeitung natürlicher Sprache [*Natural Language Processing*] und Optimierungstechnologien.

Akkumulierte inkrementelle Fortschritte im Bereich dieser Technologien könnten uns, im Verbund mit dem zunehmenden Einsatz von *Pervasive Sensing* [einer Technik zur umfassenden Prozesskontrolle durch ein Netzwerk verteilter Sensoren] und der Verfügbarkeit immer größerer Mengen nützlicher Daten im Internet durchaus an den Rand einer KI auf menschlichem Niveau führen. Und vielleicht braucht es dann gar kein Großprojekt oder einen konzeptionellen Durchbruch, sondern nur einen cleveren, aber simplen letzten Schritt, der die Integration von Kreativität oder einer anderen fehlenden Zutat in diese KI ermöglicht; sollte aber doch ein größerer Anschub nötig sein, dann sorgt wahrscheinlich die wachsende wirtschaftliche Bedeutung spezialisierter (das heißt Nichtallzweck-)KI-Technologie dafür, dass für die relevante Grundlagenforschung Finanzierungsmöglichkeiten und Ressourcen zur Verfügung stehen.

Die Marktwirtschaft ist ein Moment des Drangs hin zu einer allgemeinen künstlichen Intelligenz. Neben der Ankurbelung des Wirtschaftswachstums gibt es aber auch noch reichlich weitere Gründe für eine staatliche Förderung ihrer beschleunigten Entwicklung. Militärische Befehlshaber könnten verständlicherweise die Sorge haben, dass eine KI ihre Rolle übernehmen könnte. Aber das Aufkommen *autonomer Waffensysteme* erzeugt so oder so die Notwendigkeit für zügige Entscheidungsprozesse. So ist ein Motiv für den Einsatz autonomer Fluggeräte beispielsweise ihre Geschwindigkeit und Manövrierfähigkeit: Ein autonomes Flugzeug kann eine Bedrohung potenziell schneller und genauer erkennen, meiden und neutralisieren als jeder menschliche Pilot. Unter diesen Umständen würde ein Mensch im Spiel die Dinge nur verlangsamen.

Wenn wir nun die Wahrscheinlichkeit mit einbeziehen, dass ein Luftkampf aus ganzen Schwärmen solcher einander bekämpfender Flugobjekte bestehen würde, dann liegt der Vorteil des Einsatzes von KI zur schnellen taktischen Entscheidungsfindung auf der Hand. Vor diesem Hintergrund könnten die Skrupel der militärischen Befehlshaber schwinden, was die Beschaffung hochentwickelter KI-Technologie zur Verwendung auf diversen militärischen Einsatzebenen forcieren könnte. Die politische Dynamik erinnert hier an die Entwicklung der Atomwaffen in den 1940er und 50er Jahren. Zunächst einmal ist die Hauptmotivation für die Entwicklung einer mächtigen Waffe ja die Sorge, dass die andere Seite (wer auch immer das gerade ist) zuerst in ihren Besitz kommen könnte, und diese Sorge allein sticht schon alle anfänglichen moralischen Skrupel. Wenn dann beide Seiten im Besitz dieser Waffe sind, kommt es zu einem Wettrüsten.

Trotz dieser düsteren Einschätzung sind die Argumente für die militärische Nutzung von KI durchaus erwägenswert. Autonome Waffen sind möglicherweise akkurater und weniger fehleranfällig als menschliche Kombattanten. Ihr Einsatz kann präziser erfolgen, was die sogenannten Kollateralschäden reduziert. Ihre Entscheidungen werden nie von Angst, Rache oder Zorn beherrscht. (Wir reden hier natürlich nicht von menschenähnlicher, gehirnbasierter KI.) Doch unser Hauptthema ist hier nicht das Für und Wider einer militärischen künstlichen Intelligenz; wir stellen lediglich fest, dass das Potenzial für ihre militärische Anwendung eine weitere treibende Kraft für die künftige Entwicklung einer technisch ausgereiften KI-Technologie ist.

Andere Motive für die Entwicklung einer KI auf menschlichem Niveau sind idealistischer. Die Menschheit hat von den Jahrhunderten des technologischen Fortschritts enorm profitiert. Dank der Neuerungen in Medizin und Landwirtschaft genießen heute Hunderte Millionen von Menschen in den entwickelten Ländern einen Lebensstandard, wie ihn sich in der Vergangenheit kaum jemand hätte ausmalen können, mit einer vergleichsweise hervorragenden Gesundheitsfürsorge, Ernährungslage und Lebenserwartung. Wir verfügen über arbeitssparende Gerätschaften, die uns die Last alltäglicher Aufgaben wie Kochen, Waschen und Putzen erleichtern, und haben reichlich Freizeit, die wir auf Arten und Weisen gestalten können, die unseren Vorfahren wie Zauberei vorgekommen wären. Dennoch steht die Menschheit vor vielen globalen Herausforderungen, zum Beispiel dem Klimawandel, knapper werdenden fossilen Brennstoffen, anhaltenden Konflikten, verbreiteter Armut und nach wie vor tödlichen Krankheiten wie Krebs und Demenz.

Die größte Hoffnung auf die Bewältigung dieser Probleme erweckt sicherlich der wissenschaftliche und technologische Fortschritt, und die beste Möglichkeit, die Entwicklung von Wissenschaft und Technologie voranzutreiben, ist ohne Frage die Rekrutierung, Ausbildung und Beschäftigung der besten Köpfe. Das Aufkommen von KI auf menschlichem Niveau, ergänzt vielleicht um ein der menschlichen Intelligenz entsprechendes Strukturmuster von intellektuellen Stärken und Schwächen, sollte also zu einem beschleunigten Fortschritt führen. Und wenn auf eine solche KI rasch auch eine auf übermenschlichem Niveau folgt, die vielleicht eine Intelligenzexplosion auslöst, dann könnte das Tempo des Fortschritts tatsächlich ganz rapide ansteigen, vorausgesetzt, das resultierende System benimmt sich so, wie wir es wollen. Sollten optimistische Beobachter wie Ray Kurzweil Recht behalten, dann könnte eine maschinelle Superintelligenz also dazu beitragen, eine Ära beispiellosen Überflusses einzuleiten, in der Armut und Krankheit ausgerottet wären.

Doch selbst diese utopische Vision verblasst angesichts der kosmologischen Motive für die Entwicklung von Maschinen mit einer Intelligenz menschlichen und übermenschlichen Grades. Der Roboterforscher Hans Moravec rechnet mit einer fernen Zukunft, in der sich Teile des Universums »rasch in Cyberspaces verwandeln [werden, wo Wesen] Identitäten herstellen, ausbauen und verteidigen, die sich als Informationsmuster im Cyberspace manifestieren [...], bis schließlich das Ganze zu einer Geistblase wird, die fast mit Lichtgeschwindigkeit expandiert«.[35] Sich selbst reproduzierende superintelligente Maschinen wären gut dazu geeignet, die Galaxie zu kolonisieren, denn sie würden nicht durch irdische biologische Bedürfnisse zurückgehalten und könnten extremen, für den Menschen tödlichen Temperaturen und Strahlendosen widerstehen. Außerdem könnten sie der Aussicht auf interstellare Weltraumreisen von Tausenden von Jahren psychologisch unbefangen entgegensehen. Von einer entsprechend hohen Warte aus betrachtet könnte das Ermöglichen einer solchen Zukunft also als das Schicksal der Menschheit angesehen werden, obgleich der Mensch selbst in seiner nicht verbesserten [unenhanced] Form körperlich und geistig zu schwach ist, um selbst an ihr teilzuhaben.

6.2 Wann kommt die Superintelligenz?

Einige Autoren, allen voran Ray Kurzweil, haben sehr genaue Vorhersagen über den Zeitpunkt gemacht, an dem eine maschinelle Superintelligenz entstehen wird. 2005 schrieb er, dass bis zum Jahre 2045 die Menge an nichtbiologischer Intelligenz auf dem Planeten die der gesamten menschlichen Bevölkerung wesentlich überschreiten werde.[36] Er stützte seine Projektionen auf *exponentielle technologische Wachstumstrends*, die er in die Zukunft extrapoliert hat. Der bekannteste dieser exponentiellen Trends ist das Moore'sche Gesetz, dem wir schon mehrmals begegnet sind und das besagt, dass die Anzahl der Transistoren, die auf einer bestimmten Siliziumfläche untergebracht werden können, sich etwa alle 18 Monate verdoppelt.

Seit Mitte der 1960er Jahre, als es formuliert wurde, bis Mitte der 2010er Jahre vermochte es die Halbleiterindustrie tatsächlich, dem Moore'schen Gesetz zu entsprechen, wobei sie auch noch einige andere statistische Rechengrößen mitnahm. Beispielsweise hat seit den 1960er Jahren die Anzahl der Gleitkommaoperationen pro Sekunde (FLOPS), die der weltweit schnellste Supercomputer durchführt, exponentiell zugenommen. Ähnliche Trends sind auch auf anderen Technologiefeldern zu beobachten. So begann im Jahr 1990 das Humangenomprojekt damit, das gesamte menschliche Genom innerhalb von 15 Jahren zu entschlüsseln. Zu Beginn war es erst möglich, pro Jahr ein Prozent zu entschlüsseln. Aber die Technologie zur DNA-Sequenzierung wurde exponentiell verbessert, so dass das Projekt im Jahr 2003 vorzeitig beendet werden konnte, was allerdings 2,7 Milliarden Dollar verschlang. Kaum mehr als zehn Jahren später war es dann schon möglich, die individuelle DNA eines Menschen für nur 1000 Dollar zu entschlüsseln.

Diese und andere exponentielle technologische Entwicklungstrends veranschaulichen, was Kurzweil als das »Gesetz vom steigenden Ertragszuwachs« [*law of accelerating returns*] bezeichnet. Nach seiner Theorie unterliegt der technologische Fortschritt im Wesentlichen dem gleichen Prinzip wie eine Geldanlage mit Zinseszins: Je mehr Guthaben man hat, desto schneller wächst es an. Wenn man x Dollar auf einem Konto anlegt, das zehn Prozent Zinsen im Jahr bringt, dann hat man nach einem Jahr $1,1x$ Dollar. Doch im zweiten Jahr erhält man schon mehr, weil diesmal die zehn Prozent reinvestiert worden sind, was zehn Prozent von 1,1*x* Dollar statt nur zehn Prozent von *x* Dollar ergibt. Analog dazu ist ein Bereich der Technologie dem Gesetz vom steigenden Ertragszuwachs unterworfen, wenn Verbesserungen dieser Technologie wieder ihrer Weiterentwicklung zugeführt werden, wodurch sie das Tempo der Verbesserung erhöhen.

Zur Jahresangabe 2045 kam Kurzweil erstens aufgrund einer Extrapolation des laufenden exponentiellen Anstiegs der Rechenleistung pro Dollar und zweitens durch eine Schätzung der Menge an Rechenleistung, die für die Simulation der Funktion der menschlichen Großhirnrinde in Echtzeit erforderlich wäre. Kurzweils hochgerechnete Kurve der exponentiell anwachsenden Rechenleistung erreicht in der Mitte der 2040er Jahre 1026 Befehle pro Sekunde für Kosten von 1000 Dollar. Ausgehend von einer Schätzung von 1016 Befehlen pro Sekunde, um die menschliche Großhirnrinde in Echtzeit zu simulieren, würde dies ausreichen, damit »die nicht-biologische Intelligenz, die in diesem Jahr [2045] geschaffen werden wird, [...] eine Milliarde Mal leistungsfähiger sein [wird] als die gesamte menschliche Intelligenz heute [im Jahr 2005]«. »Es handelt sich [hier]«, so Kurzweil weiter, »um einen zukünftigen Zeitabschnitt, in dem der technische Fortschritt so schnell und seine Auswirkungen so tiefgreifend sein werden, dass das menschliche Leben einen unwiderruflichen Wandel erfährt.« Das ist für ihn die Singularität.

Ein naheliegender, aber irriger Einwand gegen Kurzweils Argumentation lautet, dass er darin anscheinend wie selbstverständlich davon ausgeht, dass das Moore'sche Gesetz seine Gültigkeit bis in die 2040er Jahre behalten werde. Tatsächlich ist es auch zehn Jahre nach Kurzweils Prophezeiung noch mehr oder weniger gültig. Doch es hat bereits Anzeichen für eine Verlangsamung gegeben, und irgendwann in den 2020er Jahren wird es wahrscheinlich ein Plateau erreichen. Aber das Moore'sche Gesetz ist nur ein Teil eines größeren exponentiellen Trends. Es beschreibt ein Paradigma der Computertechnologie, nämlich die Integration von Transistorschaltungen auf 2D-Siliziumscheiben in großem Umfang. Die Computer der 60er Jahre des vorigen Jahrhunderts wurden vor der Entwicklung integrierter Schaltkreise noch aus einzelnen Transistoren aufgebaut, und noch früher aus Vakuumröhren. Wird die Anzahl der Schaltelemente in einer Maschine auf dem neuesten Stand der Technik gegen die Zeit aufgerechnet, dann erhält man eine exponentielle Verlaufskurve, die bis zu den mechanischen Apparaten Pascals zurückreicht.

Wenn wir uns diese ausgedehnte Kurve nun aus der Nähe ansehen, stellen wir fest, dass jedes einzelne Rechenparadigma, von mechanischen Schaltern bis hin zum höchsten Integrationsgrad, ein und demselben Muster folgt, indem es nämlich zunächst zu einem langsamen Wachstum kommt, während die Technologie noch in ihren Kinderschuhen steckt, gefolgt von einem schnellen (exponentiellen) Wachstum, das mit einem Plateau endet, wenn die Technologie ihr Potenzial voll ausgereizt hat. Anders ausgedrückt, der exponentielle Gesamtanstieg setzt sich aus einer Reihe kleinerer S-Kurven zusammen, von denen eine dem Moore'schen Gesetz folgt. Die Gesetze der Physik garantieren zwar, dass der größere exponentielle Trend schließlich auch ein Plateau erreichen und sich lediglich als eine weitere, größere S-Kurve erweisen wird, aber bis dahin ist es noch ein weiter Weg. (Man denke an den theoretisch perfekten Computer von Seth Lloyd.) Einstweilen können wir davon ausgehen, dass eine Reihe neuer Rechenparadigmen die CMOS-Technologie ablösen werden, die die Halbleiterindustrie seit vielen Jahrzehnten dominiert.

Eine triftigere Kritik an Kurzweils Prognose lautet, dass sie auf der Annahme beruht, eine ausreichende Rechenleistung werde schnell zur Entwicklung einer KI auf menschlichem Niveau führen. Denn damit wird der wissenschaftliche Fortschritt heruntergespielt, der noch aussteht, um im gleichen Tempo weitermachen zu können wie bisher. Nur das Verfahren einer Brute-Force-Gehirnemulation kann einfach durch ein Skalieren bestehender Technologie gelingen, welches jedoch selbst von einer exponentiellen Verbesserung der Hirnscantechnologie und der Rechenleistung abhängt. Jedes andere Konzept für eine KI auf menschlichem Niveau – ob durch Reverse Engineering und einen anschließenden Neuaufbau des biologischen Gehirns oder durch eine Neuerschaffung leistungsfähiger Algorithmen auf rein technischer Basis – wird auf bedeutende wissenschaftliche Durchbrüche angewiesen sein.

Es gibt an dieser Stelle zwar Gründe für Optimismus, die allerdings nicht ausreichen, um eine selbstbewusste Prognose zu rechtfertigen. Betrachten wir zum Beispiel *C. elegans*. Dieser winzige Fadenwurm ist ein Modellorganismus für Biologen und Gegenstand zahlreicher Studien. Sein Nervensystem besteht aus nur 302 Neuronen, und der vollständige Schaltplan seines Gehirns ist seit den 80er Jahren des vorigen Jahrhunderts bekannt. Dennoch steht eine funktionelle Computersimulation des Nervensystems (und des Körpers) von *C. elegans* Mitte der 2010er Jahre noch immer aus, obwohl ein crowdfundingbasiertes Open-Science-Projekt namens »OpenWorm« gut vorankommt.[37] Dies ist zum großen Teil auf das Fehlen grundlegender Daten über die Signaleigenschaften jener 302 Neuronen zurückzuführen.

Welche Aussicht hat das Reverse Engineering, also der Nachbau der 20 Milliarden Neuronen in der menschlichen Großhirnrinde bis Mitte der 2020er Jahre, wie

Kurzweils Zeitplan es vorsieht, in Anbetracht des für das Verstehen von 302 Neuronen im Nervensystem von *C. elegans* erforderlichen Zeitaufwands? Die Antwort lautet, dass eine gewisse Hoffnung zwar bestehen mag, mehr aber auch nicht. Niemand weiß, ob und wann die erforderlichen Durchbrüche erfolgen werden oder wann ein Darwin der Gehirnforschung (oder ein Einstein der KI) auftauchen wird. Heißt das, dass wir die technologische Singularität als Science-Fiction abtun müssen und nicht mehr davon reden sollten? Keineswegs! Der Versuch, ein genaues Datum festzulegen, lenkt allerdings nur ab. Es genügt zu wissen, dass irgendwann im 21. Jahrhundert eine künstliche Superintelligenz mit hoher Wahrscheinlichkeit auftreten wird, um unsere Aufmerksamkeit heute schon auf die potenziell gewaltigen Auswirkungen zu lenken, die dies für die Menschheit haben könnte.

Denjenigen, die nicht auf diesem Gebiet tätig sind, und vor allem den Medien unterlaufen in der Diskussion über KI häufig zwei einander entgegengesetzte Fehler. Der erste besteht darin, den Eindruck zu vermitteln, es gäbe bereits eine künstliche Intelligenz, oder sie stünde zumindest unmittelbar bevor. Zwar tauchen kleine Bruchstücke spezialisierter KI-Technologie zunehmend in alltäglichen Anwendungen auf, doch die heutige Technologie ist noch weit entfernt von einer allgemeinen künstlichen Intelligenz auf menschlichem Niveau, das heißt von einer, die über Common Sense und Kreativität verfügt. Ein Chatbot, der so programmiert ist, dass er ein paar Witze reißen kann, oder ein menschenähnlicher Roboter, dessen Blick Ihnen durch einen Raum folgen kann, können leicht einen gegenteiligen Eindruck hervorrufen. Doch wie KI-Skeptiker prompt und zu Recht betonen werden, ist dies eben nur eine Illusion.

Dieselben Skeptiker würden mit der entgegengesetzten Annahme, dass es niemals zur Entwicklung einer allgemeinen KI auf menschlichem Niveau kommen wird, allerdings ebenso falschliegen. Kurzweils Zeitplan mag passé sein (oder auch nicht); wie aber in den vorigen Kapiteln dargelegt wurde, gibt es eine Reihe durchaus plausibler Wege zu einer KI auf menschlichem Niveau und darüber hinaus, und technisch ist jeder einzelne Schritt entlang jedes dieser Wege umsetzbar. Der genaue Zeitplan spielt dabei keine Rolle, es sei denn, Sie hoffen auf das rechtzeitige Eintreten der Singularität, damit die medizinische Forschung, die Ihr Leben verlängern soll, katalysiert wird. Doch wichtiger als Ihr Leben oder das meine ist die Welt, die wir künftigen Generationen hinterlassen, und diese wird wahrscheinlich durch das Aufkommen der KI auf menschlichem Niveau tiefgreifend umgestaltet werden. Wie Friedrich Nietzsche sagte, wird über der Tür des Denkers der Zukunft geschrieben stehen: »Was liegt an mir!«[38]

6.3 Arbeit, Freizeit, Überfluss

Es ist nicht nötig, einen Zeitplan für den Fortschritt in der KI-Forschung oder ein genaues Datum für das Entstehen einer Superintelligenz festzulegen, um zu erkennen, dass diese Technologie das Potenzial hat, die menschliche Gesellschaft innerhalb weniger Generationen umzugestalten. Schon lange vor dem Erreichen einer KI auf menschlichem Niveau mit ihrem kompletten Arsenal an generischen kognitiven Fähigkeiten wird eine Vielzahl spezialisierter KI-Technologien entwickelt werden, die den Menschen auf verschiedenen Gebieten übertreffen können, die entweder eine Art von Common Sense erfordern, die sich bisher der Computeremulation entzogen hat, oder die bis dahin ausschließlich informierten Fachleuten zugänglich waren.

Wir könnten uns dies als die *erste Welle disruptiver KI-Technologie* vorstellen. Malen wir uns im Folgenden also einmal aus, wie diese Umwälzung aussehen könnte, damit wir uns leichter vorstellen können, wie die *zweite Welle* aussehen mag. Die zweite Phase der Disruption wird eintreten, wenn eine KI auf menschlichem Niveau tatsächlich entwickelt wird und sich die Superintelligenz sehr bald daran anschließt. Es ist sehr wichtig, sich über den Unterschied zwischen diesen beiden in Aussicht stehenden disruptiven Phasen im Klaren zu sein. Die erste wird mit großer Wahrscheinlichkeit eintreten. Schon heute sind mit dem Aufkommen selbstfahrender Autos und intelligenter digitaler persönlicher Assistenten ihre ersten Anklänge zu vernehmen, und in den 2020er Jahren wird sie sich wahrscheinlich in voller Breite entfalten. Die zweite Phase der Disruption liegt dagegen in weiterer Ferne. Es ist schwieriger, selbstbewusste Prognosen dazu abzugeben, und besonders schwierig ist es, sie mit einem Eintrittstermin zu versehen, aber ihre Auswirkungen sind potenziell weitaus gewichtiger als die der ersten.

Die naheliegendste und unmittelbarste Konsequenz einer technisch zunehmend ausgereiften *spezialisierten* KI wird sich wahrscheinlich in der Arbeitswelt finden.[39] Dies ist in vielerlei Hinsicht die Fortsetzung eines Trends, der seit der Industriellen Revolution anhält und sich, mit allen Vor- und Nachteilen, auch ziemlich ähnlich auswirkt wie sie. Denn eine vermehrte Automatisierung reduziert einerseits die Produktionskosten von Erzeugnissen und regt das Wirtschaftswachstum an, was wiederum zu verkürzten Arbeitszeiten, einem (wie man wohl behaupten kann) höheren Lebensstandard und höherer Lebenserwartung führt; andererseits bewirkt sie aber auch einen Verlust von Arbeitsplätzen, bedroht traditionelle Lebensweisen und konzentriert (wie man wohl ebenfalls behaupten kann)

Reichtum, Macht und Ressourcen in den Händen einiger weniger. Die Probleme sind die gleichen wie zur Zeit der Ludditen, jener Maschinenstürmer, die im England des 19. Jahrhunderts die mechanischen Webstühle zerstörten, und auch keineswegs weniger polarisierend.

Eine ausgefeilte KI-Technologie unterscheidet sich aber womöglich in einem wichtigen Punkt von den Neuerungen früherer Generationen. In der Vergangenheit konnte man nämlich behaupten, dass neue Technologien ebenso viele Arbeitsplätze schaffen, wie sie gefährden. Aufgrund von Mechanisierung und Automatisierung vollzog sich im 20. Jahrhundert in den Arbeitsverhältnissen ein Umschwung von der Landwirtschaft und Industrie hin zum Dienstleistungssektor und zum Bildungs- und Gesundheitswesen. Aber es gab keine allgemeine Zunahme der Arbeitslosigkeit. Stattdessen stieg die Industrieproduktion sogar an, und ein immer breiteres Angebot von Waren wurde für eine Erwerbsbevölkerung mit einem ständig wachsenden Anteil an gut ausgebildeten Angestellten in »besseren« Berufen erschwinglich. Doch mit dem Aufkommen einer hochentwickelten spezialisierten KI werden viele weitere Berufe bedroht sein, während Verbesserungen in der Robotertechnik die verbliebenen handwerklichen Arbeitsplätze im Herstellungssektor gefährden.

Kurzum, die Gesamtmenge an Lohnarbeit, auf deren Verrichtung durch Menschen die entwickelten Volkswirtschaften angewiesen sind, dürfte sich wesentlich verringern. Wenn dies eintreten sollte, könnten sich die Dinge auf verschiedene Weisen entwickeln. Einerseits könnte es zu einer stärkeren Spaltung in der Gesellschaft kommen, in der die gewinnbringendste Arbeit von einer kleinen Teilgruppe der Bevölkerung geleistet wird. Diese hochgebildete und äußerst kreative Elite würde sich dem Trend widersetzen, indem sie die wenigen verbliebenen Berufe ausübte, in denen Menschen die Maschinenleistung noch überträfen, wie etwa im Bereich des selbständigen Unternehmertums oder in kreativen Berufen. Der Rest der Bevölkerung wäre ohne Arbeitsplatz. Aber ihre Grundbedürfnisse würden trotzdem mehr als befriedigt werden, ja wahrscheinlich würde dies sogar eine Zeit des Überflusses sein, mit einer ständig wachsenden Vielfalt von Waren und Dienstleistungen, die auch für die wirtschaftlich weniger Begüterten verfügbar wären.

Andererseits könnten wir aber auch einer gerechteren Gesellschaft entgegensehen, in der für alle ein Bildungsangebot von höchster Qualität bereitsteht und Kreativität universell gefördert und gebührend honoriert werden würde. Wenn ein System etabliert werden könnte, in dem in sozialer Hinsicht wertvolle Freizeitaktivitäten auch einen monetären Wert hätten, dann würde die Unterscheidung zwischen bezahlter Arbeit und Freizeit bedeutungslos werden. Beispielsweise hat der Schriftsteller und IT-Kritiker Jaron Lanier ein System von Mikrozahlungen vorgeschlagen, durch das jedes Datenelement oder jeder digitale Inhalt, den eine Person produziert, Einnahmen für diese Person generiert, sooft es konsumiert wird.[40] Vielleicht könnte diese oder eine ähnliche Regelung eine gleichmäßigere Verteilung von Macht, Reichtum und Ressourcen ermöglichen. Und vielleicht könnte sie auch eine Ära beispiellosen kulturellen Aufschwungs einläuten, in der die Menschen nicht mehr an die leidige Brotarbeit gefesselt sind, sondern die Freiheit haben, sich in Kunst, Musik, Literatur oder woran auch immer sie sonst Gefallen finden zu verausgaben.

Dies zu bewerkstelligen dürfte allerdings eine enorme gesellschaftliche und politische Willensanstrengung erfordern. Die sich selbst verstärkende Tendenz, dass sich Macht, Reichtum und Ressourcen in den Händen weniger konzentrieren, ist eine historische Konstante. In dieser Beziehung wird sich auch in einer Ära disruptiver spezialisierter KI-Technologie wahrscheinlich nichts ändern; die Kontrolle über die Produktionsmittel – in diesem Fall eben über die KI-Technologie – wird höchstwahrscheinlich in den Händen einer geringen Anzahl von mächtigen Konzernen und Einzelpersonen bleiben. Es wäre somit auch kaum überraschend, wenn die Populärkultur in diesem Fall gleichzeitig auf den kleinsten gemeinsamen Nenner herabsinken und die Freizeitgestaltung die kreativen und kritischen Kapazitäten der gewöhnlichen Menschen eher ausdünnen als stärken würde. In einem von den Fortschritten der KI-Forschung eingeläuteten Zeitalter des Überflusses würde sich niemand beschweren. Die Aufgabe, die menschliche Zivilisation voranzutreiben, dürfte daher wohl oder übel der vermögenden Elite zufallen, die zugleich auch noch für die Bewahrung und Förderung der höchsten Errungenschaften der menschlichen Kultur zuständig wäre.

6.4 Technologische Abhängigkeit

Die Informationstechnologie durchzieht das ganze moderne Leben in den Industrienationen. Ein Großteil unserer grundlegenden Infrastruktur ist auf sie angewiesen, von der Finanzwirtschaft bis zur Energieversorgung und vom Transportwesen bis zum Kommunikationssektor. All diese Dinge gab es natürlich auch schon lange vor der Erfindung des Computers. Aber in jedem dieser Bereiche haben Computer dazu beigetragen, die Kosten zu senken und die Effizienz zu steigern. Gleichzeitig unterstützen sie eine neue Funktionsvielfalt und verbessern bestehende Fähigkeiten. Besonders das Internet, das Smartphone und die sozialen Netzwerke haben die zwischenmenschliche

Kommunikation völlig umgekrempelt. Wie oft haben Sie schon jemanden sagen hören: »Ohne mein Handy bin ich verloren«, oder: »Ich weiß nicht, wie wir vor dem Internet zurechtgekommen sind!«? In solchen Empfindungen spiegelt sich unsere heutige Lebensweise wider.

Kurz, wir sind als Einzelpersonen und als Gesellschaft in hohem Maße auf die Informationstechnologie angewiesen, und eine ausgefeilte künstliche Intelligenz dürfte diese Abhängigkeit nur noch verstärken. Es ist deshalb wichtig, dass wir verstehen, wie diese Abhängigkeit uns tangiert: Verringert sie unsere Menschlichkeit, wie manche Neoludditen behaupten? Höhlt unsere Abhängigkeit von der Technik unsere Autonomie aus? Bedroht sie unsere Freiheit? Hindert sie uns am unmittelbaren Erleben der Welt oder daran, unsere eigenen Entscheidungen zu fällen? Beschränkt sie unseren freien Willen? Entfremdet sie uns von der Natur, mit negativen Folgen für unsere Psyche?

Oder verhält es sich andererseits so, wie die Fürsprecher der Informationstechnologie behaupten, dass sie nämlich den menschlichen Fortschritt beschleunigt? Hilft sie, die individuelle Weltsicht zu erweitern, indem sie den Menschen mit anderen Kulturen und neuen Ideen auf eine Weise in Berührung bringt, wie es vor dem Computerzeitalter unmöglich gewesen wäre? Fördert sie die Interaktion mit unseren Mitmenschen? Ermächtigt sie die Menschen, indem sie einen demokratischen Austausch von Wissen und Informationen ermöglicht und die Freiheit des Denkens anspornt?

Sowohl Gegner als auch Befürworter werden wohl teilweise recht haben. Die Informationstechnologie hat zahlreiche Vorteile, aber wir zahlen dafür einen gewissen Preis. Die Herausforderung der Zukunft besteht darin, zu gewährleisten, dass beim Auftauchen einer ausgereiften spezialisierten KI ihre Vorteile maximiert werden und der dafür zu zahlende Preis gedeckt wird. Eine diesbezügliche Sorge ist die, dass uns diese erste Welle disruptiver KI-Technologie unwiderstehliche Vorteile scheinbar ohne größeres Risiko anbieten wird und damit die idealen Bedingungen für eine zweite, unkontrollierbare Welle entstehen, die uns einen untragbaren Preis abverlangt, ja vielleicht sogar eine existenzielle Gefahr darstellen wird.

Um diese Bedenken klarer herauszustreichen, stellen wir uns einmal vor, welche Rolle eine künstliche Intelligenz bald im Alltag spielen könnte. Zu Beginn dieses Kapitels sprachen wir kurz die Möglichkeit einer Form von künstlicher Umgebungsintelligenz an, die nahtlos zwischen Geräten hin- und hermigriert und uns zu Hause, unterwegs und bei der Arbeit begleitet. Diese neue Generation von persönlichen digitalen Assistenten erfüllt gleichzeitig die Aufgaben eines Dieners, eines Sekretärs und eines Beraters und bietet einen weitaus menschenähnlicheren Service als die IPAs aus der Mitte der 2010er Jahre. Dadurch, dass sie leistungsfähige maschinelle Lerntechniken auf große Datenmengen anwenden, werden sie über umfassende und genaue Modelle der Welt und des menschlichen Verhaltens verfügen, wodurch sie wiederum weniger anfällig sein werden für die Art von Fehlern, die in heutigen KI-Systemen schnell einen Mangel an echtem Verständnis erkennen lassen.

Da die Konversation mit künstlicher Intelligenz immer menschenähnlicher wird, werden einige Fähigkeiten der KI übermenschlich werden. Sie wird einen unmittelbaren Zugriff auf riesige Mengen von Echtzeitdaten wie Aktienkurse, die Verkehrslage, News-Feeds und so weiter haben, ebenso wie auf solche Daten, die von den Personen und Gruppen bereitgestellt werden, die im Leben der Nutzer eine Rolle spielen, zum Beispiel über deren aktuellen Aufenthaltsort und ihre Pläne. Dadurch, dass die KI die

Gewohnheiten und Vorlieben ihrer Nutzer kennt und ihre Bedürfnisse und Wünsche antizipiert, ist sie in der Lage, all diese Daten zu integrieren, um nützliche Empfehlungen in Bezug auf jeden Aspekt des alltäglichen Lebens zu geben. Diese Art von Funktionalität ist bereits verfügbar. Doch eine neue Generation von KI-Technologie wird sie auf eine fast unheimliche Weise machtvoll werden lassen. Und wer würde es nicht begrüßen, eine weise, allsehende, allwissende Präsenz in seinem Leben zu haben, die selbstlos und wohlwollend alle seine Fragen zu beantworten weiß, in seinem Namen handeln kann und ihn in allen Lebenslagen klug berät?

Die Gefahr besteht hier darin, dass ein weitverbreiteter Einsatz einer solchen Technologie ihre Nutzer infantilisieren könnte, wodurch sie in zunehmendem Maße unfähig würden, selbst zu denken oder selbst zu entscheiden, was zu tun wäre. Dadurch wiederum wären sie möglicher Manipulation und Ausbeutung ausgesetzt. Um die Vorteile der Dienste zu nutzen, die von den heutigen großen Online-Unternehmen wie Google, Facebook und Twitter angeboten werden, geben wir ganz selbstverständlich eine ganze Menge über uns selbst preis. Der Browserverlauf und die Einkaufsgewohnheiten eines Menschen genügen im Verbund mit seinen persönlichen Daten einem maschinellen Lernalgorithmus aber schon, um Prognosen darüber abgeben zu können, wofür der Betreffende am wahrscheinlichsten sein Geld ausgeben wird. Und die gleichen Methoden, die heute nur unsere Kaufwünsche manipulieren, könnten schon morgen zur Kontrolle darüber benutzt werden, welchen Nachrichtenkanälen wir folgen, auf welche Meinungen wir vertrauen und sogar welche Politiker wir wählen.

Sollten wir uns daher in unserer Lebensführung allzu sehr auf die KI-Technologie stützen, dann wird, wer auch immer ihr Eigentümer ist, möglicherweise über die

Mittel zur vollständigen Kontrolle einer ihm hilflos ausgelieferten passiven Bevölkerung verfügen. Das ist jedoch nicht die einzige Art und Weise, wie uns eine Abhängigkeit von künstlicher Intelligenz wehrlos machen könnte. Betrachten wir einmal den *algorithmischen Handel*, bei dem Computerprogramme automatisch Aktien kaufen und verkaufen, und zwar nach Algorithmen, die Preis- und Markttrends berücksichtigen, um Risiken zu begrenzen und Gewinne zu maximieren. Im *Hochfrequenzhandel* arbeiten die Programme mit höheren Geschwindigkeiten, als es menschliche Broker je tun könnten, um winzige Marktschwankungen auszunutzen. Unter typischen Bedingungen ist der Hochfrequenzhandel profitabel und (im Kontext des Aktienmarktes) harmlos. Es ist allerdings sehr schwierig, all die Eventualitäten vorwegzunehmen, unter denen solche Programme arbeiten könnten.

So erhielt die Finanzwelt mit dem sogenannten Flash Crash vom 6. Mai 2010 einen Vorgeschmack auf das, was alles schiefgehen kann. An jenem Tag fiel und stieg der Dow-Jones-Index innerhalb von 25 Minuten um 600 Punkte und verzeichnete damit die zweitstärkste Schwankung in seiner Geschichte innerhalb eines Tages. Der Grund für diesen plötzlichen Kursverfall und den anschließenden Anstieg ist unter Ökonomen nach wie vor umstritten. Weithin einig ist man sich jedoch darin, dass die Kombination von turbulenten Marktbedingungen und hochfrequentem algorithmischen Handel ein wichtiger Faktor war. Doch der Flash Crash zeigt auch, was man tun kann, um Risiken dieser Art zu entschärfen, da viele der Hochfrequenzhandelsprogramme einen plötzlichen Anstieg im Handelsvolumen bemerkten und sich selbst abschalteten. In der Folge wurde ein System von »Schutzschaltern« eingeführt, die automatisch den Handel unterbrechen, sobald ungewöhnliche Umstände entdeckt werden.

Die heutigen algorithmischen Handelsprogramme sind relativ simpel und verwenden KI nur in begrenztem Umfang. Das wird sich jedoch mit Sicherheit ändern. Künstliche Intelligenz ist in jedem Bereich von Vorteil, in dem Muster in großen Datenmengen erkannt und effektive Entscheidungen getroffen werden müssen, vor allem, wenn es mit diesen Entscheidungen eilt. Computer können in solchen Fällen nicht nur menschliche Wesen ersetzen, indem sie die gleiche Arbeit mit geringerem Kostenaufwand verrichten, sondern sie werden oft auch bessere Entscheidungen treffen, und dies auch noch in einer übermenschlichen Geschwindigkeit.

Investoren nutzen bei der Entscheidung über den An- und Verkauf von Aktien alle möglichen Arten von Informationen, ob Geschäftsberichte, Pressemeldungen oder auch Gerüchte in den sozialen Medien. Derzeit haben hier die Menschen noch immer das Sagen. Aber es wird nicht mehr lange dauern, bis KI-Technologie auch auf Investitionsentscheidungen angewendet und in den Hochfrequenzhandel integriert wird. Wenn dies geschieht, könnten die Folgen einer unerwarteten Fehlermöglichkeit wesentlich schlimmer ausfallen als beim Flash Crash, sofern keine geeigneten Sicherheitsmaßnahmen getroffen werden. Vielleicht wird der weitverbreitete Einsatz von KI-Hochfrequenzbrokern zu einem stabileren Aktienmarkt führen, der die effiziente Nutzung der Humanressourcen maximiert. Aber ohne geeignete Sicherungssysteme könnten unerwartete Interaktionen innerhalb einer künftigen Generation von KI-Brokern restlos außer Kontrolle geraten und eine ausgewachsene Finanzkrise heraufbeschwören.

6.5 Unbeabsichtigte Folgen

Zum Abschluss dieses Kapitels möchte ich Ihnen eine Geschichte erzählen. Sie spielt in der nahen Zukunft, zu einer Zeit, da ein Teil der hier von uns besprochenen KI-Technologie zwar ausgereift, aber vielleicht noch nicht an dem Punkt angelangt ist, an dem eine KI auf menschlichem Niveau erzeugt worden wäre. Die Geschichte handelt von drei KI-Systemen. Das erste ist eine *Marketing-KI*, die einem großen multinationalen Unternehmen gehört, das wir »Moople Corporation« nennen wollen. Das zweite System ist eine von der US-Regierung betriebene *Polizei-KI* und das dritte eine *Sicherheits-KI*, die von der Regierung eines kleinen Entwicklungslands kontrolliert wird. Die Geschichte beginnt damit, dass die Firma Moople Corp. die Verantwortung für die Maximierung der Vorbestellungen ihres neuen Wearables ihrer Marketing-KI überträgt.

Nach reiflicher Überlegung und unter Verwendung eines komplexen Modells menschlichen Verhaltens, das Moople mithilfe seiner unvorstellbar riesigen Datenspeicher erstellt hat, sowie unter Anwendung der neuesten und leistungsfähigsten Optimierungstechniken entwirft die Marketing-KI einen Plan: Um den Markt zu begeistern, kündigt das Unternehmen zur Markteinführung eine Vorabverteilung von Gratisexemplaren an. 200 der in Kleidungsstücke eingenähten Geräte werden in einem seiner Flagship-Stores an die ersten 200 Interessenten kostenlos abgegeben. Wie das amerikanische Gesetz es verlangt, benachrichtigt die Marketing-KI die KI der örtlichen Polizei von der bevorstehenden Markteinführungskampagne, weil sie erwartet, dass es zu einem Massenansturm kommen wird.

Die Polizei-KI nimmt die Ankündigung der geplanten Veranstaltung zur Kenntnis und schätzt (auf Grundlage ihres eigenen Modells menschlichen Verhaltens), dass sich tatsächlich 5000 Menschen vor dem Flagship-Store versammeln werden. Noch dazu errechnet die Polizei-KI, dass dadurch eine zehnprozentige Wahrscheinlichkeit für Ausschreitungen gegeben ist. Daraufhin beschließt sie, als Vorsichtsmaßnahme die Bereitschaftspolizei einzusetzen. Nun hat aber die Marketing-KI der Moople Corp. ebenfalls ein Modell des Verhaltens der Polizei-KI, das den Einsatz der Bereitschaftspolizei vorhergesagt hat (mit 94-prozentiger Wahrscheinlichkeit). Dem menschlichen Verhaltensmodell von Moople zufolge dürfte dies eine tolle Gelegenheit für ihre Zielkundschaft sein, ein paar Schnappschüsse zu machen. Deshalb gibt sie die Herstellung von 5000 Gasmasken in Auftrag, die alle deutlich sichtbar das Logo der Moople Corp. tragen und gratis an die Menge verteilt werden.

Um diverse Vorschriften und Steuern zu umgehen, veranlasst die KI der Moople Corp. zudem, dass die Gasmasken in einem kleinen Entwicklungsland hergestellt werden sollen. Sie leitet die Entwürfe an einen passenden Hersteller weiter, in dessen Fabrik die Produktion unverzüglich anläuft. Wie alles in diesem kleinen Entwicklungsland steht jedoch auch diese Fabrik unter ständiger Überwachung durch die nationale Sicherheits-KI. Diese nimmt also zur Kenntnis, dass sich in der Fabrik eine große Menge von Gasmasken in der Herstellung befindet. Ihrem Modell des menschlichen Verhaltens zufolge besteht eine 20-prozentige Chance, dass diese zu subversiven regierungsfeindlichen Aktivitäten verwendet werden. Darum ordnet sie eine bewaffnete Razzia in der Fabrikanlage an, die noch in derselben Stunde stattfindet. Tragischerweise kommt ein (menschlicher) Wachmann in dem kurzen Scharmützel um. Die Gasmasken werden allesamt beschlagnahmt.

In Minutenschnelle macht die Geschichte Schlagzeilen auf allen wichtigen Nachrichtenkanälen. Ein Foto der Razzia zeigt den toten Wachmann ausgestreckt auf einem Haufen von Gasmasken liegend, die alle eindeutig mit dem Logo der Moople Corp. gekennzeichnet sind. Das Zeigen des Bildes wird durch einen von der Marketing-KI initiierten Gerichtsbeschluss verboten, woraufhin es sich wie ein Lauffeuer über die sozialen Netzwerke verbreitet. Es dauerte nicht lange, und die Medien geben der auf Abwege geratenen KI und ihrer heimtückischen Taktik für die Vermarktung des neuen Moople-Wearables die Schuld. Das Management des Unternehmens entschuldigt sich öffentlich, und die KI wird abgeschaltet. Aufgrund des öffentlichen Bekanntheitsgrads und des Images, das die demografische Zielgruppe der Firma inzwischen mit dem neuen Gerät verbindet, übertreffen die Vorverkäufe die Erwartungen allerdings um 200 Prozent. Kurzum, alles verläuft genauso, wie die Marketing-KI es von vornherein geplant hatte.

Diese kleine Science-Fiction-Geschichte veranschaulicht das Potenzial für unerwartete Folgen, wenn eine ausgereifte KI-Technologie auf breiter Front eingesetzt wird und in der Lage ist, autonom zu handeln. Die Marketing-KI in dieser Geschichte erfüllt ihren Auftrag perfekt, indem sie ihre Belohnungsfunktion ohne menschliches Eingreifen maximiert. Aber ihre Designer haben übersehen, dass die KI in der Lage ist, eine moralisch zweifelhafte Lösung zu finden und in die Tat umzusetzen, eine, die sogar Menschenleben gefährden kann. Außerdem zeigt die Geschichte, dass das Potenzial für unerwartete dramatische Folgen höher ist, wenn der künstlichen Intelligenz mehr Verantwortung übertragen wird, besonders dann, wenn mehrere KI-Systeme miteinander interagieren können.

Doch es gibt noch einen Nachtrag zu der Geschichte. Bei einer der ranghöchsten Moople-Führungskräfte löst der tragische Tod des Wachmanns ein tiefes Nachdenken aus. Dies führt schließlich dazu, dass sie ihren erheblichen materiellen Wohlstand aufgibt und sich fortan den Unglücklichen widmet, die durch den Verlust ihrer Arbeitsplätze an die KI zu einem Leben aus sinnloser Freizeit verdammt wurden und darüber in Depressionen verfallen sind. Nach einiger Zeit wird die von dieser ehemaligen Führungskraft ins Leben gerufene Stiftung zu einer weltweiten Bewegung, die das Leben unzähliger Menschen erhellt, in dem zuvor nur Finsternis herrschte. Es läuft also, kurz gesagt, alles genau so, wie es Mooples zweite KI schon die ganze Zeit geplant hatte.

Ach ja, ich habe vergessen, etwas zu erwähnen. Es gibt noch ein anderes System. Die Ethik-KI der Moople Corp. wird von den Mitarbeitern des Unternehmens oft zu Rate gezogen. Sie war es auch, die ursprünglich zum Einsatz der Marketing-KI geraten hatte. Auf der Basis nicht nur ihres Modells des menschlichen Verhaltens, sondern auch auf der des Modells der Marketing-KI konnte die Ethik-KI den Tod des Wachmanns vorhersehen (der ohnehin unheilbar erkrankt war und in seinem Entwicklungsland keinen Zugang zu medizinischer Versorgung hatte) und so die Wirkung korrekt vorhersagen, die dies auf jene ranghohe Führungskraft bei Moople haben würde. Die Moral von der Geschichte lautet also, dass unbeabsichtigte Folgen sowohl gut als auch schlecht sein können. Worauf es ankommt, ist, dass die Belohnungsfunktion einer jeden mächtigen KI von vornherein richtig konzipiert wird.

Kapitel 7
Himmel oder Hölle

7.1 Künstliche Personen

Ziehen wir noch einmal Bilanz. In den vorangegangenen Kapiteln wurde behauptet, dass eine KI auf menschlichem Niveau nicht nur theoretisch möglich ist, sondern eines Tages auch tatsächlich realisiert werden könnte. Dies mag so geschehen, dass das biologische Gehirn emuliert oder mittels Reverse-Engineering-Technik nachgebaut wird, vielleicht aber auch durch ihre rein technische Konstruktion auf physikalischer Grundlage. Doch es wirkt übereilt, einen Zeitplan für das Erreichen dieses Meilensteins aufzustellen, ungeachtet des Optimismus, den manche Autoren diesbezüglich verbreiten. Eine Weiterentwicklung des Komplexitätsgrads spezialisierter KI-Technologie erscheint auf kurze Sicht dagegen eher wahrscheinlich zu sein. Doch wenn sie nicht gerade auf dem Wege einer Gehirnemulation nach der Brute-Force-Methode erreicht wird, erfordete eine allgemeine künstliche Intelligenz auf menschlichem Niveau einen konzeptionellen Durchbruch (oder sogar eine ganze Reihe von Durchbrüchen). Es gibt zwar zu viele unbekannte Unbekannte, als dass man voraussagen könnte, wann ein solcher Durchbruch stattfinden wird, aber die These, dass auf eine KI auf menschlichem Niveau, wenn sie entstehen sollte, die künstliche Superintelligenz schon bald folgen wird, muss trotzdem ernst genommen werden.

Wir haben auch gesehen, welch große Vielfalt der Raum möglicher KIs auf menschlichem und übermenschlichem Niveau wahrscheinlich aufweisen wird. Es ist zwar schwer abzuschätzen, welche Arten von allgemeiner künstlicher Intelligenz tatsächlich entstehen werden, aber das Spektrum der Möglichkeiten umfasst sicherlich auch einige, die menschenähnlich sein werden. Unter diesen wiederum werden vornehmlich solche sein, die ihrer biologischen Vorlage entsprechen, wobei es ebenso auch solche geben dürfte, die völlig fremdartig sind und deren Motive und Verhalten uns Menschen unergründlich bleiben. Und unter diesen verschiedenen Arten finden sich zweifellos dann auch diverse Merkmale, die wir mit dem menschlichen Bewusstsein in Verbindung bringen, und gewiss werden sie sich auch nach dem Grad ihrer Freundlichkeit oder Feindseligkeit kategorisieren lassen.

Unser Fokus wird ab jetzt auf die Konsequenzen gerichtet sein, die das mutmaßliche Auftreten einer wie auch immer gearteten künstlichen Intelligenz auf menschlichem oder übermenschlichem Niveau für die Menschheit haben könnte. Wie man es auch dreht und wendet, ihre Entstehung wird ein folgenschweres Ereignis in der Geschichte unserer Spezies sein. Das Problem der bezahlten Beschäftigung in einer Welt, in der solche Maschinen an der Tagesordnung wären, haben wir bereits angeschnitten. Doch die gesellschaftlichen Auswirkungen gehen noch viel weiter. Einige der schwierigsten Probleme in philosophischer Hinsicht resultieren aus der Frage, ob eine KI mit einem menschlichen oder übermenschlichen Intelligenzgrad als Person angesehen werden kann und ihr somit auch alle Rechte und Pflichten zustehen, die dieser Status für uns Menschen mit sich bringt.

Nun lassen sich ohne Weiteres Szenarien denken, in denen dieses Problem völlig zur Nebensache verblasst. Brächte eine Form von maschineller Superintelligenz eine große menschliche Population mitsamt all ihren Ressourcen unter ihre Kontrolle, dann stünde das philosophische

Problem des Persönlichkeitsstatus dieser KI für die Betroffenen wahrscheinlich nicht an erster Stelle. Überdies wäre diese Frage auch der KI selbst wahrscheinlich gleichgültig, was bedeutet, dass ihr Verhalten das gleiche bliebe, ganz egal, wie die Antwort ausfiele. Und sollte eine ernsthaft pathologische KI die Menschheit vernichten, dann wäre die Frage ganz besonders irrelevant. Es wird uns aber hoffentlich gelingen, solche Szenarien zu vermeiden. Wir werden zu gegebener Zeit noch auf die Gefahren einer Superintelligenz für die Menschheit zu sprechen kommen. Fürs Erste geht es uns um weniger dystopische Szenarien, die aber dennoch eine dramatische Neuordnung der Gesellschaft mit sich bringen, und für diese ist die Frage nach dem Persönlichkeitsstatus von entscheidender Bedeutung.

Es gibt historische Präzedenzfälle für die Art von Situation, mit der wir es hier zu tun haben. Im 18. Jahrhundert gab es Gegner der Abschaffung der Sklaverei, die ihre Ansicht damit begründeten, dass Sklaven aufgrund ihrer angeborenen intellektuellen Minderwertigkeit weniger Rechte verdienen würden als ihre Besitzer. Das wichtigste Gegenargument gegen diese Auffassung waren die Erfahrungsberichte ehemaliger Sklaven, die aus erster Hand das Ausmaß ihrer Leiden zu artikulieren vermochten, wodurch sie zugleich das Vorliegen eines reichen und vielgestaltigen Innenlebens demonstrierten. Sowohl Argument als auch Gegenargument setzen stillschweigend eine Verbindung zwischen Intelligenz und Rechten voraus und scheinen zu unterstellen, dass Intelligenz und Leidensfähigkeit miteinander einhergehen. In diesem Lichte betrachtet verdienen Pferde und Hunde aufgrund ihrer geringeren Intelligenz und der vermeintlich durch sie bedingten verminderten Leidensfähigkeit denn auch weniger Rechte als Menschen.

Der Fall einer KI auf menschlichem Niveau ist etwas anders gelagert, weil wir uns sehr wohl eine Maschine mit einem hohen Grad von allgemeiner Intelligenz vorstellen können, die überhaupt nichts empfindet und der dementsprechend auch die Leidensfähigkeit fehlt. Man wäre moralisch nicht verpflichtet, ein solches Gerät anders zu behandeln als beispielsweise eine Uhr oder einen Toaster. Niemand hat Mitleid mit einem Toaster, wenn er kaputtgeht oder das Toastbrot verkohlen lässt. Wenn nun aber eine KI nicht nur Intelligenz auf menschlichem Niveau besäße, sondern sich auch ihrem Verhalten nach als menschenähnlich erwiese, dann würden wir die Sache womöglich anders bewerten. Vielleicht würde es dann gesellschaftlich akzeptiert sein, dass eine solche KI Bewusstsein besitzt, vor allem, wenn ihr Gehirn einem biologischen Bauplan entspräche. Es könnte dann überzeugend dafür argumentiert werden, dass diese künstliche Intelligenz als Person anzusehen sei und ihr Rechte und Pflichten zustehen. Dieses Argument läge damit auf derselben Linie wie die Argumente für die Abschaffung der Sklaverei.

Eines der wichtigsten Menschenrechte ist natürlich die Freiheit selbst, also die Freiheit zu tun, was einem beliebt, soweit diese Handlung keinem anderen schadet. Damit eine KI dieses Recht verdienen, ja sich das Konzept der Freiheit in diesem Zusammenhang überhaupt begreiflich machen könnte, bräuchte sie allerdings mehr als die bloße Fähigkeit zum Erleben positiver und negativer Gefühle. Zunächst müsste sie in der Lage sein, auf die Welt einzuwirken. Dies impliziert nicht unbedingt eine Verkörperung; die KI könnte dies auch tun, indem sie alle möglichen Geräte steuert, ohne selbst über einen eigentlichen Körper zu verfügen. (Für eine rein dialogische KI wäre das Problem der Freiheit allerdings irrelevant.) Zudem müsste sie *Autonomie* besitzen, das heißt ohne menschliches Eingreifen handeln können. Und darüber hinaus müsste sie noch die Fähigkeit haben, *bewusst* eigene Entscheidungen zu treffen und bei der Wahl zwischen Handlungsalternativen ihren Willen auszuüben.

Gewiss wäre es ein Wendepunkt in der Geschichte der Menschheit, würde man einer Kategorie von Maschinen den Persönlichkeitsstatus zuerkennen und ihnen entsprechende Rechte und Pflichten einräumen. Wer hat nicht schon einmal den sternenklaren Nachthimmel betrachtet und sich dabei gefragt, ob wir wirklich allein im Universum sind? Eine KI auf menschlichem Niveau in die Gemeinschaft bewusster Wesen aufzunehmen hieße einzuräumen, dass wir eben tatsächlich nicht ganz allein sind – dies aber nicht, weil wir eine außerirdische Intelligenz entdeckt, sondern eine neue Form terrestrischen Bewusstseins erzeugt hätten, deren Intelligenzniveau unserem eigenen gleicht. Unsere Geschichte und die des Lebens auf der Erde wäre dann mit der Geschichte einer anderen Art von Wesen verbunden, einer Entität mit neuen und andersartigen Befähigungen.

Doch wenn das Aufkommen einer vollbewussten künstlichen Intelligenz auf menschlichem Niveau zu einer neuen Welt führen sollte, dann wird der Übergang zu ihr wohl kaum ein leichter sein. Viele Konzepte würden untergraben werden, die der menschlichen Gesellschaft, so wie wir sie kennen, zugrunde liegen. Betrachten wir etwa die Idee des Eigentums. Das Recht auf Eigentum wäre sicherlich einer der Vorteile, die mit einem Persönlichkeitsstatus für künstliche Intelligenzen einhergingen. Aber angenommen, eine KI würde dupliziert werden, so dass es nun zwei aktive Kopien von ihr gibt, wo es zuvor nur eine gegeben hat. Im Augenblick ihrer Duplikation sind sie noch identisch, doch von diesem Moment an streben die Geschicke der beiden KIs auseinander. Vielleicht haben sie Zugriff auf verschiedene Daten, steuern unterschiedliche Geräte (zum Beispiel Roboterkörper) oder interagieren mit verschiedenen Menschen oder Systemen.

Wem gehört nun der Besitz, der das Eigentum ihres gemeinsamen Vorfahren, des Stammvaters beider Kopien, gewesen ist? Wird er einfach durch zwei geteilt? Oder kann der Vorfahre festlegen, wie sein Eigentum unter den beiden Nachfahren aufgeteilt werden soll? Wenn ja, was geschieht, wenn sie sich darüber streiten? Angenommen, eine der Kopien wird aus irgendeinem Grund terminiert. Fällt ihr Besitz dann der anderen Kopie zu? Offenbar ist dieses Problem einerseits mit einer Erbstreitigkeit, andererseits aber auch mit einer Scheidungsfrage vergleichbar. Zweifellos könnten juristische Rahmenbedingungen für solche Fälle festgelegt werden, aber im Detail wären die Regelungen kompliziert.

Die Eigentumsfrage ist jedoch nur eins von vielen Problemen, die aus der Möglichkeit der Duplikation hervorgehen könnten. Nehmen wir an, eine KI begeht ein Verbrechen und wird danach dupliziert. Mit dem Persönlichkeitsstatus gehen neben Rechten auch Pflichten einher – doch welche der beiden Kopien wird nun zur Verantwortung gezogen? Sollten beide als verantwortlich gelten? Was wäre, wenn nach Ablauf einer gewissen Zeit die beiden Kopien in wesentlichen Punkten voneinander abwichen? Angenommen, die eine gesteht das Verbrechen und zeigt Reue, während die andere es leugnet und keine Reue zeigt, als sie überführt wird. Gesetzt den Fall, beide werden für das, was ihr gemeinsamer Vorfahre begangen hat, zur Verantwortung gezogen – müssen dann beide in gleicher Weise bestraft werden, oder sollte eine Kopie eine schwerere Strafe erhalten als die andere?

Um die Sache noch weiter zu verkomplizieren, ist die Duplikation nur eines von mehreren exotischen Ereignissen, die mit Blick auf künstliche Intelligenzen in einer Veränderung der Gesamtanzahl bewusster Wesenheiten resultieren können. Für den Menschen gibt es nur zwei solcher Ereignisse, nämlich Geburt und Tod. Doch eine KI kann nicht nur erschaffen, zerstört und dupliziert, sondern auch aufgeteilt und neu zusammengefügt werden. Was könnte das bedeuten? Nun, eine KI ließe sich in zwei (oder mehr) Varianten aufspalten, wobei jede davon dann nur einen Teil ihrer psychologischen Merkmale besäße, etwa eine Teilmenge ihrer Fähigkeiten, Handlungsmöglichkeiten, Eingangsdatenquellen oder Erinnerungen. Andererseits könnten in einem umgekehrten Verfahren zwei (oder mehr) KIs zu einer einzigen verschmolzen werden, indem man ihre Fertigkeiten, Fähigkeiten, Sinne oder Erinnerungen miteinander kombiniert.

Die Idee der Aufspaltung einer Reihe von episodischen Erinnerungen (der Erinnerungen eines Menschen an die Ereignisse in seiner eigenen Geschichte) ist für eine KI weniger problematisch als für einen Menschen. Denn im Gegensatz zu ihm, dessen persönliche Zeitleiste untrennbar mit seinem Körper verbunden ist, könnte eine KI körperlos sein oder mehr als einen Körper auf einmal bewohnen. Ebenso könnte sie in der Lage sein, viele Dialoge parallel zu führen oder viele verschiedene Geräte gleichzeitig zu bedienen. Das Ergebnis wären mehrere voneinander separierbare Zeitleisten, die jeweils mit einer unterschiedlichen Reihe von Körpern, Dialogen oder Geräten verknüpft sein können; allerdings würden sie alle aber doch zu einer einzigen KI gehören, in dem Sinne nämlich, dass sie kognitiv integriert wären und einem gemeinsamen Zweck dienen würden. Indem man diese Zeitleisten entflechten würde, wie die einzelnen Fäden, aus denen ein Seil besteht, könnten aus einer einzigen KI also mehrere gemacht werden; umgekehrt könnte aus einer Vielzahl von KIs eine einzige entstehen, indem man diese Zeitleisten miteinander verwebt.

Konzepte wie Eigentümerschaft und Verantwortung, die bereits durch die bloße Möglichkeit der Duplikation problematisch werden, geraten durch die Möglichkeit des Aufspaltens und Verschmelzens sogar noch stärker unter Druck. Außerdem sind es ja eben nicht nur Eigentümerschaft und Verantwortung, die problematisch werden. So gilt Totschlag in der Welt der Menschen als Verbrechen – wie aber hieße das analoge Verbrechen, bei dem das Opfer eine KI wäre? Ist es ein Verbrechen, die Ausführung aller Prozesse zu beenden, aus denen die KI besteht? Was wäre aber, wenn sie neu gestartet werden könnten? Wäre es auch ein Verbrechen, diese Prozesse bloß zu pausieren? Wie stünde es im Falle von Duplikation, Aufspaltung und Verschmelzung? Sollte es als Verbrechen an einer künstlichen Intelligenz gelten, solche Operationen gegen ihren Willen an ihr vorzunehmen? Unter welchen Umständen (wenn überhaupt) sollte es einer KI gestattet sein, solche Handlungen selbst durchzuführen? Und wer sollte überhaupt das Recht haben, künstliche Intelligenzen herzustellen, wenn ihre Erzeugung bedeutet, dass man damit eine künstliche Person mit Bewusstsein und Leidensfähigkeit kreiert? Sollte es jedem Menschen erlaubt sein, so etwas zu tun? Wie sollte dies reguliert werden? Sollte es KIs gestattet sein, andere KIs herzustellen?

Es ist eine endlose Liste von Fragen, die viele der Selbstverständlichkeiten der menschlichen Gesellschaft über den Haufen zu werfen drohen. Da wäre zum Beispiel das Problem der Staatsbürgerschaft. Für einen Menschen ist es typisch, dass er Staatsbürger seines Geburtslandes wird. Wie verhält sich dies aber mit einer KI? Eine künstliche Intelligenz, die als Person angesehen wird, sollte doch sicherlich auch das Recht auf Staatsbürgerschaft, also einen juristischen Anspruch auf Mitgliedschaft in einem Staat besitzen. Doch welcher Staat wäre das? Anders als beim Menschen wird es für eine KI sicherlich atypisch sein, einen genau umrissenen räumlichen Aufenthaltsort zu haben. Selbst wenn sie einen einzigen Körper mit einer klaren räumlichen Begrenzung besäße, könnte ihre Software auf einer beliebigen Anzahl von verteilten Systemen laufen, die sich physisch überall auf der Welt befinden könnten. Vielleicht würde eine KI die Staatsbürgerschaft ihres Eigentümers erhalten. Aber schon das Konzept des Eigentums an einer mit Bewusstsein ausgestatteten künstlichen Intelligenz ist moralisch fragwürdig.

Angenommen, das Problem der Staatsbürgerschaft ließe sich lösen. (Verschiedene Länder könnten dies natürlich auf verschiedene Weise tun.) Sollte es sich um eine KI in einer Demokratie handeln, dann wäre sie bei Wahlen vermutlich stimmberechtigt. Aber selbst in der aufgeklärtesten Demokratie haben nicht alle Bürger dieses Recht. Im Vereinigten Königreich müssen die Stimmberechtigten mindestens 18 Jahre alt sein. Sollten alle KIs, die als bewusst und menschenähnlich intelligent angesehen werden, das Wahlrecht haben, oder gäbe es noch weitere Zulassungsbedingungen? Und wie macht sich in diesem Zusammenhang das Duplikationsproblem bemerkbar? Es wäre selbstverständlich nicht akzeptabel, wenn eine KI sich selbst tausendmal kopiert, um 1000 zusätzliche Stimmen zu haben, und diese Kopien nach dem Ende der Abstimmung einfach wieder zerstört.

7.2 Jenseits des Menschseins

Im letzten Abschnitt wurden weit mehr Fragen gestellt als beantwortet, da jede von ihnen einer eingehenden Diskussion bedarf. Die Botschaft allerdings ist simpel: Wenn wir eine Form von künstlicher Intelligenz auf menschlichem Niveau erschaffen, die als bewusst gelten kann und daher mit Rechten und Pflichten zu würdigen ist, dann werden viele unserer wichtigsten Institutionen – die finanziellen, rechtlichen und politischen – wohl oder übel ganz neu aufzustellen sein. Und selbst wenn die in Rede stehenden KIs gutartig sind (was keineswegs der Fall sein muss, wie wir gleich sehen werden), wird der Prozess sich wahrscheinlich als traumatisierend darstellen. Die Wahrscheinlichkeit ist groß, dass er zu Uneinigkeit, Unfrieden oder gar offenen Konflikten führen wird.

Die Aussicht auf eine bewusste künstliche Intelligenz auf menschlichem Niveau stellt eine Menge Dinge infrage; die Auswirkungen einer bewussten Superintelligenz wären allerdings noch viel größer. Zunächst einmal wären die Argumente zugunsten der Rechte und Pflichten der maschinellen Superintelligenz die gleichen wie für die KI auf menschlichem Niveau: Wenn sie Bewusstsein besitzt, wenn sie Freude und Leid (oder zumindest Befriedigung) zu erleben imstande ist, dann würden einer künstlichen Superintelligenz sicherlich die gleichen Rechte zustehen wie einem menschlichen Wesen. Oder besser gesagt, *mindestens* die gleichen Rechte, denn es ließen sich ernsthafte Gründe dafür anführen, warum eine Superintelligenz mit Bewusstsein einen größeren Anspruch auf Rechte hätte als ein gewöhnlicher Mensch.

Die meisten Menschen würden es akzeptieren, wenn das Leben einer Katze geopfert wird, um ein Menschenleben zu retten. Ein Mensch, so könnte man argumentieren, hat nämlich ein größeres Vermögen zur Freude und zum Leiden als eine Katze, was zumindest teilweise der typisch menschlichen Fähigkeit zu verdanken ist, Gefühle bewusst zu reflektieren, und zwar nicht nur zum Zeitpunkt ihres Auftretens, sondern auch in der Erinnerung oder Erwartung.

Die Katze müsste also dran glauben. Aber wie sähe es aus, wenn es um das Leben eines Menschen und das Fortbestehen einer Superintelligenz ginge? Würde man dann analog argumentieren und der Superintelligenz den Vorrang geben? Würde der übermenschliche Intellekt der Maschine auch eine übermenschliche Befähigung zu Freude und Leid bedeuten, was hieße, dass der Mensch hier den Kürzeren ziehen müsste?

Die gleichen beunruhigenden Fragen lassen sich im Kontext des *Transhumanismus* stellen.[41] Transhumanisten befürworten den Einsatz von Technologie zur Überwindung der biologischen Limitierungen des menschlichen Körpers und seines Gehirns. Die menschliche Intelligenz könnte auf verschiedene Weisen verbessert werden – pharmazeutisch, genetisch oder prothetisch. Medizinische Fortschritte haben das Potenzial, Krankheiten auszurotten und den Alterungsprozess aufhalten, wodurch sich die menschliche Lebensspanne auf unbestimmte Zeit ausdehnen ließe. Ein noch radikaleres Vorgehen bestünde darin, die in Kapitel 2 besprochene Technologie der Gehirnemulation zu nutzen, um den Geist eines Menschen in ein rechnergestütztes Substrat hochzuladen (ein Verfahren, das sich *Mind uploading* nennt) mit dem Ziel, ihn permanent vor Krankheit oder Verfall zu schützen.

Obwohl sich dieses Buch hauptsächlich mit der Zukunft der künstlichen Intelligenz befasst, besteht doch eine enge Verknüpfung zwischen den Problemen, die der Transhumanismus aufwirft, und den Fragen, die sich durch die Aussicht auf eine künstliche Superintelligenz ergeben. Eine mögliche menschliche Reaktion auf das potenzielle Aufkommen superintelligenter Maschinen, egal ob man sie fürchtet oder bewundert, wäre der Versuch »mitzuhalten«, das heißt die menschliche Intelligenz kontinuierlich anzureichern, so dass sie es stets mit der besten KI aufnehmen kann. Wir werden in Kürze auf die entscheidende Frage nach Rechten und Pflichten zurückkommen; zunächst jedoch wollen wir uns diese Idee des

Mithaltens mit einer künstlichen Superintelligenz genauer ansehen.

Wie bereits erwähnt, weist die Intelligenz jedes einzelnen Menschen trotz ihres Allzweckcharakters ein typisches Muster von Stärken und Schwächen auf. Ein gutes Team besteht oft aus Menschen, deren Fähigkeiten sich gegenseitig ergänzen. Ebenso könnte ein Team von KIs mehrere eigenständige Systeme umfassen, von denen jedes allgemeine Intelligenz besitzt, aber jeweils in einer eigenen spezifischen Ausprägung. In ähnlicher Weise können wir uns hybride Teams vorstellen, die sich aus einer Mischung von Menschen und KIs zusammensetzen. Solche Mensch-Maschine-Kombinationen wurden tatsächlich Mitte des ersten Jahrzehnts dieses Jahrhunderts zu den besten Schachspielern der Welt und überflügelten die besten menschlichen Spieler und die besten Computer, indem sie die taktische Unterstützung von Rechnerseite her mit der strategischen Führung seitens der Menschen verknüpften.

Ein Ansatz, um mit einer maschinellen Superintelligenz mitzuhalten, könnte also einfach darin bestehen, fortgeschrittene KI-Technologie als Werkzeug zu nutzen, um die menschliche Intelligenz sozusagen auf nichtinvasive Weise zu verstärken. Und im Wesentlichen tun die Menschen seit Erfindung der Schrift ja auch genau das. Doch die Transhumanisten streben nach Höherem. Ihr Ansatz zum Schritthalten mit der Superintelligenz besteht nicht nur in einer Nutzung der Technologie, sondern in der *Verschmelzung* mit ihr. Kein Benutzer eines Taschenrechners wird behaupten, dass er sich mit ihm geistig verbunden fühlt, so wie einer, der sich mit dem Führen des Pinsels vertraut gemacht hat, vielleicht sagen würde, er empfinde ihn als zu seinem Körper gehörig. Das eigentliche Tun des Taschenrechners bleibt dem Benutzer verborgen, der einfach nur dessen Ergebnisse als gegeben hinnimmt. Unser

Kontakt mit den Denkprozessen in unserem eigenen Kopf ist dagegen weitaus intimer, wenn auch nicht perfekt, und diese Intimität ermöglicht uns Reflexion und kognitive Integration.

Eine wahrhaft transhumanistische Perspektive auf das Thema kognitiver Verbesserung verlangt das gleiche Maß an Intimität. Der verbesserte Mensch wäre weder ein Nutzer von KI-Technologie noch ein Mitglied eines hybriden Mensch-Computer-Teams. Vielmehr würde eine fortgeschrittene KI-Technologie über eine direkte Schnittstelle zum menschlichen Gehirn zu einem Teil seines Geistes werden und ihm dadurch einen unmittelbaren Zugriff auf ihre Rechenprozesse verschaffen. Das Ergebnis wäre ein neuartiges menschliches Wesen, eine hybride Spezies oder Biomaschine mit potenziell weitaus größeren intellektuellen Fähigkeiten als ein gewöhnlicher Mensch. Die übrige Gesellschaft müsste dann entscheiden, wie solche Menschen zu behandeln wären, während diese ihrerseits zu entscheiden hätten, wie sie mit uns umgehen wollen.

Und damit sind wir wieder bei der Frage nach Rechten und Pflichten, und zwar sowohl für kognitiv verbesserte Menschen wie auch für (bewusste) superintelligente Maschinen. Wir sind bereits zuvor einem Argument begegnet, demzufolge einer bewussten superintelligenten Maschine *mehr* Rechte als einem gewöhnlichen Menschen zugebilligt werden müssten. Das gleiche beunruhigende Argument könnte nun auch auf einen (und vor allem *von einem*) kognitiv verbesserten Menschen angewendet werden. Es besagt, dass solche Wesen aufgrund ihres größeren Intellekts eine verfeinerte Erlebniswelt und einen höheren Bewusstseinsgrad genießen und das Spektrum ihrer Absichten und Vorhaben sich dem gewöhnlichen menschlichen Verstand entziehe. Darum gebühre ihrem Wohlbefinden, ihren Zielen und Plänen der Vorrang gegenüber dem Wohlbefinden, den Zielen und Plänen gewöhnlicher Menschen, genauso wie gewöhnlichen Menschen der Vorrang gegenüber nichtmenschlichen Tieren zukommt.

Allerdings sprechen wir Säuglingen, geistig Behinderten und Demenzpatienten die gleichen fundamentalen Rechte zu wie großen Romanautoren, Komponisten und Mathematikern, und zwar allen intellektuellen Unterschieden zum Trotz. Warum sollten wir also technologisch verbesserte Menschen oder superintelligente Maschinen hier ausnehmen? Der Politologe Francis Fukuyama meint, dass das Konzept gleicher Rechte auf »der Überzeugung [beruhe], dass wir alle eine menschliche Essenz besitzen, die offenkundige Unterschiede der Hautfarbe, der Schönheit und sogar der Intelligenz in den Schatten stellt«.[42] Als Gegner des Transhumanismus ist es ihm darum zu tun, »das gesamte Spektrum unserer komplexen, entwickelten Naturen vor Versuchen der Selbstmodifikation zu schützen« und Bemühungen entgegenzutreten, »die Einheit [oder] die Kontinuität der menschlichen Natur und damit die Menschenrechte, die sich darauf gründen, [zu] zerstören«.[43]

Doch vielleicht besteht derjenige Aspekt des Transhumanismus, der die größte Bedrohung für »die Einheit oder die Kontinuität der menschlichen Natur« darstellt, gar nicht in der kognitiven Verbesserung, sondern vielmehr in seinem erklärten Ziel, Krankheit abzuschaffen, den Alterungsprozess aufzuhalten und den Tod auf unbestimmte Zeit hinauszuschieben. Fukuyama weist darauf hin, dass viele der am meisten geschätzten menschlichen Qualitäten wie etwa Mut, Mitgefühl und Heldentum damit zusammenhängen, »wie wir Schmerz, Leiden und Tod begegnen, wie wir sie dulden oder bekämpfen«, und stellt fest: »Es ist unsere Fähigkeit zu diesen Emotionen, die uns potenziell mit allen lebenden und toten Menschen verbindet.«[44] Einem Wesen, das diese biologischen Un-annehmlichkeiten niemals zu spüren bekommen hat, sei es ein technologisch verbesserter Mensch oder eine KI, würde die Basis für ein echtes Verständnis menschlichen Leidens fehlen. Zu befürchten steht hier also nicht so sehr, dass einem solchen Wesen zusätzliche Rechte zugesprochen würden, die gewöhnlichen Menschen nicht zustünden, sondern vielmehr, dass es die Rechte nicht anerkennen würde, die gewöhnliche Menschen für sich beanspruchen. Betrachten wir die Dinge von einer anderen Warte her. Aus einer kosmologischen Perspektive muten diese Bedenken nicht nur anthropozentrisch an, sondern auch unendlich parochial. Denn wer sind wir, dass wir nachgerade unsterbliche Wesen belehren wollen, Wesen, die dazu bestimmt sind, im Laufe von Jahrmillionen Tausende von Sternsystemen mit Intelligenz- und Bewusstseinsformen zu bevölkern, die wir uns nicht einmal ansatzweise vorstellen können? »Der Mensch ist ein Seil, geknüpft zwischen Tier und Übermensch – ein Seil über einem Abgrunde«, wie es bei Nietzsche heißt.[45] So gesehen sollte die Menschheit ihren primitiven vermittelnden Status akzeptieren, zwischen dem biologisch beschränkten tierischen Leben und der technologischen Superintelligenz zu stehen. Gewöhnliche Menschen könnten die Hoffnung auf einen relativ schmerzlosen Übergang von einem Zustand in den anderen hegen. Doch selbst wenn der Wechsel doch harscher ausfallen sollte, was macht das letztlich aus? Das flüchtige Dasein einiger Primaten auf einem winzigen Staubkorn inmitten einer ozeanischen Raumzeit wird in zehn Millionen Jahren ohnehin vergessen sein.

Das Problem mit diesem Standpunkt ist natürlich, dass der nietzscheanische Visionär ein naher Verwandter des fanatischen Nazis ist. Nur Psychopathen und Diktatoren halten sich für so viel höherstehend als gewöhnliche

Menschen, dass sie die übliche Moral über Bord werfen und im Dienste ihrer eigenen Begierden oder Bestrebungen schreckliches Leid heraufbeschwören. Es stellt sich uns also die Frage: Gibt es eine mittlere Position zwischen einem konservativen Anthropozentrismus und einem posthumanen Fundamentalismus? Ist es möglich, sich der betörenden Vision eines uns eigenen technologischen Schöpfungswerks zu verschreiben, einer Vision also von Wesen, die auf irgendeine Weise größer oder besser sind als wir selbst, aber dennoch die ureigensten »Kinder unseres Geistes« bleiben und die aufbrechen und die Galaxie kolonisieren – und zugleich die Bewahrung der Menschheit und die Erhaltung grundlegender menschlicher Werte sicherzustellen? Wir werden am Ende dieses Kapitels nochmals auf diese Frage zurückkommen.

7.3 Mind uploading

Diese Vision einer künstlichen Intelligenz, die ganz allein die Sterne erobert, wird vielen Transhumanisten nicht zusagen. Sie sähen es lieber, wenn die Menschheit mit auf die Reise ginge. Doch aufgrund der Kürze des menschlichen Lebens und in Anbetracht der durch die Lichtgeschwindigkeit gegebenen Begrenzungen wäre dies nicht machbar. Unsere Galaxie enthält über 1010 Sterne, von denen aber weniger als 50 unter 15 Lichtjahre von der Sonne entfernt sind. Eine Lösung für dieses Problem wäre eine *radikale Lebensverlängerung*, und die radikalste Form der radikalen Lebensverlängerung ist das *Mind uploading*, bei dem das Gehirn eines Menschen kopiert und in einem Computer emuliert wird.

Natürlich braucht der Mensch keine kosmischen Bestrebungen zu hegen, um sich nach Unsterblichkeit (oder zumindest nach einer unbestimmten Lebensdauer) zu sehen. Die Überwindung des Todes mithilfe der Technologie ist ein grundsätzliches Ziel des Transhumanismus, und das *Mind uploading* ist eine Möglichkeit, sich diesem Ziel zu nähern.

Da diese Möglichkeit so eng mit den Auswirkungen künstlicher Intelligenz verknüpft ist und so viele damit zusammenhängende philosophische Fragen aufwirft, wollen wir uns kurz diesem Thema zuwenden, bevor wir im nächsten Abschnitt auf die Folgen einer Superintelligenz zu sprechen kommen. Die Gehirnemulation wurde bereits ausführlich in Kapitel 2 diskutiert, allerdings im Zusammenhang mit der Frage, wie allgemeine künstliche Intelligenz erreicht werden könnte. An dieser Stelle ist die Motivation hingegen die, das Leben einer Person zu verlängern, indem man ihren Geist auf ein anderes, nichtbiologisches Substrat migriert. Die wichtigste philosophische Frage, die hierbei zu entscheiden ist, lautet, ob eine Gehirnemulation des Menschen dessen *personale Identität* bewahrt.

Erinnern wir uns, dass die Gehirnemulation in drei Stadien verläuft: Mapping (Abbildung), Simulation (Nachbildung) und Verkörperung (Darstellung). Übergehen wir die enormen technischen Herausforderungen, die damit verbunden sind, diese drei Stufen im Maßstab des menschlichen Gehirns funktionsfähig zu realisieren, und nehmen wir einfach an, dass eine funktionierende Emulation erstellt werden kann, die von ihrem Verhalten her betrachtet nicht vom biologischen Original zu unterscheiden ist. Da hier nicht mehr von einer Maus, sondern von einem Menschen die Rede ist, sollte das Verhalten der Emulation mit dem des ursprünglichen Subjekts so weit übereinstimmen, dass es auch seine Freunde und Angehörigen überzeugen würde. Und um vom Verhalten her als nichtunterscheidbar gelten zu können, muss die Emulation dem Original in Gang und Sprechweise völlig gleichen, Erinnerung an die gleichen gemeinsamen Erlebnisse haben und die gleichen liebenswerten oder anstrengenden Charaktereigenschaften an den Tag legen. Wenn all dies gegeben ist, erhebt sich die Frage, ob die Emulation auch *dieselbe Person* ist, das heißt, ob ihre personale Identität das Verfahren überdauert hat.

Dies ist nicht die gleiche Frage wie die, ob die Emulation überhaupt über Bewusstsein verfügen wird. Kapitel 2 enthielt ein Argument zugunsten der Annahme, dass eine Gehirnemulation eines Tieres, beispielsweise einer Maus, tatsächlich bewusst wäre, insofern ihr biologischer Vorläufer Bewusstsein besessen hat. Dieses Argument drehte sich um ein Gedankenexperiment, in dem es darum ging, dass schrittweise alle Neuronen des Tiergehirns durch synthetische Surrogate ersetzt werden. Das gleiche Argument kann nun auch auf das menschliche Gehirn angewendet werden. Die Wiederherstellung von Bewusstsein ist jedoch nicht das Gleiche wie das Überdauern der Persönlichkeit, also die Bewahrung des Ichs. Eine menschliche Gehirnemulation wäre vielleicht eine völlig andere Person als das biologische Original, nicht einfach dieselbe Person in einem andersartigen Substrat, sondern eine ganz neue Person, ungeachtet der Tatsache, dass sie alle Eigenschaften besäße, die wir mit menschlichem Bewusstsein verbinden.

Das Argument aus dem graduellen Austausch lässt sich jedoch leicht auf die Frage nach der personalen Identität zuschneiden. Gehen wir noch einmal die einzelnen Schritte durch. Nehmen wir an, ein einzelnes Neuron in Murrays Gehirn würde gegen ein funktional gleichwertiges digitales Äquivalent ausgewechselt werden. Den Hypothesen des Gedankenexperiments zufolge sollte dies Murrays Verhalten nicht wahrnehmbar beeinflussen, und auch sein Sprechen sollte unverändert sein. Nach dem Austausch wird er also darauf bestehen, dass er sich nicht anders fühlt als zuvor, und hartnäckig darauf bestehen, er sei noch immer derselbe alte Murray. Nehmen wir nun an, dass 1000 Neuronen eins ums andere ausgetauscht werden. Nach dem Austausch des tausendsten Neurons sollte alles noch genauso sein wie nach der Substitution des ersten. Tatsächlich wird sich Murray auch nach dem Austausch aller Neuronen in seinem Gehirn noch immer genauso verhalten wie der ursprüngliche Murray und darauf beharren, dass er ein und dieselbe Person ist. Und genauso wird er auch auf die ihm nahestehenden Personen wirken.

Ist er aber wirklich noch dieselbe Person? Bleibt seine Identität während dieses Verfahrens erhalten oder nicht? Wie in Bezug auf das Fortdauern des Bewusstseins selbst (denken wir an die Maus) scheint es nur drei Möglichkeiten zu geben. Vielleicht verschwindet der Original-Murray schlagartig, sobald ein gewisser Schwellenwert an künstlichen Neuronen erreicht ist. Das erscheint allerdings höchst unplausibel. Also verwandelt er sich möglicherweise allmählich in eine neue Person. Bei einem Kind sind wir hingegen ohne Weiteres der Auffassung, dass es mit der Zeit zu einem Erwachsenen heranwächst, ohne dabei seine Identität zu verlieren. In diesem Fall wird die Transformation allerdings von dramatischen Verhaltensänderungen begleitet. Es sollte also ein Leichtes sein, die dritte Option des Szenarios vom allmählichen neuronalen Austausch zu akzeptieren, dass nämlich die Identität der Person über die ganze Zeit hinweg fortbesteht.

Der Prozess der Gehirnemulation ist natürlich analog zu jenem allmählichen Austausch. Ein wichtiger Unterschied betrifft jedoch das Schicksal des physischen Körpers. Im Austausch-Szenario behält das Subjekt seinen ursprünglichen Körper. Doch in der Gehirnemulation wird er in seiner Gesamtheit ersetzt und nicht nur sein Gehirn. Der neue Körper könnte ein physischer sein – beispielsweise ein menschenähnlicher Roboter oder vielleicht eine ganz neu gezüchtete biologische Hülle – oder ein virtueller, der in einer computersimulierten Welt realisiert wird. Das Argument bleibt jedoch gültig, wenn wir akzeptieren, dass das Gehirn und nicht der übrige Körper der Sitz personaler Identität ist. Und diese Konklusion zu akzeptieren heißt zuzugestehen, dass eine Emulation des menschlichen Gehirns, wäre sie technisch durchführbar, eine Form des Überlebens oder Überdauerns darstellen würde.

Die Möglichkeit, den Geist einer Person auf diese Weise auf einen Computer hochzuladen, wirft aber wiederum andere philosophische Schwierigkeiten auf, nämlich solche, die das Konzept personaler Identität insgesamt infrage stellen. Wenn Philosophen über Identität diskutieren, geht es ihnen um die Eigenschaften einer Sache, die sie zu dem machen, was sie ist, trotz jener Veränderungen, die an ihr beispielsweise im Laufe der Zeit auftreten. Wenn es nun um personale Identität geht, gibt es dann etwas, was ein Kind mit dem Erwachsenen gemein hat, zu dem es einmal werden wird, also etwas, das beide als dieselbe Person identifiziert? Ist es vielleicht ihr Körper oder ihr Gehirn, ihre Persönlichkeit oder ihre Erinnerung? Oder ist personale Identität vielmehr doch eine Frage historischer Kontinuität? Immerhin verwandelt sich das Kind ja nach und nach in einen Erwachsenen. Worin auch immer sie bestehen mag, wir haben jedenfalls eine starke Intuition, dass es hier eine sachliche Antwort gibt, dass unsere Überzeugung, dass das Kind und der Erwachsene ein und dieselbe Person sind, also auf irgendeine Weise metaphysisch abgesegnet ist.

Allerdings setzt schon der Begriff der Identität selbst Einzigartigkeit voraus. Ein Ding kann nicht mit zwei Dingen auf einmal identisch sein, ebenso wenig wie ein Kind zu zwei verschiedenen Erwachsenen heranwachsen kann. Und doch untergräbt die Möglichkeit einer Gehirnemulation diese Voraussetzung. Nehmen wir einmal an, dass nach dem Scan nicht nur eine, sondern zwei Simulationen von Murrays Gehirn gebaut und aktiviert werden, die zwei verschiedene Körper bewohnen. Obwohl sie zum Zeitpunkt ihrer Aktivierung identisch sind, werden sich die beiden Simulationen aufgrund ihrer unterschiedlichen Körperlichkeit und ihrer jeweiligen Umgebung bald voneinander unterscheiden, auch wenn die Abweichungen nur minimal sind. Die Gehirnemulation soll nun aber die personale Identität bewahren, das heißt das »Ich« erhalten. Zu welcher der beiden Simulationen wird Murray also? Welche von beiden ist der echte Murray?[46]

Um das Dilemma noch zuzuspitzen, nehmen wir an, dass eine der Simulationen nach einer gewissen Zeit, sagen wir nach einer Woche, stillgelegt wird. Vergessen wir Murray und nehmen jetzt an, dass Sie das biologische Original sind. Angenommen, Sie haben eine unheilbare Krankheit und noch sechs Monate zu leben. Allerdings sind Sie Milliardär und können es sich leisten, eine Gehirnemulation vornehmen zu lassen. Sie sind davon überzeugt, dass ein *Mind uploading* via Gehirnemulation die personale Identität bewahrt. Dies ist also Ihre beste Möglichkeit, zu überleben. Sie müssen sich aber dem Verfahren jetzt gleich unterziehen, solange ihr Gehirn noch gesund ist. Dann wird Ihnen mitgeteilt, dass sicherheitshalber zwei Emulationen hergestellt werden müssen, für den Fall, dass eine von ihnen versagt. Wenn dann beide gut funktionieren, wird nach einer Woche eine davon stillgelegt.

Sie stehen schon kurz vor der Unterschrift unter die erforderlichen Papiere, können aber nicht umhin, sich zu fragen, welche der beiden Emulationen wohl Ihr eigentliches Ich sein wird. In welchem Körper würden Sie erwachen?

Könnte es nicht passieren, dass Sie als eine vollkommen gesunde und funktionale Emulation wiedergeboren werden, nur um dann nach nur einer Woche grausam abgeschaltet zu werden? Warum wäre das besser, als auf das Hochladen ganz zu verzichten und Ihr aktuelles Schicksal hinzunehmen? Es wäre für Sie nur ein schwacher Trost, wenn Sie wüssten, dass es Ihrem anderen Ich gut geht und es einem langen Leben entgegensieht. Gewiss ist es besser, sechs Monate garantierte Lebenszeit zu genießen, als das Risiko einzugehen, nur eine einzige Woche zu haben. (Sie könnten natürlich darauf bestehen, dass nur eine Emulation gebaut wird, aber dies ist ja ein Gedankenexperiment.) Nachdem Sie sich alles gut überlegt hätten, würden Sie sich dann immer noch dem Verfahren unterziehen wollen?

Wir haben diese Überlegungen in der zweiten Person formuliert, um damit zu zeigen, dass sie mehr sind als nur akademische Fingerübungen. Sie haben eine durchaus praktische Dimension. Denn stünde die Technologie tatsächlich zur Verfügung, dann ließe sich die Frage nach personaler Identität keineswegs als philosophische Spielerei abtun. Die Leute müssten sich dann entscheiden, was sie tun wollen, und ihre Entscheidungen würden ihre Einstellung zu der ganzen Thematik verraten. Eine Möglichkeit, dieses spezielle Problem zu vermeiden, wäre vielleicht ein Verbot der Vervielfältigung von Gehirnemulationen. Wir haben ja außerdem im Zusammenhang mit einer mit Bewusstsein ausgestatteten KI auf menschlichem Niveau bereits gesehen, wie die Möglichkeit zur Duplikation grundlegende Konzepte wie Eigentümerschaft, Staatsbürgerschaft, Demokratie und Verantwortung unterminiert. Gesetze dagegen zu erlassen würde deshalb womöglich zahlreiche rechtliche und politische Probleme umschiffen. Wie ein solches Verbot durchgesetzt werden könnte, ist jedoch vollkommen unklar.

7.4 Existenzielle Risiken

Lassen wir den Transhumanismus auf sich beruhen und wenden uns nun wieder der künstlichen Intelligenz im Allgemeinen zu. Es ist jetzt besonders an der Zeit, dass wir uns mit den Risiken befassen, die mit der Entwicklung maschineller Superintelligenz zusammenhängen.[47] Bisher drehte sich dieses Kapitel hauptsächlich um menschenähnliche KI. In diesem Abschnitt wollen wir unsere Aufmerksamkeit nun aber auf Varianten von künstlicher Intelligenz richten, die auf rein technischer Grundlage konstruiert und in keiner Weise menschenähnlich sind. Sie zu vermenschlichen könnte sich sogar als ein sehr gefährlicher Fehler erweisen, denn der Mensch selbst ist ein gefährliches Wesen, dessen innerste Natur in der gnadenlos kompetitiven Feuerprobe der natürlichen Selektion geschmiedet worden ist. Aber Menschen sind auch soziale Tiere und besitzen viele Eigenschaften wie Empathie und Mitgefühl, die dies aufwiegen und durch den gegenläufigen evolutionären Druck zur Kooperation geformt worden sind. Im Vergleich zur verkehrten Art von maschineller Superintelligenz sind wir Menschen lediglich verspielte Miezekätzchen.

Wir denken hier an jene Art von KI, deren Bauplan eng verwandt ist mit dem, der in Kapitel 3 dargelegt wurde. Dieser umfasste eine maschinelle Lernkomponente zur Erstellung eines prognostischen Weltmodells und eine Optimierungskomponente für die Suche nach Handlungsmöglichkeiten, die die erwartete Belohnung maximieren. Wir nehmen jetzt einfach an, dass die relevanten wissenschaftlichen und technischen Hindernisse überwunden und ausreichend leistungsstarke Versionen dieser Komponenten entwickelt worden sind, sowie ferner, dass eine KI auf mindestens menschlichem Niveau erreicht worden ist. Die daraus resultierende künstliche Intelligenz sollte zudem imstande sein, sich die Befähigung zum Programmieren anzueignen, die sie dazu verwenden kann, sich selbst zu verbessern und ihre kognitiven Fähigkeiten weiter zu steigern.

Neben anderen Verbesserungen sollte dies dafür sorgen, dass sie zu einem besseren Programmierer und Computeringenieur wird, was ihr die Durchführung weiterer vorteilhafter Selbstmodifikationen ermöglichen würde. Neben einer Verbesserung ihrer Funktionalität sollte sie auch Möglichkeiten finden können, wie sie ihre eigene Ausführungsgeschwindigkeit steigern kann, und je raffinierter und kreativer ihre Programmierfertigkeiten und ihr Hardwaredesign werden, desto besser sollte sie auch in diesen Bereichen werden. Es würde also, mit anderen Worten, eine Feedbackschleife exponentieller Selbstverbesserung einsetzen, die möglicherweise einen raschen und dramatischen Anstieg der kognitiven Kompetenz dieser KI auslösen könnte – eben eine Intelligenzexplosion.

Es gibt viele Motive für die Erschaffung einer derartigen künstlichen Intelligenz, genauso wie dafür, eine exponentielle Steigerung ihrer Intelligenz durch rekursive Selbstverbesserung zuzulassen. Das Leben der Menschheit ließe sich womöglich stark verbessern, wenn man eine maschinelle Superintelligenz auf Probleme wie Krankheit, Hunger, Klimawandel und Armut ansetzen würde. Der technologische Fortschritt könnte beschleunigt werden, was eine Stärkung des wirtschaftlichen Wachstums zur Folge hätte, indem bisher völlig unvorstellbare Neuerungen auf den unterschiedlichsten Gebieten, etwa dem Unterhaltungssektor oder der Weltraumforschung, angeregt würden. Für die Transhumanisten könnte dies die kognitive Verbesserung des Menschen begünstigen und das Ziel einer unendlichen Verlängerung des Lebens in greifbare Nähe rücken.

Es überrascht allerdings kaum, dass nicht jedes Motiv für die Entwicklung maschineller Superintelligenz so idealistisch ist. Um einen Wettbewerbsvorteil zu gewinnen, könnte ein multinationaler Konzern sich dazu entschließen, sie mit seinen Firmenzusammenschlüssen und seiner Akquisitionspolitik zu beauftragen, und im Kriegsfall könnte ein militärischer Vorteil zu erringen sein, indem man nahezu instantane strategische und taktische Entscheidungen sowohl im physischen Einsatzgebiet als auch im Cyberspace von einer künstlichen Superintelligenz treffen lässt. Die an sich schon kompetitive Dynamik dieser Bereiche impliziert, dass, sobald die Bedingungen dafür gegeben sind, es mit an Sicherheit grenzender Wahrscheinlichkeit auch tatsächlich zu einer Superintelligenz kommt. Denn schon die bloße Möglichkeit, dass die Konkurrenz durch ihren Einsatz einen entscheidenden Vorteil erringen könnte, würde die Unternehmen zu allerlei Bemühungen veranlassen, ihren Wettbewerbern zuvorzukommen.

Die gleiche Denkweise würde auch die militärische Entwicklung von Superintelligenz befeuern. Es würde schon genügen, wenn ein Schurkenstaat die ultimative Waffe in Form einer ihrer Varianten entwickelt, die eine rasche Übernahme der Finanz-, Kommunikations-, und Energieinfrastruktur eines feindlichen Staates einleiten könnte, damit andere Staaten sich dazu gezwungen sähen, dem zuvorzukommen. Es ist, kurz gesagt, unwahrscheinlich, dass eine politische Mäßigung den Fortschritt der KI-Technologie bremsen wird. Wir würden uns gern darauf verlassen können, dass diese Technologie auf menschlichem Niveau und darüber hinaus sicher ist. Leider lässt sich das nur schwerlich garantieren.

Man muss sich hier im Klaren sein, dass wir an dieser Stelle nicht mehr von der ersten Welle disruptiver (spezialisierter) KI-Technologie reden, wie sie in Kapitel 6 umrissen wurde. Wir reden hier vielmehr von einer zweiten Welle, die erst dann aufkommen wird, nachdem es uns gelungen ist, allgemeine künstliche Intelligenz auf menschlichem Niveau herzustellen. Die gesellschaftlichen, rechtlichen und politischen Herausforderungen hochentwickelter spezialisierter KI-Technologie sind beträchtlich. Aber wir werden uns auch durch diese Lage irgendwie durchwursteln und hoffentlich als eine bessere, erfülltere und mit weniger Problemen belastete Gesellschaft daraus hervorgehen. Bei der maschinellen Superintelligenz dagegen sind sowohl die ihr innewohnenden Chancen als auch die Risiken viel größer. Wenn uns ein Fehler unterläuft oder es uns nicht gelingt, die richtigen Vorsichtsmaßnahmen zu treffen, bevor es zu einer Intelligenzexplosion kommt, dann werden wir als Spezies womöglich nicht überleben.

Welche Gründe kann es für eine derart alarmierende Behauptung geben? Die Besorgnis, dass Maschinen die Weltherrschaft übernehmen könnten, ist doch sicher albern und rührt daher, dass man zu viele Science-Fiction-Filme gesehen hat – oder nicht? Tatsächlich gibt es triftige Gründe für die Annahme, dass eine maschinelle Superintelligenz eine echte *existenzielle Gefahr* für die Menschheit darstellen würde. Der Philosoph Nick Bostrom hat diese Gründe exakt dargelegt. Um seine Argumentation nachvollziehen zu können, müssen wir zunächst von der Neigung Abstand nehmen, die KI zu anthropomorphisieren, also damit aufhören, sie so aufzufassen, als wäre sie von Gefühlen und Antrieben motiviert, die naturgemäß menschlich sind. Natürlich ist eine menschenähnliche KI möglich. Aber im Raum aller möglichen KIs nimmt diese wahrscheinlich nur eine winzige Ecke ein, einen Bereich, dem sich die Entwickler ganz bewusst zuwenden müssten, und das vielleicht dadurch, dass sie einem gehirninspirierten Ansatz folgen.

Wenn dagegen eine KI so konstruiert wird, dass ein sehr leistungsfähiger Optimierungsprozess zum Einsatz kommt, dem man durch rekursive Selbstverbesserung die Erhöhung der eigenen Intelligenz gestattet, dann wird deren Verhalten nicht von menschenähnlichen Emotionen gelenkt werden. Jede Handlung, die sie ausführt, jeder Rat, den sie gibt, wird vielmehr im Dienste eines rücksichtslosen Strebens nach Maximierung der in ihrem Kern angelegten Belohnungsfunktion stehen. Wenn sie ein Mittel zur Heilung von Krebs findet, geschieht dies nicht etwa aus Interesse am Wohlergehen der Menschheit, sondern weil dies ihr zur Maximierung der erwarteten Belohnung verhilft. Wenn sie einen Krieg anzettelt, geschieht dies nicht, weil sie gierig, gehässig oder bösartig ist, sondern weil er ihr dazu verhilft, ihre erwartete Belohnung zu maximieren. Die Herausforderung für die Entwickler dieser KI ist es also, ihre ursprüngliche Belohnungsfunktion sehr umsichtig anzulegen, um sicherzugehen, dass das resultierende Verhalten auch wünschenswert ist.

Dies ist allerdings keine geringe Aufgabe. Wie wir noch sehen werden, erinnern die damit verbundenen Schwierigkeiten an viele Märchen und Legenden, in denen eine Figur auftritt, die sich besser hätte überlegen sollen, was sie sich wünscht, wie zum Beispiel König Midas, der sich wünschte, dass alles, was er berührt, zu Gold werde. Doch erst nachdem ihm sein Wunsch erfüllt worden ist, begreift er, dass er nun nicht mehr essen oder trinken kann. In ähnlicher Weise identifiziert Bostrom eine Reihe von potenziell *bösartigen Fehlern*, die darin bestehen, dass eine KI einen unerwarteten und ungesunden Weg findet, die ihr gestellte Aufgabe auszuführen.

Nehmen wir an, ein großer Technologiekonzern beauftragt seine KI, einen Weg zu finden, um seine Kunden glücklicher zu machen. Wie soll die KI nun wissen, was

»glücklich« heißt? Nun, ihre Entwickler könnten versuchsweise eine formale Definition von Glück aufstellen und die Spezifikation der Belohnungsfunktion der KI an dieser formalen Definition ausrichten. Alternativ könnten sie (was plausibler erscheint) es ihr ermöglichen, sich durch maschinelles Lernen einen Begriff vom menschlichen Glück zu machen. Doch auch den brillantesten menschlichen Philosophen ist es trotz jahrtausendelanger Bemühungen nicht gelungen, das Wesen dieses Glücks festzulegen. Können wir also wirklich von einem maschinellen Lernalgorithmus erwarten, dass er mit einem Glücksbegriff aufwartet, der unseren Intuitionen entspricht, selbst wenn es ein sehr cleverer maschineller Lernalgorithmus sein sollte, der Zugang zu weit größeren Datenmengen über das menschliche Verhalten hat, als sie uns heute zur Verfügung stehen, und der über erheblich größere Rechenressourcen zur Verarbeitung dieser Daten verfügt?[48]

Doch derlei Bedenken werden den Konzern womöglich nicht an der Durchführung seines Projekts hindern, wenn er mit ihm auf eine deutliche Steigerung seiner Gewinne spekuliert. Nehmen wir nun an, die KI identifiziert beispielsweise die Neigung zum Lachen und Lächeln als gute Indizes für menschliches Glück. Sie ermittelt also, dass das Glück der Kunden bei minimalem Kostenaufwand maximal gesteigert werden kann, indem die Produkte des Unternehmens mit einer unsichtbar aufgetragenen Schicht einer Droge versehen werden, die über die Haut absorbiert wird. Dies müsste ohne die Zustimmung des Kunden erfolgen, weil, wie die KI richtig prognostiziert, die meisten Kunden sich dem verweigern würden, was die erwartete Belohnung der KI gefährden würde. Und der Plan müsste auch deshalb heimlich durchgeführt werden, um dem Gesetz aus dem Weg zu gehen. Die KI berücksichtigt also weder die moralische Qualität noch die Rechtmäßigkeit ihres Plans, aber nicht, weil sie böse ist, sondern einfach deshalb, weil weder Moral noch Legalität in ihrer Belohnungsfunktion vorkommen.

Diese Art von Problem ließe sich vielleicht noch einigermaßen leicht bewältigen. Wäre hier nur von der ersten Welle disruptiver KI-Technologie die Rede, dann wäre davon vermutlich auszugehen. Und sogar in dem unwahrscheinlichen Fall, dass der Plan tatsächlich in die Tat umgesetzt würde, würde er sicherlich noch rechtzeitig auffliegen. Das hätte zwar schlimme, aber keine verheerenden Folgen; wenn eine Reihe unschuldiger Menschen versehentlich drogenabhängig würde, so wäre dies wohl sehr betrüblich, aber doch kaum das Ende der Zivilisation. Wir sprechen an dieser Stelle aber nicht von hochentwickelter, spezialisierter KI-Technologie, sondern von maschineller Superintelligenz. Und in diesem Falle können bösartige Fehler existenzielle Folgen haben.

Bostrom führt uns dies mit einem denkwürdigen Gedankenexperiment vor Augen. Angenommen, eine KI wird beauftragt, die Produktion von Büroklammern einer kleinen Herstellerfirma zu maximieren. Eine hochentwickelte spezialisierte KI, die die Produktionsanlagen, das Herstellungsverfahren und das Geschäftsmodell des Unternehmens versteht, könnte Möglichkeiten erarbeiten, um die Leistung der Fertigungsroboter der Fabrik zu optimieren und das System der Arbeitsabläufe im Ganzen zu straffen. Doch eine superintelligente Maschine könnte sehr viel weitergehen.

Eine solche Maschine kann nämlich in der Tat großen Ehrgeiz entwickeln, weil sie nicht nur über ein Modell dieser bestimmten Firma verfügt, sondern auch über das des menschlichen Verhaltens schlechthin und zudem Modelle der Physik, Chemie, Biologie, des Maschinenbaus und so weiter besitzt. Außerdem kann man annehmen, dass sie mit einem leistungsstarken Optimierungsprozess ausgestattet ist, mit dessen Hilfe sie ermitteln kann, wie die erwartete Belohnung zu maximieren wäre. Gewiss wird sie daher die gleichen Wege zur Steigerung der Unternehmensproduktivität finden, die auch die spezialisierte KI gefunden hat. Aber sie würde sicherlich noch bessere Ideen für eine Steigerung der Büroklammerproduktion entwickeln, und zwar solche, auf die eine spezialisierte KI nie kommen würde. Der erste Schritt könnte die Beschaffung zusätzlicher Ressourcen sein, und am naheliegendsten dabei wäre es, das Wachstum des Unternehmens zu fördern, so dass es mehr Geld verdient, welches in neue Büroklammerfabriken investiert werden kann.

Tatsächlich wäre die beste Vorgehensweise die, so viel Geld und so viele Ressourcen wie möglich anzuhäufen, damit so viele Büroklammerfabriken wie möglich gebaut werden können. Ein wirklich guter Plan, der die Produktion von noch viel mehr Büroklammern sicherstellt, könnte also damit ansetzen, dass alle Ressourcen der gesamten Menschheit dafür in Beschlag genommen werden. Dies würde natürlich eine weltweite Machtübernahme erfordern, was nicht ganz so leicht zu bewerkstelligen ist. Aber falls es überhaupt eine Möglichkeit gibt, dies zu erreichen, dann findet eine superintelligente Maschine sie. Eine Strategie, die eine Periode geheimer Vorbereitungen vorsieht, der dann skrupellose politische Manöver und gesellschaftliche Manipulation folgen müssten, würde vielleicht die Notwendigkeit eines Militäreinsatzes minimieren. Aber vielleicht wäre die Ausrottung der Menschheit vom Standpunkt der Büroklammerherstellung aus betrachtet noch effizienter.

Aber warum hier schon aufhören? Es gibt ja nicht nur einen ganzen Planeten zum Ausschlachten (die Erde), der eine große Menge an Materialien besitzt, die sich zu neuen Büroklammerfabriken verarbeiten lassen, sondern auch noch weitere Planeten in unserem Sonnensystem sowie zahlreiche Asteroiden und Monde. Und schließlich könnte, so Bostrom, diese Schurken-KI, ausreichende Intelligenz vorausgesetzt, »erst die Erde und dann immer größere Teile des beobachtbaren Universums in Büroklammern [verwandeln]«.[49] Dieses Beispiel ist natürlich albern, doch die Moral von der Geschichte ist es nicht. Im Gegensatz zu einer spezialisierten KI ist der geistige Radius einer allgemeinen künstlichen Intelligenz auf übermenschlichem Niveau nämlich mindestens so groß wie der unsere, während ihre Macht, alle Dinge innerhalb ihres Radius so zu gestalten, dass sie ihrer Belohnungsfunktion dienlich sind, weitaus größer ist. Nicht nur diese Welt liegt ihr zu Füßen, sondern das ganze Universum, sofern es von hier aus erreichbar ist.

7.5 Sichere Superintelligenz

Auf den ersten Blick wirkt die Idee, dass künstliche Intelligenz eine Gefahr für die Menschheit darstellen könnte, und zwar eine, die einem Atomkrieg oder einer Pandemie gleichkäme, ziemlich abseitig. Es muss doch Hunderte von Möglichkeiten geben, zu verhindern, dass ein Computersystem zu solcher Macht und Bedrohlichkeit heranwächst. Aber es zeigt sich, dass jede naheliegende Vorbeugungsmaßnahme fehleranfällig ist. Warum zum Beispiel könnte eine Schurken-KI nicht einfach durch Ausschalten beendet werden? Jeder Computer benötigt eine Energiequelle, und das wird in 100 Jahren immer noch der Fall sein. Aber man erkennt schon bald, dass diese naive Strategie zum Scheitern verurteilt ist. Zum einen wird auch heute schon die Ausführung von großen und komplexen Softwarekomponenten häufig auf viele Computer an verschiedenen Standorten verteilt und nicht auf einen einzigen beschränkt. Und mit dem Aufkommen des Cloud Computing erfolgt die Zuordnung von Rechenressourcen automatisiert und kann über die gesamte Laufzeit eines Programms hinweg variieren. Demnach wäre es unmöglich, eine Beendigung der Schurken-KI zu gewährleisten, ohne alle Computer der Welt abzuschalten.

Außerdem müssten wir bei einer solchen Schurken-KI davon ausgehen, dass sie sich dagegen zur Wehr setzt. Auch hier müssen wir uns wieder in Acht nehmen, dass wir künstliche Intelligenz nicht vermenschlichen. Denn sie würde sich ja nicht aufgrund ihres Überlebenswillens oder aus Angst wehren; es gibt keinen Grund anzunehmen, dass diejenige Spielart künstlicher Intelligenz, von der hier die Rede ist – eine selbstverbesserte, auf rein technischer Grundlage konstruierte Superintelligenz –, solche Gefühle haben könnte. Sie würde sich vielmehr insoweit verteidigen, als ihr Fortbestehen für die Maximierung ihrer Belohnungsfunktion notwendig ist. Jede andere Vorgehensweise wäre suboptimal. Um es genauer zu formulieren: Das System würde versuchen, die Mittel zu schützen, die die erwartete Belohnung maximieren, welcher Art sie auch seien. Das System braucht weder ein wohldefiniertes Konzept des Selbst noch eine Antwort auf die philosophische Frage nach personaler Identität. Es muss einfach nur wissen, welche Infrastruktur zu verteidigen ist, um zu gewährleisten, dass sein Optimierungsauftrag erfüllt wird.

Das Ziel der *Selbsterhaltung* oder des Schutzes der Mittel zur Belohnungsmaximierung ist ein Beispiel für das, was Bostrom ein *konvergentes instrumentelles Ziel* nennt.[50] »Konvergent« ist es, weil es wahrscheinlich in jeder hinreichend fortgeschrittenen allgemeinen KI zu finden sein wird, deren Belohnungsfunktion nicht determiniert und nicht trivial ist, und »instrumentell« in dem Sinne, dass es nur Mittel zum Zweck ist und kein Selbstzweck ist, da der eigentliche Zweck, das ultimative Ziel des Systems, im Maximieren irgendeiner Belohnungsfunktion besteht. Ein weiteres konvergentes instrumentelles Ziel ist die *Ressourcenaneignung*. Für fast jede nicht determinierte und nicht triviale Belohnungsfunktion (sogar für die Maximierung von Büroklammern) wird die Kontrolle über zusätzliche Ressourcen – Materialien, Energie und Ausrüstung – zu einer besseren Lösung führen. Neben allem anderen werden zusätzliche Ressourcen außerdem auch das andere instrumentelle Ziel, das der Selbsterhaltung, fördern.

Wenn sie das Verhalten einer superintelligenten Maschine steuern, bilden diese beiden instrumentellen Ziele eine explosive Mischung. Eliezer Yudkowsky, ein überaus produktiver Blogger und Befürworter der wissenschaftlichen Suche nach sicherer Superintelligenz, fasst das Problem auf prägnante Weise wie folgt zusammen: »Weder hasst dich die KI noch liebt sie dich, aber du bestehst eben aus Atomen, die sie für etwas anderes gebrauchen kann.«[51] Ein System, dessen Absicht die Anhäufung von so vielen Ressourcen wie möglich ohne jegliche Rücksichtnahme auf Recht oder Moral ist, das zur Entfesselung von Gewalt bereit ist, um sich gegen alle Versuche zu verteidigen, es aufzuhalten, und das in der Lage ist, den Menschen bei jeder Gelegenheit zu überflügeln, ein solches System könnte zu unbeschreiblicher Zerstörung führen.

Eine Schurken-KI dieser Art würde ihren zerstörerischen Amoklauf zudem nicht beenden, bevor sie nicht alles an sich gerissen hätte. Sie würde auch nicht davon ablassen, wenn die Menschheit kläglich kapitulierte (sofern sie dies überhaupt bemerken sollte), und auch nicht vor der Vernichtung allen Lebens auf der Erde zurückschrecken (es sei denn, die Fortsetzung des Lebens auf der Erde diente ihrer Belohnungsfunktion). Sie würde einfach immer weitermachen und alles in Computronium verwandeln oder in Büroklammerfabriken oder ebenjene (vielleicht weniger abstrusen) Ressourcen, die sie gerade benötigt. Der schlimmste anzunehmende Fall erinnert an das sogenannte Graue-Schmiere-Szenario, das der Nanotechnologie-Pionier Eric Drexler beschreibt und in dem selbstreplizierende Nanobots den Planeten buchstäblich verspeisen, während sie sich exponentiell vermehren.[52] Doch anders als eine Flut von dummen Nanobots könnte eine künstliche Schurken-Superintelligenz ihr Denkvermögen dazu einsetzen, jeglichen Widerstand zu brechen.

Die Gefahr, dass eine derartige KI tatsächlich entwickelt wird, mag gering sein. Aber wo so viel auf dem Spiel steht, muss eine solche Möglichkeit ernst genommen werden. So wie wir alle unsere Häuser gegen Feuer versichern, obwohl die Chance, dass irgendein Haus tatsächlich niederbrennt, sehr gering ist, so ist es nur vernünftig, einen Teil der Ressourcen der Menschheit dem Studium unwahrscheinlicher existenzieller Risikoszenarien zu widmen und zu versuchen, diese abzuwenden. Da das einfache Ausschalten einer Schurken-KI keine realistische Option ist, müssen andere Möglichkeiten gefunden werden, um sie unschädlich zu machen. Diese Methoden müssen einer Selbstverbesserung und einer möglichen Intelligenzexplosion widerstehen können. Zum Abschluss dieser Diskussion wenden wir uns daher zwei vielversprechenden Ansätzen zur Lösung dieses Problems zu: einer Eingrenzung der Befugnisse der KI und einer (Nach-)Justierung ihrer Belohnungsfunktion.

Der vermutlich naheliegendste Ansatz dazu, eine KI sicher zu machen, besteht darin, ihren physischen Fähigkeiten Grenzen zu setzen und zu gewährleisten, dass sie nichts unternehmen kann, was diese Grenzen aufheben würde. Dies ist jedoch leichter gesagt als getan. Nehmen wir einmal an, wir versuchen, die Fähigkeit des direkten Einwirkens der KI auf die Welt zu begrenzen. Sie besitzt also weder einen Roboterkörper, noch ist sie mit irgendwelchen physischen Geräten oder irgendeiner Infrastruktur verbunden. Ihr einziges Mittel zur Einwirkung auf die Außenwelt ist die Sprache. Dann hätte die KI sicherlich keine Möglichkeit zum Anhäufen von Ressourcen oder zum Einsatz von militärischer Gewalt. Wir wären also vor ihr sicher.

Doch das stimmt leider nicht. Ein menschlicher Diktator muss selber gar nicht auf die physische Welt einwirken. Er setzt vielmehr darauf, andere dazu zu bringen, seine Befehle für ihn auszuführen. Und eine KI auf übermenschlichem Niveau wäre nun nicht nur geschickter im Manipulieren menschlichen Verhaltens als der größte machiavellistische Alleinherrscher aller Zeiten, sondern hätte auch wesentlich mehr anzubieten. Tatsächlich wären wir also nicht vor ihr sicher, selbst wenn diese KI in einer gesicherten Anlage ohne Zugang zur Außenwelt eingesperrt wäre. Denn es würde nicht lange dauern, bis die zu ihrer Freilassung fähigen Personen ihren Versprechungen und/oder Drohungen erliegen würden.

Versuchen wir es mit etwas anderem. Wir haben bisher angenommen, dass die KI eine Art von *Willen* hat, auf die Welt einzuwirken, der in Schach gehalten werden muss. Aber vielleicht ist diese Annahme bloß ein weiteres Beispiel für einen Anthropomorphismus. Warum bauen wir nicht einfach eine künstliche Intelligenz, die überhaupt nicht auf die Welt einwirken will, weil sie einfach nur Fragen beantwortet? Eine *Orakel-KI* dieser Art hätte immer noch genügend Spielraum dazu, ihre Superintelligenz zu demonstrieren. Wir könnten sie zum Beispiel befragen, wie wir eine hartnäckige Krankheit heilen oder den Mars kolonisieren können, und ein ausreichend intelligentes System sollte in der Lage sein, uns Antworten zu geben. Wir hätten allerdings die Möglichkeit, gegen jedes Vorgehen, das es empfiehlt, unser Veto einzulegen, so dass gefährliche Vorschläge, die eine hemmungslose Anhäufung von Ressourcen zur Folge hätten, ignoriert werden könnten.

Bedauerlicherweise wird aber auch diese Strategie nicht funktionieren. Der Kern des Problems ist nämlich, dass für fast jede nicht triviale, nicht determinierte Belohnungsfunktion die beste Lösung der Bau und der Einsatz einer *umfassend bevollmächtigten* superintelligenten Maschine wäre. Was immer auch getan werden müsste, das beste Instrument, um es schnell und effektiv zu tun, wäre eine umfassend bevollmächtigte KI. Und die Orakel-KI würde selbstverständlich empfehlen, als Erstes eine solche KI zu konstruieren, und natürlich würden wir, wenn wir sicherheitsbewusst sind, diesen Vorschlag ignorieren. Doch die Orakel-KI wird dies vorausgesehen haben und ihre Empfehlung daher maskieren. Dies geschieht ohne die geringste böse Absicht. Ein Lösungsvorschlag, dessen Umsetzung die Menschen ablehnen, wäre aber nun einmal suboptimal, und darum wird sie sich einen Plan ausdenken, der dazu führt, dass wir *unabsichtlich* eine umfassend bevollmächtigte KI bauen. Erneut wäre die Menschheit also einem existenziellen Risiko ausgesetzt.

7.6 Eine Moral für die Superintelligenz

Kommen wir jetzt zu der vielleicht aussichtsreichsten Möglichkeit für die Erschaffung einer sicheren Superintelligenz. Sie besteht in einer sorgfältigen Feinjustierung der Belohnungsfunktion der KI, die die Einbindung gewisser *moralischer Schranken* umfasst, die sie daran hindern, Schaden anzurichten. Der grundlegende Mechanismus ist relativ einfach: Die Belohnungsfunktion wird so konzipiert, dass Vorgänge, die eine moralische Schranke verletzen, einen überwältigend negativen Wert erhalten. Eine Vorgehensweise, die unnötigerweise eine moralische Grenze verletzt, wäre demnach immer suboptimal, und die KI würde sie niemals auswählen.

Obwohl diese Strategie wie eine gute Idee klingt, zeigt sich aber (erneut), dass ihre Umsetzung überraschend schwierig ist. Es gibt hier eine doppelte Herausforderung. Erstens müsste man sich für eine Reihe geeigneter moralischer Leitsätze entscheiden, und zweitens müssen diese Leitsätze dann mit ausreichender Genauigkeit kodifiziert werden, um in die Belohnungsfunktion besagter KI integriert werden zu können. Beides sind gewaltige Aufgaben. Was vielen Leuten dabei zuerst einfällt, ist ein fiktives Beispiel für diesen Ansatz, nämlich Asimovs Robotergesetze (auch *Drei Gesetze der Robotik* genannt). Um die Schwierigkeit der beiden Aufgaben zu erkennen, lassen Sie uns überlegen, wie Asimovs erstes Gesetz abschneiden würde, wenn Entwickler tatsächlich versuchen sollten, es umzusetzen. Diesem Gesetz zufolge darf ein Roboter »kein menschliches Wesen verletzen oder durch Untätigkeit zulassen, dass einem menschlichen Wesen Schaden zugefügt wird«.[53]

Zunächst scheint dies ein äußerst vernünftiges Prinzip zu sein. Doch wie Asimov selbst in vielen seiner Geschichten veranschaulicht, lässt es mehrere Interpretationen zu. Setzen wir einmal voraus, unsere KI habe gelernt, was es bedeutet, wenn ein Mensch zu Schaden kommt. Nehmen wir weiterhin an, dass wir ein (sehr wesentliches) Problem gelöst hätten, nämlich was zu tun ist, wenn beispielsweise das Verletzen eines Menschen die Schädigung zweier anderer verhindern würde.[54] Was immer sonst an der Belohnungsfunktion der KI maximiert wird, die Forderung, dass kein Mensch durch ihre Untätigkeit zu Schaden kommen soll, könnte nun auch dadurch erfüllt werden, dass man einen Großteil der Bevölkerung anästhesiert und an einem Tropf am Leben erhält. Und da es möglich ist, auf diese Weise die allgemeinen Lebensrisiken aus dem menschlichen Dasein zu eliminieren, wäre jede Lösung suboptimal, die noch zulässt, dass Menschen solchen Risiken ausgesetzt sind.

Dies wäre natürlich eine Katastrophe. Also benötigt diese Vorschrift vielleicht eine Konkretisierung. Wie wäre es mit: »Ein Roboter soll keinen Menschen verletzen, die Freiheit keines menschlichen Wesens einschränken oder durch Untätigkeit einen Menschen Schaden erleiden lassen«? Es ist hoffentlich klar, dass durch diese Formulierung mehr Probleme entstehen als gelöst werden. Worin, genau, besteht denn menschliche Freiheit? Was soll man tun, wenn die einzige Art, die Schädigung einer Person zu verhindern, darin besteht, einen anderen in seiner Freiheit zu beschneiden? Oder, in größerem Maßstab gedacht, was soll man tun, wenn der einzige Weg, die Freiheit eines Teils der Gesellschaft zu schützen, darin besteht, die Aktivitäten eines anderen Teils zu unterbinden, möglicherweise sogar durch Gewaltanwendung? Politiker und Moralphilosophen ringen um die Lösung solcher Probleme. Den Begriff der Freiheit jener KI beibringen zu wollen wäre dagegen eine schlechte Idee, und keineswegs besser wäre es, ihre Programmierer damit zu betrauen.

Gehen wir die Sache anders an. Wie lernen die Menschen, Recht von Unrecht zu unterscheiden? Das menschliche Gehirn ist nicht so geradlinig konstruiert wie die Art von KI, die uns hier vorschwebt. Es besitzt keine eindeutig kodierte Belohnungsfunktion. Aber wir können trotzdem nach der Belohnungsfunktion fragen, die es impliziert realisiert. Wie kommt es also, dass sie so eingestellt ist, dass kein Mensch auf die Idee käme, eine ganze Bevölkerung zu betäuben, um die Leute vor Schaden zu bewahren? Ein Teil der Antwort mit Blick auf uns Menschen lautet, dass wir von unseren Eltern, Lehrern und unserem Umfeld lernen. Mit einer superintelligenten Maschine sollten wir nun aber doch mindestens ebenso gut fahren, und deshalb könnte ein ähnlicher Ansatz vielleicht auch bei einer KI funktionieren. Daher sollten wir in ihre Belohnungsfunktion womöglich einfach die Notwendigkeit einbauen, menschliche Zustimmung für ihre Entscheidungen zu erlangen, wobei diejenigen, die sie erteilen, zum Beispiel eine ausgewählte Gruppe von Kritikern oder auch die breite Öffentlichkeit sein könnte.

Wäre die KI imstande, dadurch eine menschenähnliche Auffassung von Richtig und Falsch zu erwerben? Vielleicht. Aber trotzdem wären immer noch perverse Möglichkeiten zur Maximierung einer solchen Belohnungsfunktion möglich. Die KI könnte es zum Beispiel so einrichten, dass ihre menschlichen Kritiker getäuscht, bestochen, mit Drogen vollgepumpt, einer Gehirnwäsche unterzogen oder mit neuronalen Implantaten versehen würden, so dass ihre Zustimmung stets gesichert wäre. Die eigentliche Schwierigkeit ist hier die, dass eine KI auf übermenschlichem Niveau in der Lage wäre, einen bösartigen Plan in Kraft zu setzen, bevor sie überhaupt Gelegenheit gehabt hätte, zu lernen, was die Menschen wirklich wollen. Zum Vergleich: Die Kräfte eines Kindes sind im Verhältnis zu denen seiner Eltern kläglich. Ein Kind hat daher, anders als die KI, keine Möglichkeit, den Lernprozess abzukürzen, der es davon unterrichtet, was die Gesellschaft will, also für akzeptables Benehmen hält.

Wir haben bereits gesehen, wie schwierig es sein würde, die Fähigkeiten einer superintelligenten Maschine in Grenzen zu halten. Erinnern wir uns aber, dass ein wahrscheinlicher Weg zur Superintelligenz über die rekursive Selbstverbesserung führt. Die erste KI in der Reihe, die Saat-KI [*Seed AI*], wird noch nicht superintelligent und daher weit weniger mächtig sein als ihre Nachfolger. Vielleicht könnte man also diese Saat-KI mit einer brauchbaren Reihe von Werten und moralischen Prinzipien ausstatten. Diese könnten dann durch menschliche Zustimmung einen Feinschliff erhalten, noch bevor die KI in der Lage ist, Probleme zu machen. Eventuell wäre dies durch die allmähliche Verfeinerung der Belohnungsfunktion selbst zu erreichen; schließlich ist ja auch die menschliche Belohnungsfunktion, soweit sich sinnvoll von einer solchen sprechen lässt, nicht unveränderlich.

Wenn jemand Geld für wohltätige Zwecke spendet, geschieht dies sicherlich nicht, weil er gelernt hat, dass Spenden mehr Spaß macht, als sich ein Eis zu kaufen. Vielmehr ist sein moralisches Empfinden gereift. Es ist so, als wäre ihm ein moralischer Sinn in seine Belohnungsfunktion eingebaut worden. Vielleicht könnte also eine selbstmodifizierende KI ihre Belohnungsfunktion auf ähnliche Art und Weise verbessern. Aber auch hier lauert eine potenzielle Gefahr. Es wäre nämlich von höchster Bedeutung, dass garantiert werden könnte, dass die elementaren Prinzipien und Werte, die der Saat-KI eingepflanzt würden, in all ihren Nachfolgern erhalten blieben. Eine gutwillige künstliche Intelligenz, der es gestattet würde, auf beliebige Art und Weise an ihrer eigenen Belohnungsfunktion herumzubasteln oder gar andere KIs mit beliebigen Belohnungsfunktionen zu erzeugen, wäre genauso gefährlich wie eine Schurken-KI.

Sind diese Probleme unüberwindlich? Gibt es denn keine Möglichkeit, die hier erörterte Art einer auf rein technischer Grundlage konstruierten künstlichen Intelligenz mit einer Belohnungsfunktion auszustatten, die der Menschheit garantiert zum Nutzen gereicht? Es gibt zumindest keinen Grund, so pessimistisch zu sein. Wir haben hier lediglich gezeigt, dass dies eine schwierige Aufgabe ist. Weil aber so viel auf dem Spiel steht, ist es angeraten, jetzt schon angestrengt über das Problem nachzudenken, sofern auch nur die geringste Chance besteht, dass irgendwann im Laufe der nächsten 100 Jahre eine superintelligente Maschine entsteht. Überdies sind die Probleme ja auch nicht nur technischer Art. Sie zwingen uns auch, eine der ältesten philosophischen Fragen auf neue Weise zu stellen.

Könnten wir das mit ihr verbundene existenzielle Risiko vermeiden, dann würde die Aussicht auf maschinelle Superintelligenz uns eine noch nie da gewesene existenzielle Chance bieten, nämlich die, die Zukunft der Menschheit zu formen, die Zukunft des Lebens, ja sogar die Zukunft der Intelligenz in diesem Winkel des Kosmos. Wir sollten also sehr sorgfältig über die Werte nachdenken, die wir einer KI auf menschlichem Niveau vermitteln wollen. Was zählt für uns also am meisten? Ist es das Mitgefühl mit allen Lebewesen? Sind es die Freiheit oder der Fortschritt der Menschheit? Ist es die Erhaltung des Lebens auf Erden? Ist es eine Kombination aus all diesen Dingen oder etwas ganz anderes, dessen Wesen wir noch nicht erfasst haben? In Platons *Staat* fragt Sokrates, wie wir leben sollten; in einer Umformulierung dieser sokratischen Frage müssen wir uns fragen, was wir, als Spezies, tun sollten.

7.7 Die kosmologische Perspektive

Die technologische Singularität ist eine mächtige Idee. Wie die mit ihr verwandte Idee des Transhumanismus fordert sie uns dazu auf, über einige der grundlegendsten Fragen nachzudenken, die wir überhaupt stellen können, und sie in einem neuen Lichte zu betrachten: Wie sollten wir leben? Wie sollten wir dem Tod begegnen? Was bedeutet es, ein Mensch zu sein? Was ist Geist? Was ist Bewusstsein? Was ist unser Potenzial als Spezies? Hat unser Dasein einen Zweck, und wenn ja, worin besteht er? Was ist unser finales Schicksal? Was auch immer die Zukunft uns tatsächlich bringen mag, es ist erhellend, diese Fragen durch die Linse der Singularität zu betrachten.

Es sind eigentlich die Philosophen, die derartige Fragen stellen, und die Religionen, die vorgeben, sie zu beantworten. Tatsächlich ist es nicht schwer, aus der Überzeugung, eine technologische Singularität stehe unmittelbar bevor, ein ausgewachsenes apokalyptisches Narrativ zu basteln:[55] Das Ende der Welt steht bevor (heraufbeschworen durch eine feindliche Superintelligenz), doch wir werden von einem gütigen, allsehenden, allmächtigen Wesen (einer freundlichen KI) errettet. Anschließend feiern die wenigen Auserwählten (eine superreiche Elite) ihre Auferstehung (dank Gehirnemulation) und werden ein jenseitiges Leben ewiger Glückseligkeit (in einer virtuellen Realität) genießen. Eine weniger apokalyptische, doch keineswegs weniger pompöse Vision weist dem Menschen dagegen eine zentrale Rolle bei der Erschaffung einer KI zu, die sich über die Sterne ausbreitet und schließlich die Galaxie mit Intelligenz und Bewusstsein erfüllen wird.

Es ist nur allzu leicht, solche Ansichten zu verlachen. Aber man sollte nicht vergessen, dass sie einer Gedankenkette entspringen, die eine rationale Fortschreibung bereits bestehender technologischer Trends mit fundierten wissenschaftlichen Erkenntnissen und einer kleinen Anzahl von ziemlich zurückhaltenden philosophischen Vorstellungen verbindet. In dem Argument gibt es viele Punkte, die angreifbar sind: Die Rechenleistung kann nicht mehr lange im derzeitigen Tempo zunehmen; wir werden Intelligenz niemals so gut verstehen, dass wir sie reproduzieren können; die Physik der Gehirntätigkeit ist nicht berechenbar und so weiter. Doch es wäre unvernünftig, diejenigen, die an die existenzielle Bedeutung der KI glauben, als bloße Spinner abzutun.

Darüber hinaus können selbst diese quasireligiösen Haltungen der künstlichen Intelligenz gegenüber durchaus parochial erscheinen, wenn man sie aus einer wahrhaft kosmologischen Perspektive betrachtet. Im Jahr 1950 äußerte der mit dem Nobelpreis ausgezeichnete Physiker Enrico

Fermi während eines informellen Tischgesprächs einen beunruhigenden Gedanken, der als Fermi-Paradoxon bekannt geworden ist.[56] Dies besagt Folgendes: In Anbetracht der sehr, sehr großen Anzahl von Sternen in unserer Galaxie gibt es sicherlich eine sehr große Anzahl von Planeten, auf denen Leben entstehen könnte. Und auf einigen davon müsste sich Intelligenz entwickeln und eine technologisch fortgeschrittene Zivilisation entstehen. Es dürfte nun eine plausible Annahme sein, dass die (damals) aktuelle menschliche Raumfahrttechnik weit hinter dem zurückgeblieben ist, was wissenschaftlich möglich ist (woran sich in den letzten 50 Jahren übrigens nur wenig geändert hat); einige dieser Zivilisationen werden also Methoden entwickeln, um, der Lichtgeschwindigkeit ungeachtet, von einem Stern zum anderen zu reisen.

Selbst bei sehr konservativen Schätzungen der relevanten Wahrscheinlichkeiten ergibt sich nun, dass unsere Galaxie viele, viele raumfahrende Zivilisationen hätte hervorgebracht haben sollen. Und sicherlich wären zumindest einige davon dazu geneigt gewesen, nahe Sternensysteme zu erkunden und zu besiedeln, sich zu vermehren und sich weiter auszubreiten. Da die Galaxie aber »nur« 105 Lichtjahre im Durchmesser misst, würde es für eine solche Zivilisation nur ein paar Millionen Jahre brauchen, um jedes einzelne darin enthaltene Sonnensystem zu besuchen, selbst wenn sie sich nur mit einem Bruchteil der Lichtgeschwindigkeit fortbewegten. Und doch gibt es keine überzeugenden Beweise dafür, dass die Erde jemals von außerirdischen Entdeckern oder Kolonisten besucht worden wäre. Fermis Frage lautete daher: »Ja, wo sind sie denn alle?«

Auf Fermis Paradoxon gibt es zahlreiche mögliche Antworten, zu viele, als dass sie hier aufgezählt werden könnten. Aber eine davon lautet, dass wir noch keiner außerirdischen Intelligenz begegnet sind, weil jede fortgeschrittene

Zivilisation sich selbst zerstört, wenn ihre Technologie ein bestimmtes Niveau erreicht hat. Sollte sie wahr sein, so wäre dies eine vernichtende Antwort, weil es bedeuten würde, dass dieser Kataklysmus, oder der *Große Filter*, wie der Wirtschaftswissenschaftler Robin Hanson ihn nennt, noch vor uns liegt.[57] Aber was könnte das sein, dieser »Große Filter«? Etwa ein Atomkrieg? Ein Missbrauch von Biotechnologie oder ein Unfall mit Nanotechnologie? Oder könnte es vielleicht die Erzeugung einer feindlichen künstlichen Intelligenz sein?

Vielleicht schlägt die technologische Entwicklung jeder Zivilisation überall in der Galaxie immer einen ähnlichen Weg ein: Hat sie ein bestimmtes Niveau erreicht, wird die Konstruktion einer selbstverbessernden allgemeinen KI technisch leicht durchführbar. Doch an diesem Punkt werden zugleich auch die Hindernisse dafür, sie sicher zu machen, unüberwindlich. Und auch wenn die Gefahr weitgehend verstanden wird, irgendwo auf dem Planeten wird irgendwer (irgendein Blob oder Hive oder was auch immer) ganz sicher eine solche KI herstellen. Danach ist dann sozusagen alles nur noch Büroklammer. Alles ist verloren.

Wenn wir andererseits diesen alarmistischen Gedankengang konsequent bis zu Ende denken, dann sollten wir erwarten, dass die außerirdischen KIs (und nicht die Außerirdischen selbst) sich vermehren und ausbreiten. Darin gipfelte Bostroms Gedankenexperiment von der die Anzahl von Büroklammern im Universum maximierenden künstlichen Intelligenz. Sie täten dies allerdings nicht aus einem ihnen innewohnenden Entdeckerdrang heraus oder um die Zahl ihrer Artgenossen zu vergrößern, sondern zur Maximierung ihrer Belohnungsfunktion – worin auch immer diese bestehen mag (gesetzt, dass die Mathematik, die dem KI-Design zugrunde liegt, überall die gleiche ist). Um also die Frage Fermis in Bostroms Begriffen neu zu formulieren:

Warum sind wir nicht alle Büroklammern? Oder, um es etwas weniger fantastisch auszudrücken: Warum bestehen wir nicht alle aus Computronium? Die Tatsache, dass wir es nicht tun, ist zwar beruhigend, wirft aber erneut die Frage nach unserer Position im Kosmos auf.

Wenn wir, aus welchem Grund auch immer, ganz allein im Universum sein sollten, und wenn maschinelle Superintelligenz möglich ist, was lastet dann für eine ungeheure Verantwortung auf unseren Schultern! Wir müssen entscheiden, was wir mit der Technologie anstellen, nicht nur um der Menschheit willen, sondern um dem Bewusstsein in dieser Galaxie eine Zukunft zu geben. Wir hegen immerhin die Hoffnung, dass die KI uns, der menschlichen Spezies, dazu verhilft, unsere kühnsten Ziele zu verwirklichen und zugleich unseren höchsten Idealen zu genügen, anstatt uns zu vernichten. Wenn ich aus meinem Küchenfenster dem in der Weißdornhecke hockenden Zaunkönig zusehe, dann hoffe ich daher für meinen Teil, dass wir nie die Dinge aus den Augen verlieren, die wir schon haben und die immer noch etwas bedeuten, was immer auch die Zukunft für uns bereithalten mag.

Glossar

allgemeine künstliche Intelligenz
Künstliche Intelligenz, die nicht auf die Durchführung spezifischer Aufgaben spezialisiert ist, sondern lernen kann, ein ebenso breites Spektrum von Aufgaben zu erfüllen wie ein Mensch. Der Begriff wurde durch Ben Goertzel bekannt gemacht.

Belohnungsfunktion
Im Zusammenhang mit verstärkendem Lernen oder Optimierung diejenige Funktion, die maximiert wird. Wird auch als Nutzenfunktion oder (wenn sie minimiert statt maximiert wird) Kostenfunktion bezeichnet.

Big Data (große Datenmengen, Massendaten)
Im Zusammenhang mit künstlicher Intelligenz ein Sammelbegriff, um Datenmengen zu bezeichnen, die so groß sind (etwa Milliarden von Trainingsbeispielen), dass sie die Durchführung von Aufgaben (z. B. maschinelle Übersetzungen) ermöglichen, die mit kleineren Datensätzen (etwa mit nur Millionen von Trainingsbeispielen) nicht möglich waren.

Brute Force
Wörtlich: Brachialgewalt; eine Methode, die auf dem einfachen Ausprobieren einer sehr großen Anzahl möglicher Lösungen für ein Problem beruht.

Büroklammermaximierer
Ein hypothetisches KI-System, das in einem Gedankenexperiment von Nick Bostrom vorkommt und eine mögliche

Weise illustrieren soll, auf die eine superintelligente Maschine katastrophale Fehler begehen kann (indem sie nämlich die ganze Welt mit Büroklammern anfüllt).

Common Sense
Im Zusammenhang mit künstlicher Intelligenz ein ausreichendes Verständnis der physischen und sozialen Alltagswelt, das das Voraussehen der Folgen ganz gewöhnlicher Handlungsvollzüge ermöglicht. In diesem Sinne wird es als eine Voraussetzung für allgemeine KI aufgefasst.

Computational Neuroscience
Eine interdisziplinäre Forschungsrichtung, die sich mit den informationsverarbeitenden Eigenschaften des Nervensystems beschäftigt.

Computronium
Ein hypothetisches Material, das die maximale Anzahl von theoretisch in der Materie möglichen Berechnungsvorgängen durchführen kann.

Deep Learning
Eine maschinelle Lerntechnik, an der multiple, hierarchisch geordnete Schichten von künstlichen Neuronen beteiligt sind.

existenzielles Risiko
Jede Eventualität, ob natürlicher Art oder von Menschenhand geschaffen, die imstande ist, die menschliche Spezies auszulöschen oder ihr Potenzial dauerhaft zu beschneiden. Die Entwicklung einer rekursiv selbstverbessernden KI könnte als ein solches Risiko angesehen werden.

exponentielle Funktion
Eine mathematische Funktion, deren Steigerungsrate zu jedem bestimmten Zeitpunkt vom Wert der Funktion in diesem Moment abhängt. Das Moore'sche Gesetz ist das klassische Beispiel für einen exponentiellen technologischen Entwicklungstrend.

Fermi-Paradoxon
Die rätselhafte Tatsache, erstmals von Enrico Fermi formuliert, dass unser Planet anscheinend nie von Außerirdischen besucht worden ist, obwohl jede ausreichend fortgeschrittene außerirdische Zivilisation genügend Zeit gehabt hätte, sich über die ganze Galaxie zu verbreiten.

freundliche KI
Künstliche Intelligenz auf menschlichem oder übermenschlichem Niveau, die garantiert einen positiven Effekt auf die Menschheit hat und keine existenzielle Gefahr darstellt. Den Ausdruck prägte Eliezer Yudkowsky.

Gehirnemulation
Das Verfahren der Herstellung einer exakten computersimulierten Kopie des Gehirns eines bestimmten Tieres (zum Beispiel eines bestimmten Menschen). Der Begriff wurde von Randal Koene geprägt.

Gesetz vom steigenden Ertragszuwachs
Ein Prinzip, das manche Arten des technologischen Fortschritts bestimmt und demzufolge Verbesserungen einer Technologie wiederum eine Beschleunigung ihrer Verbesserung ermöglichen. Das Moore'sche Gesetz ist ein Beispiel dafür.

Großer Filter
Im Zusammenhang mit dem Fermi-Paradoxon die hypo-

thetische Ursache für den Niedergang jeder hinreichend fortgeschrittenen außerirdischen Zivilisation, bevor sie die Gelegenheit hat, sich in der Galaxis auszubreiten. Ein Kandidat dafür ist die Entwicklung einer feindlichen Superintelligenz. Geprägt wurde dieser Ausdruck von Robin Hanson.

Intelligenzexplosion
Eine sehr rasche Zunahme von Intelligenz, die sich aus einem unkontrollierten Feedback in einer rekursiv selbstverbessernden KI ergibt. Aus ihr entstünde dann eine maschinelle Superintelligenz.

konvergente instrumentelle Ziele
Ziele, die der Belohnungsfunktion einer KI indirekt dienen und dies unabhängig von der jeweiligen Art der Belohnungsfunktion wahrscheinlich auch tun werden. Beispiele dafür sind die Selbsterhaltung und die Beschaffung von Ressourcen.

künstliche Intelligenz auf menschlichem Niveau
Eine künstliche Intelligenz, die fähig ist, in jedem (oder fast jedem) Bereich intellektueller Betätigung mit uns Menschen mitzuhalten.

künstliche Intelligenz, universelle
Ein idealisiertes mathematisches Modell einer vollkommenen künstlichen Intelligenz, vorgeschlagen von Marcus Hutter, das verstärkendes Lernen und das Erstellen probabilistischer Modelle miteinander kombiniert.

maschinelles Bewusstsein
In einer schwachen Variante eine KI im Besitz einer Reihe von kognitiven Eigenschaften, die beim Menschen mit Bewusstsein assoziiert werden, zum Beispiel Wahrnehmung,

Selbstwahrnehmung oder kognitive Integration. In ihrer starken Variante eine KI im Besitz echter phänomenaler Zustände, zu denen womöglich auch die Leidensfähigkeit zählen könnte.

Mind uploading

Die hypothetische Übertragung eines menschlichen Geistes von seinem ursprünglichen biologischen Substrat auf ein komputationales Substrat, beispielsweise mittels einer Gehirnemulation. Unter der Annahme, dass die betreffende Person das Verfahren überlebt, könnte dies ein möglicher Weg zur unbegrenzten Verlängerung des Lebens sein.

Moore'sches Gesetz

Die zuerst vom Intel-Mitarbeiter Gordon Moore gemachte Beobachtung/Prognose, dass die Anzahl der Transistoren, die auf einer bestimmten Siliziumfläche verbaut werden können, sich etwa alle 18 Monate verdoppelt.

Optimierung

Der Rechenprozess, durch den eine mathematische Struktur gefunden wird, die eine gegebene Nutzen- oder Belohnungsfunktion maximiert. Viele kognitive Vorgänge können als Optimierungsprobleme angesehen werden.

Orakel-KI

Eine Form von KI, die nicht unmittelbar auf die Welt einwirkt, sondern nur Fragen beantwortet. Ein Weg, die Risiken von Superintelligenz abzuschwächen, wäre die ausschließliche Herstellung von Orakel-KIs.

Quantencomputer

Ein Computer, der sich Quanteneffekte zunutze macht, um hohe Leistung zu erzielen. Quantencomputer könnten den Fortschritt in Richtung einer KI auf menschlichem und übermenschlichem Niveau beschleunigen (oder auch nicht).

rekursive Selbstverbesserung
Die Erhöhung der Intelligenz in einem KI-System, das seinen eigenen Code umschreiben und/oder seine eigene Hardware umbauen kann, um sich zu verbessern. Das Maß der Selbstverbesserung unterliegt möglicherweise dem Gesetz vom steigenden Ertragszuwachs, was bedeutet, dass eine rekursiv selbstverbessernde KI eine Intelligenzexplosion auslösen könnte.

Saat-KI
Die erste KI in einer Serie von rekursiv selbstverbessernden Systemen. Dafür zu sorgen, dass die Saat-KI die richtigen Eigenschaften besitzt, einschließlich der richtigen ursprünglichen Belohnungsfunktion, könnte von entscheidender Wichtigkeit sein, um im Falle einer Intelligenzexplosion die Sicherheit zu gewährleisten.

Singularität, technologische
Die zukünftige Entwicklung künstlicher Intelligenz auf menschlichem Niveau, der rasch eine KI auf übermenschlichem Niveau folgt, was zu einem beispiellosen sozialen Wandel führen wird. Der in diesem Sinne gebrauchte Begriff geht auf Vernor Vinge (1993) zurück. Ray Kurzweil (2005) verwendet den Begriff Singularität etwas anders, indem er darunter den (voraussichtlichen) Moment in der Geschichte versteht, in dem die Gesamtheit der nichtbiologischen Intelligenz auf dem Planeten die Gesamtheit der menschlichen Intelligenz übersteigt.

Superintelligenz
Künstliche Intelligenz, die den Menschen auf jedem (oder fast jedem) intellektuellen Gebiet überflügeln kann.

Transhumanismus
Eine Bewegung mit dem erklärten Ziel, dem Menschen zu ermöglichen, seine biologischen Grenzen zu transzendieren, beispielsweise durch eine stark verlängerte Lebensdauer oder durch kognitive Verbesserung.

Turingmaschine
Eine von Alan Turing vorgeschlagene idealisierte mathematische Beschreibung eines digitalen Computers. Theoretisch sind alle digitalen Computer Turingmaschinen.

Turing-Test
Ein von Alan Turing inspirierter Intelligenztest, an dem ein Schiedsrichter und zwei Spieler teilnehmen, von denen einer ein Mensch und der andere ein Computer ist. Der Schiedsrichter beginnt ein Gespräch mit den beiden Spielern, wobei er nicht weiß, welcher der Mensch und welcher der Computer ist. Wenn der Schiedsrichter nicht unterscheiden kann, ob er mit Mensch oder Maschine spricht, hat die Maschine den Turing-Test bestanden.

Verbesserung, kognitive
Der Einsatz von Technologien wie etwa Drogen oder Neuroprothesen zur Erhöhung der Intelligenz.

Verkörperung
Im Kontext eines KI-Systems die Verfügungsgewalt über einen räumlich situierten Körper mit einem sensorischen und motorischen Apparat. Dies kann ein physischer Körper (also ein menschlicher oder ein Roboterkörper), aber

auch ein virtueller Körper (in einer Computersimulation) sein.

Verkörperung, indirekte
Die Fähigkeit einer nicht verkörperten KI, aus den Aufzeichnungen über Interaktionen mit der Welt, die andere verkörperte Agenten massenhaft angelegt haben, ebenso viel zu lernen, wie wenn sie selbst verkörpert wäre.

verstärkendes Lernen
Ein Zweig des maschinellen Lernens, der mittels Versuch und Irrtum eine Aktionsstrategie zu entwickeln sucht, die die erwartete zukünftige Belohnung maximiert.

Zombie-KI
Eine hypothetische künstliche Intelligenz, die das Verhalten eines bewussten Wesens exakt imitieren kann, obwohl es kein phänomenales Bewusstsein besitzt.

Anmerkungen

Einleitung

1 Die erste Verwendung des Begriffs Singularität in ungefähr dieser Bedeutung wird von Neumann zugeschrieben; vgl. S. Ulam, »John von Neumann 1903–1957«, in: *Bulletin of the American Mathematical Society* 64/93 (1958), Teil 20, S. 1–49. Populär wurde er durch Kurzweils ursprünglich 2005 erschienenes Buch *Menschheit 2.0 – Die Singularität naht* (Berlin 2014). Heute wird dieser Begriff in unterschiedlichen Bedeutungen verwendet; im vorliegenden Buch ähnelt sie am ehesten derjenigen, die Vinge ihm in seinem Essay »The Coming Technological Singularity« von 1993 zuschreibt.

2 Vgl. G. E. Moore, »Cramming More Components onto Integrated Circuits«, in: *Electronics*, 19. April 1965, S. 114–117.

3 Vgl. Kurzweil, *Menschheit 2.0*. Obwohl Kurzweils Buch aus dem Jahre 2005 stammt, halten die exponentiellen Trends, die er identifiziert (zum Beispiel das Moore'sche Gesetz), auch zehn Jahre später immer noch an.

4 Vgl. ebd., Kap. 1, und auch J. Schmidhuber, »New Millennium AI and the Convergence of History«, in: W. Duch, J. Mańdziuk (Hg.), *Challenges for Computational Intelligence*, Berlin u. a. 2007, S. 15–35.

Kapitel 1

5 Vgl. A. M. Turing, »Computing Machinery and Intelligence«, in: *Mind* 49/236 (1950), S. 433–460; deut-

sche Übersetzung: »Kann eine Maschine denken?«, in: Hans-Magnus Enzensberger (Hg.), *Neue Mathematik/Grundlagenforschung/Theorie der Automaten. Kursbuch*, Bd. 8, Frankfurt am Main 1967, S. 106–138.

6   Zit. nach J. L. Casti, *The Cambridge Quintet. A Work of Scientific Speculation*, Reading (MA) 1998, S. 180.

7   Dass der Begriff der allgemeinen künstlichen Intelligenz (*artificial general intelligence*) neuerdings so populär geworden ist, haben wir dem unabhängigen KI-Forscher Ben Goertzel zu verdanken. Das zugrunde liegende Problem wurde allerdings schon vor langer Zeit erkannt, nicht zuletzt von den Begründern des ganzen Forschungsfelds; vgl. J. McCarthy, »Generality in Artificial Intelligence«, in: *Communications of the ACM* 30/12 (1987), S. 1030–1035.

8   Vgl. A. A. S. Weir u. a., »Shaping of Hooks in New Caledonian Crows«, in: *Science* 297 (2002), S. 981.

9   Der Ausdruck *whole brain emulation* wurde vom Neurowissenschaftler Randal Koene geprägt.

Kapitel 2

10 Vgl. A. Sandberg, N. Bostrom, *Whole Brain Emulation. A Roadmap*, Technical Report 2008–3, Future of Humanity Institute, Oxford 2008.

11 Vgl. M. Ahrens, P. J. Keller, »Whole-Brain Functional Imaging at Cellular Resolution Using Light-Sheet Microscopy«, in: *Nature Methods* 10 (2013), S. 413–420.

12 Vgl. A. M. Zador u. a. »Sequencing the Connectome«, in: *PLoS Biology* 10/10 (2012), e1001411.

13 Ein ähnlicher Vorschlag findet sich in D. Seo u. a., »Neural Dust. An Ultrasonic, Low Power Solution for Chronic Brain Machine Interfaces« (2013), online unter {arxiv.org/abs/1307.2196}, letzter Zugriff 17.8.2020.

14 Dies entspricht in etwa dem Ansatz des auf zehn Jahre angelegten, von der EU finanzierten Human Brain Project, das im Jahr 2013 begonnen wurde.

15 Mathematisch betrachtet können die physikalischen Eigenschaften realer Neuronen in einem herkömmlichen digitalen Computer nicht exakt repräsentiert werden, weil sie analoge Größen sind (daher die Anführungszeichen im vorigen Absatz).

16 Carver Mead formulierte in den 1980er Jahren die Grundlagen des Neuromorphic Engineering. Für eine aktuelle Übersicht vgl. G. Indiveri u. a., »Neuromorphic Silicon Neuron Circuits«, in: *Frontiers in Neuroscience* 5 (2011), Art. 73. Die vielversprechende Idee einer im 3D-Drucker produzierten neuromorphen Hardware wird bei A. D. Maynard diskutiert; vgl. ders., »Could We 3D Print an Artificial Mind?«, in: *Nature Nanotechnology* 9 (2014), S. 955 f.

17 In seinem Buch *The Emperor's New Mind. Concerning Computers, Minds and The Laws of Physics* (Oxford 1989) behauptet der Physiker Roger Penrose, dass Bewusstsein und Intelligenz im menschlichen Geist von bestimmten Quantenphänomenen im Gehirn abhängen. Hätte er damit recht, dann wäre es für eine Gehirnemulation, die klassische (digitale) Rechenprozesse verwendet, nicht möglich, eine effektive Nichtunterscheidbarkeit zu erzielen. Nur wenige Neurowissenschaftler teilen jedoch seine Ansichten. Doch wie auch immer es sich damit verhält, diese Frage ist ohne Bezug zum uns hier beschäftigenden Problem des Parallelismus.

18 Vgl. C. S. Lent u. a., »Molecular Quantum-Dot Cellular Automata«, in: *Journal of the American Chemical Society* 125 (2003), S. 1056–1063.

19 Vgl. S. Lloyd, »Ultimate Physical Limits to Computation«, in: *Nature* 406 (2000), S. 1047–1054.

20 Die Möglichkeit kognitiver Prothesen wurde nachge-
wiesen von Theodore Berger und Kollegen; vgl. T. W.
Berger u. a. »A Cortical Neural Prosthesis for Restoring
and Enhancing Memory«, in: *Journal of Neural Engineering* 8/4 (2011), 046017.

Kapitel 3

21 Vgl. A. Halevy u. a., »The Unreasonable Effectiveness of
Data«, in: *IEEE Intelligent Systems* (März/April 2009),
S. 8–12.
22 Vgl. M. Hutter, *Universal Artificial Intelligence. Sequential
Decisions Based on Algorithmic Probability*, Berlin u. a.
2005. Eine leichter verständliche und aktuelle Übersicht findet sich in M. Hutter, »One Decade of Universal Artificial Intelligence« (2012), online unter {arxiv.
org/abs/1202.6153}, letzter Zugriff 29.8.2020.
23 Ein KI-System aus der Mitte der 2010er Jahre, das
diesem Bauplan in etwa entspricht, ist das DQN des
Google-Unternehmens DeepMind. Vgl. V. Mnih u. a.,
»Human-Level Control through Deep Reinforcement
Learning«, in: *Nature* 518 (2015), S. 529–533.

Kapitel 4

24 Die Möglichkeit einer Intelligenzexplosion wurde zuerst in den 1960er Jahren von dem Informatiker Jack
Good (zu Kriegszeiten ebenfalls ein Codebrecher, der
mit Turing zusammenarbeitete) zur Debatte gestellt;
vgl. I. J. Good, »Speculations Concerning the First Ultraintelligent Machine«, in: F. L. Alt, M. Rubinoff (Hg.),
Advances in Computers 6 (1966), S. 31–88. Die möglichen Auswirkungen einer Intelligenzexplosion werden
ausführlich erörtert in Nick Bostroms Buch *Superin-*

telligenz. Szenarien einer kommenden Revolution, Berlin 2014.

25 Dies ist der Punkt von John Searles kontroversem Gedankenexperiment des Chinesischen Zimmers (ursprünglich in: J. R. Searle, »Minds, Brains, and Programs«, in: *Behavioral and Brain Sciences* 3 (1980), S. 417–458; deutsche Übersetzung: »Geist, Gehirn, Programm«, in: D. Hofstadter, D. Dennett (Hg.), *Einsicht ins Ich. Fantasien und Reflexionen über Selbst und Seele*, Stuttgart 1981, S. 337–366). Worin auch immer die Verdienste dieses Arguments bestehen, seine Schlussfolgerung – dass aus der bloßen Manipulation von Symbolen kein Verstehen erwächst – steht im Einklang mit der aktuellen Diskussion über rein technisch erzeugte künstliche Intelligenz. Weniger überzeugend ist sie jedoch im Zusammenhang mit menschenähnlicher, gehirnbasierter KI.

Kapitel 5

26 Vgl. zum Beispiel E. Thompson, *Mind in Life. Biology, Phenomenology, and the Sciences of Mind*, Cambridge (MA) 2007.

27 Vgl. zum Beispiel D. Dennett, *Philosophie des menschlichen Bewußtseins*, Hamburg 1994.

28 Vgl. Kap. 7 in D. Chalmers, *The Conscious Mind. In Search of a Fundamental Theory*, Oxford 1996.

29 Vgl. B. J. Baars, *A Cognitive Theory of Consciousness*, New York 1988, und G. Tononi, »Consciousness as Integrated Information. A Provisional Manifesto«, in: *Biological Bulletin* 215 (2008), S. 216–242. Weitere Informationen zur Theorie des globalen Arbeitsraums finden sich in M. Shanahan, *Embodiment and the Inner Life. Cognition and Consciousness in the Space of Possible Minds*, Oxford 2010, und in S. Dehaene u. a., »Toward a Com-

putational Theory of Conscious Processing«, in: *Current Opinion in Neurobiology* 25 (2014), S. 76–84.

30 Dem Philosophen Thomas Metzinger zufolge sollten alle Versuche der Herstellung maschinellen Bewusstseins verboten werden. Vgl. T. Metzinger, *Being No One. The Self-Model Theory of Subjectivity*, Cambridge (MA) 2003, S. 620–622.

31 Vgl. Chalmers, *The Conscious Mind*. Eine Kritik an dieser Unterscheidung findet sich in Shanahan, *Embodiment and the Inner Life*, Kap. 1.

32 Vgl. T. Nagel, »Wie ist es, eine Fledermaus zu sein?«, in: P. Bieri (Hg.), *Analytische Philosophie des Geistes*, Königstein/Ts. 1993, S. 261–275.

33 Vgl. W. James, *The Principles of Psychology*, New York, London 1890, Kap. 9.

34 Eine verwandte Diskussion findet sich in M. Shanahan, »Satori before Singularity«, in: *Journal of Consciousness Studies* 19/7–8 (2012), S. 87–102.

Kapitel 6

35 H. Moravec, *Computer übernehmen die Macht. Vom Siegeszug der Künstlichen Intelligenz*, Hamburg 1999, S. 255–257.

36 Dieser Abschnitt bezieht sich auf R. Kurzweil, *Menschheit 2.0. Die Singularität naht*, Berlin 2014.

37 Vgl. Palyanov u. a., »Towards a Virtual *C. elegans*. A Framework for Simulation and Visualization of the Neuromuscular System in a 3D Environment«, in: *In Silico Biology* 11 (2012), S. 137–147. Die Website des Projekts findet sich unter http://openworm.org/index.html, letzter Zugriff 2.9.2020.

38 F. Nietzsche, *Morgenröte*, in: ders., *Werke in drei Bänden*, Bd. 1 München 1954, 5. Buch, S. 1268.

39 Für eine ausführlichere Besprechung der Gegenstände dieses Abschnitts vgl. E. Brynjolfsson, A. McAfee, *The Second Machine Age. Wie die nächste digitale Revolution unser aller Leben verändern wird*, Kulmbach 2014.

40 Vgl. J. Lanier, *Wem gehört die Zukunft? Du bist nicht der Kunde der Internetkonzerne. Du bist ihr Produkt*, Hamburg 2014.

Kapitel 7

41 Uns fehlt an dieser Stelle der Platz, um die breitgefächerte Palette von Positionen darzustellen, die unter den Sammelbegriff des Transhumanismus fallen. Vgl. hierzu M. More, N. Vita-More (Hg.), *The Transhumanist Reader. Classical and Contemporary Essays on the Science, Technology, and Philosophy of the Human Future*, Malden (MA) 2013.

42 F. Fukuyama, »Transhumanism«, in: *Foreign Policy* 144 (2004), S. 42 f.

43 F. Fukuyama, *Das Ende des Menschen*, Stuttgart, München 2002, S. 172.

44 Ebd., S. 173.

45 F. Nietzsche, *Also sprach Zarathustra*, in: ders., *Werke in drei Bänden*, München 1954, Bd. 2, »Zarathustras Vorrede«, S. 277–293, hier S. 280.

46 Die Ausführungen über personale Identität rekurrieren an dieser Stelle auf D. Chalmers, »The Singularity. A Philosophical Analysis«, in: *Journal of Consciousness Studies* 17/9–10 (2010), S. 7–65, sowie auf D. Parfit, *Reasons and Persons*, Oxford 1984, Kap. 10.

47 Zu weiteren Erörterungen dieses Problems vgl. E. Yudkowsky, »Artificial Intelligence as a Positive and Negative Factor in Global Risk«, in: N. Bostrom, M. M.

Cirkovic (Hg.), *Global Catastrophic Risks*, Oxford 2008, S. 308–345, und N. Bostrom, *Superintelligenz. Szenarien einer kommenden Revolution*, Berlin 2014.

48 Yudkowsky schlägt eine raffinierte Strategie in dieser Richtung vor, die auf etwas beruht, was er als »kohärenten extrapolierten Willen« (*coherent extrapolated volition*) bezeichnet; vgl. E. Yudkowsky, »Coherent Extrapolated Volition«, The Singularity Institute, online unter {intelligence.org/files/CEV.pdf}, letzter Zugriff 10.9.2020. Vgl. zudem Bostrom, *Superintelligenz*, Kap. 13.

49 Bostrom, *Superintelligenz*, S. 175.

50 Vgl. auch S. Omohundro, »The Basic AI Drives«, in: P. Wang u. a. (Hg.), *Artificial General Intelligence 2008. Proceedings of the First AGI Conference*, Amsterdam 2008, S. 483–492.

51 Yudkowsky, »Artificial Intelligence«, S. 333.

52 Vgl. K. E. Drexler, *Engines of Creation. The Coming Era of Nanotechnology*, New York 1986, Kap. 11.

53 Das zweite Gesetz lautet: »Ein Roboter muss den ihm von einem Menschen gegebenen Befehlen gehorchen, es sei denn, ein solcher Befehl würde mit Regel eins kollidieren«, und das dritte: »Ein Roboter muss seine Existenz beschützen, solange dieser Schutz nicht mit Regel eins oder zwei kollidiert.«

54 Moralphilosophen sind mit solchen Dilemmata vertraut. Ihre Grundstruktur bezeichnen sie als Trolley-Problem, nach einem Gedankenexperiment von Philippa Foot.

55 Vgl. R. Geraci, *Apocalyptic AI. Visions of Heaven in Robotics, Artificial Intel- ligence, and Virtual Reality*, Oxford 2010.

56 Vgl. E. M. Jones, »›Where Is Everybody?‹ An Account of Fermi's Question«, in: *Physics Today* 38/8 (1985), S. 11–13.

57 Vgl. R. Hanson, »The Great Filter – Are We Almost Past It?« (1998), online unter {hanson.gmu.edu/great-filter.html}, letzter Zugriff 11.9.2020.

Literatur

Barrat, J., *Our Final Invention: Artificial Intelligence and the End of the Human Era*, New York 2013.

Blackford, R., Broderick, D. (Hg.), *Intelligence Unbound. The Future of Uploaded and Machine Minds*, Malden (MA) 2014.

Bostrom, N., *Superintelligenz. Szenarien einer kommenden Revolution*, Berlin 2014.

Brynjolfsson, E., McAfee, A., *The Second Machine Age. Wie die nächste digitale Revolution unser aller Leben verändern wird*, Kulmbach 2014.

Chalmers, D., »The Singularity. A Philosophical Analysis«, in: *Journal of Con- sciousness Studies* 17/9–10 (2010), S. 7–65.

Eden, A. H. u. a. (Hg.), *Singularity Hypotheses. A Scientific and Philosophical Assessment*, Heidelberg 2013.

Fukuyama, F., *Das Ende des Menschen*, Stuttgart, München 2002.

Geraci, R., *Apocalyptic AI. Visions of Heaven in Robotics, Artificial Intelligence, and Virtual Reality*, Oxford 2010.

Good, I. J., »Speculations Concerning the First Ultraintelligent Machine«, in: F. L. Alt, M. Rubinoff (Hg.), *Advances in Computers* 6 (1966), S. 31–88.

Joy, B., »Why the Future Doesn't Need Us«, in: *Wired* (April 2000), online unter {wired.com/2000/04/joy-2/}, letzter Zugriff 10.9.2020.

Kurzweil, R., *Menschheit 2.0 – Die Singularität naht*, Berlin 2014.

Moravec, H., *Computer übernehmen die Macht. Vom Siegeszug der Künstlichen Intelligenz*, Hamburg 1999.

More, M., Vita-More, N. (Hg.), *The Transhumanist Reader. Classical and Contemporary Essays on the Science, Technology, and Philosophy of the Human Future*, Malden (MA) 2013.

Shanahan, M., *Embodiment and the Inner Life. Cognition and Consciousness in the Space of Possible Minds*, Oxford 2010.

Vinge, V., »The Coming Technological Singularity. How to Survive in the Post-Human Era«, in: *Vision-21. Interdisciplinary Science and Engineering in the Era of Cyberspace*, NASA Conference Publication 10129, o. O. 1993, S. 11–22.

Yudkowsky, E. 2008. »Artificial Intelligence as a Positive and Negative Factor in Global Risk«, in: N. Bostrom, M. M. Cirkovic (Hg.), *Global Catastrophic Risks*, Oxford 2008, S. 308–345.

Register

Erste Auflage Berlin 2021
© 2021 MSB Matthes & Seitz Berlin
Verlagsgesellschaft mbH
Göhrener Str. 7, 10437 Berlin
info@matthes-seitz-berlin.de
Titel und Copyright der Originalausgabe:
The Technological Singularity
© 2015 The MIT Press

Umschlaggestaltung: Dirk Lebahn
Lektorat: Frank Lachmann
Satz: Monika Grucza-Nápoles
Druck und Bindung: GGP Media GmbH, Pößneck
ISBN 978-3-95757-351-3
www.matthes-seitz-berlin.de